城乡融合发展丛书·镇域研究系列 | 丛书主编：熊万胜

以地为媒

城镇化的实践机制研究

Sharing the Revenues Derived from Land Sales: A Study on the Dynamics of Urbanization

李宽 ◎著

社会科学文献出版社
SOCIAL SCIENCES ACADEMIC PRESS (CHINA)

本书为国家社科基金重大项目“构建全民共建共享的社会治理格局研究：聚焦人口流入型地区”（15ZDC028）的阶段性成果

总序　中国社会一体化进程中的区域差异与“城乡社会”的谱系

一　中国社会区域差异形成机制的历史性转变

作为一个幅员辽阔且人口众多的超大型社会，中国社会形态的区域差异始终是明显的。一个值得注意的现象是，中国社会形态的区域差异的形成机制已经发生了历史性的转变。

传统的区域差异是由于区域分隔或者说联系不够造成的，各个区域基于自然地理和历史文化的互动，形成了区域社会形态的千姿百态。各个区域社会相对独立，人们不需要知道远方的事情。虽然也有中心－边陲或者沿海－内地的区分，但这种区分是一个外在的统治者或者观察者赋予的，当地人民很难有感受。今天，在传统的区域差异的基础上，又形成了一种新的区域差异，这种区域差异不是由于区域分隔，而是由于中国社会的区域一体化。区域差异化作为区域一体化的辩证后果不断地被创造出来。差异化不再是一体化的对立面，而是产物。就好像全球化的过程中也促生了区域性的国际组织一样。传统的区域差异是由于各个区域自成一体，现代的区域差异是由于它们属于某个整体的不同部分。我们把传统的差异称为分隔性差异，把后者称为一体化差异。

之所以在一体化的过程中反过来会制造区域差异，根本上是因为所谓一体化恰是一种对于区域空间的社会建构过程，这种社会建构不可能是空间均匀的。如果是资本主导的，它要考虑投入产出在不同区位上的效率，如果是权力主导的，权力的施用会讲究在不同地方的轻重缓急。当代中国一体化差异的根本动力机制是市场化，在这个基础上产生了工业化和城市化，继而，作为一种反作用力，国家的行政干预也成为制造区域差异的一种因素，尽管它的初衷可能是为了减少区域差异。

二　一体化差异与“城乡社会”的形成

社会学或人类学对于分隔性差异的研究比较充分，对于一体化差异关注得还不够。经济学家对于一体化差异一直很关注，形成了专门的区域经济学来加以研究。地理学是研究区域差异的主要学科，人文地理学或者经济地理学对于分隔性差异或者一体化差异都很关注。当我们关注分隔性差异的时候，就形成了区域研究或者区域比较研究的研究领域，如果关注的是一体化差异，那么就要将区域比较研究进一步推进到一个“区域关系研究”的视域中。“区域关系研究”视野和“区域比较研究”视野的主要差别，在于前者始终要关注区域之间的联系。比如，如果从区域比较研究视野来研究关中和江南，会分别提出关中社会和江南社会的类型，但不必考虑它们之间的联系，但在区域关系研究中，区域社会形态总是在一个谱系中被界定的，因为我们关注的区域社会差异主要是一体化差异。

从一体化差异的角度来建立区域社会形态的谱系，有多种维度或者角度。第一种是人口流动的方向。在这个维度上，我们可以观察到大范围的区域社会差异。由于经济发展水平的不同，引发了人口的流动，形成了大范围的人口流入型社会和更加广大的人口流出型社会，当然，也有一种流入－流出比较平衡的社会形态。在人口流入型社会中，我们看到了活力，也看到了人群冲撞之中的社会组织化，或者本地政府在短暂混乱之后展开的强力社会治理。而在人口流出型社会中，我们更多看到的是衰败和精英流失之后的无序，接着就出现了某些势力或者国家权力的独大。第二种是城乡关系的紧密程度。用吉登斯的理论来说，城乡关系之间存在一种控制与资源的辩证法。在一种稳定的状态下，城市对于某处乡村控制越多，给予也就越多，反之相反。城乡关系的紧密程度与城乡之间的空间距离直接相关，距离城市越近的地方，乡村生活和城市生活也就越是融为一体，生活联结的紧密程度也是城乡关系紧密程度的重要方面。第三种是中央－地方关系，在整体性的中央集权体制中，中央政府对于不同地方的关注程度存在明显的差异，由此形成了特定的地方性体制与社会结构。比如边疆地区的社会形态和内地会有很大的不同。京畿地区或者大都市地区的社会控制力度也是其他常规地区不可比的。一国两制的制度中，又允许一些特区建立比较宽松的区域政治体制。另外，国家政策制定或执行中会有一个示范或者试点的过程，在全国各地形成了重重叠叠的“试验区”、“重点县”之类，这也是一种国家统一治理造成的区域差异。

在这三个维度中，我们团队目前最关注的是城乡关系的紧密程度，兼顾人口流动方向的维度。既然我们可以在不同的维度上对中国社会的区域差异进行解读，那么，也可以在不同的维度上对当代中国社会的一体化形态进行界定。比如我们在人口流动方向的维度上说中国是一个大流动的社会，在央地关系的维度上说中国是一个大一统的社会，而在城乡关系紧密程度的维度上，我们将中国看成一个“城乡社会”。

近来，有学者提出中国正在从乡土中国变成一个“城乡中国”，我们则提出了“城乡社会”，这是基于同样的历史感受。不过，经济学家提出“城乡中国”时，更关注类似于土地制度这样的普遍性制度问题，人类学家提出“城乡中国”突出了一个整体的文化转型问题。我们不仅在一种整体社会形态的意义上理解“城乡社会”，也将它看成一个区域社会形态谱系的总称。

当我们在一种整体社会形态的意义上来谈“城乡社会”时，是基于这样两个事实的同时存在：一方面，几百万乡村聚落的长久持存；另一方面，国家能够强有力地推动社会的一体化，包括城乡一体化。一些学者会强调第一方面的事实，相信乡土社会对于中国社会和文明的持久价值；另一些学者对第二方面的事实进行批判，认为应该解除城乡关系中的某些政治或行政安排，代之以更加市场化的一体化机制。我们会看到，自从中华人民共和国成立以来，中国的城乡关系就进入一种高度紧密也是比较紧张的状态。计划经济时期的乡村几乎完全成为城市的附从，改革开放以后，这种附从地位没有根本的改变，乡村既要为城市廉价地提供种种资源也要准备好为城市承担各种风险。进入城镇化时代以来，各个大小城镇纷纷强化了对周边乡村的控制，形成大大小小的区域性的城乡一体化体制。在这些区域差异的内里，集体土地制度是最为根本的城乡关系联结器。它不仅是各个区域性城乡一体化体制的核心机制，各个地方政府借助这个制度进行大规模的征地拆迁；也是系在外出农民工身上的那根脐带，它使得“农民工”这个词难以消失。从最高层延伸到最基层的单一制国家制度是决定我国城乡关系性质的另一个根本体制，它使得地方之间的权利关系在一定程度上内化成不同级别的政府或领导之间的权力关系，这种内部性的关系相当灵活和模糊。中国人的家庭关系也是中国城乡关系的核心部分，甚至可以说家庭是城乡关系的基本单元。常住城市务工的农民之所以被看成农民工，不仅仅因为城市没有真正接纳他们，也是因为他们没有准备告别自己的原生家庭。实际上，即使他们得到了城市户口，他们也未必就要告别自己的原生家庭。在当代中国，大部分出生在农村的人都停留在一种城乡两栖的生活状态。我们在研究中国城乡关系的时候，会讲到种种的一体化，但要注意这些一体化背后的混沌性或粘连性。

基于这种难以理性化的城乡关系，中国社会也成了一个城乡粘连的“城乡社会”，难以真正进入城市中国的时代。在这种特定的社会形态中，看似城市保持着对于乡村地区的强势，但实际上城市始终难以摆脱对乡村地区的依赖，这些年的快速城市化让城市的面积普遍地“长大”了，但真正“成年”的中国城市又有多少呢。这种独特的城乡粘连状态与中国在全球政治经济体系中的位置是相匹配的，它增强了中国应对复杂国际竞争形势的能力，所以，“城乡社会”可能是中国社会形态的长期特征。

“城乡社会”形态也在转型过程中，这种转型的一个基本方向，就是要适度改变城乡粘连的状态，使得城乡关系趋于理性化。在这个方向上我们可以理解“城乡融合发展”的实质内涵。国家提出的“城乡融合发展”的核心在于要进一步将乡村的资源变成资产，将农民变成市民。这其中的核心制度变革出现在土地制度和户籍制度上，是要在保持原有的城乡粘连的前提下，增加土地或人力等市场要素的流动性，使得乡村的资源和人力可以更加自由地流动，也使得城市的资本可以更加顺畅地进入乡村集体。在这个过程中增加乡村发展的活力，让人民得到好处，让国家更加安全。

当我们在一个区域社会形态谱系的意义上使用“城乡社会”一词时，指的是各种城乡社会粘连或者融合的具体形态。作为一个重点关注乡村问题的团队，我们特别注意整体城乡社会中的各类乡村社会形态。包括：郊区社会、城市群中间的乡村社会、普通农业乡村地区和小城镇社区。如果我们把“城乡社会”也看成一大类研究领域的代称，那么农民在城市中的生活形态以及逆城市化现象也是“城乡社会”这个提法可以涵盖的范围。

三 “城乡社会”的谱系

“城乡社会”的谱系是依据两个维度来划定的，城乡关系的紧密程度、人口流动的方向，尤其是城乡关系的紧密程度。所谓城乡关系紧密程度，既体现在城乡关系的系统层面，也体现在人民的生活层面。在系统层面上，城市既管控乡村也帮助乡村；在生活层面上，人民生活相互交融。无论系统层面还是生活层面，城乡空间距离都是城乡关系紧密程度的主要变量。距离城市越近的地方，受到城市的管控和给予就越多，反之就越少；距离城市越近的地方，家庭不同代际的成员居住就越容易靠近，反之就更容易出现天各一方的情况。所以，我们会区分郊区社会、城市群中间的乡村社会和普通农业乡村地区。

在我们的定义中，郊区社会指的是一个城市所辖的被称为某某区的地域范围，同时又不是被街道办事处管辖的范围（在城乡建设部的统计口径中，被街道办事处管辖的地方叫作城区）。另外，县城的城关镇范围内城镇建成区之外的地方也是县城的郊区。从城乡建设部门的统计口径来看，郊区社会的空间范围在中国达到了 215 万平方公里，人口规模超过了 4 个亿。在被确认的大城市群地区中间，同时又不属于某个城市或者县城郊区的地方，我们称其为城市群中间的乡村社会。通常我们所说的东部地区的三大城市群，面积有 30 万平方公里左右。在郊区和城市群地区之外，是广袤的普通农业乡村地区。比如苏州市所辖的 5 个区和 4 个县级市，其中 5 个区所辖的镇域范围就属于我们说的郊区社会，4 个县级市的城关镇之外的镇域范围属于城市群中间的乡村社会。而安徽阜阳所辖县市的乡镇范围就是我们所说的普通农业乡村地区，它们可能代表了中国乡村的基本面。

这种分类方法看起来有点机械，是为了和官方的统计口径对应起来，也便于对研究对象进行清晰的界定。这种分类方法和通常所说的一个城市的外面有郊区和乡村还有所不同，我们这里不是讲具体某个城市范围的社区区域类型，而是在讲整个中国的区域划分。显然，一个大城市的郊区与一个县城的郊区的社会形态会有很明显的差异，但在城乡关系的紧密程度上，两者之间的共性也很明显。

小城镇社区指的是各种镇的镇区。这样的地方一般不设街道办事处。镇区的社会形态不同于城市的城区，但也确实不同于村庄内部。这里的生活实实在在是一种亦城亦乡的状态。大部分居民其实都是农业户籍人口，在村里有房有地。那些非农业户籍的人和村里的人之间也有紧密的联系，他们往往依靠通过交换城乡资源来谋生。小镇居民的食品中有很大一部分是本地生产的，实际上，大多数镇区往往也具有乡村集镇的功能。在这样的地方，我们可以思考的是，在乡村社会瓦解之后，取而代之的主流社会形态是不是只能是城市社会，还可以是什么？村庄位于“乡下”，镇区属于“镇上”，镇上的生活对于我们这个文明的意义是什么？

大多数有能力的农民都会选择进城，成为城里人，而不是留在乡下或者镇上。这些新的城里人中有一部分人实现了人、房、户的空间统一。但还有很大一部分跨省流动的农民工，或者虽然不跨省但没有在城里买房子的外出农民工，这两类人是全部1.7亿外出农民工中的大多数。他们的工资和当地房价的差异是巨大的，而且是难以消除的。结果，他们总是某个异地社区的常住人口或者暂居人口，成不了户籍人口。这也是一种亦城亦乡的生活形态。这样的人在城市里是如何生活的？他们可能租住在当地人的家里，可能居住在工厂的宿舍里，可能居住在农民工公寓里，或者任何一个暂时容身的场所。这类人的状态得到了社会舆论界、决策层和学术界的广泛关注。我们团队的特点是：强调这种状态的长期性和稳定性，重点不是把它看成一种农民工市民化的过程，而是把它看成一种城乡融合的生活状态。现在和未来，流动本身就是人生的常态，固定于一处反而是偶然的和暂时的。

既然我们团队已经把流动当作了常态，人生就得在多个空间中安置，生命就必须在迁移中延展，那么，所谓的逆城市化现象，无论是在乡下或镇上长住，还是在某个民宿里小憩，就和前面讲到的农民在城市里的生活状态一样，都是多空间生活方式的某种类型，差异在于这种现象具有更加浓厚的生活色彩。逆城市化现象比较鲜明地体现了中国人的生活性自由，也是一个值得注意的研究领域。

四　华东理工大学中国城乡发展研究中心的研究计划

华东理工大学中国城乡发展研究中心成立了八年，延续了华东理工大学由曹锦清先生等人在三十年前开创的华理农村研究传统。团队发的愿是：“从中国提问题，到乡村搞调研，向西方学方法，坚持集体学术，推动学术自觉。”

如果以曹先生带领的团队为主线，把华理的乡村社会研究传统划分为三个十年，可以对我们团队的研究主题做这样的区分。

在第一个十年（1988年至20世纪90年代初），乡村被看成一种“社会”形态，关切的重心在“变迁”。主要研究的问题是东部地区的工业化和城镇化带来的乡村变迁，代表作是曹先生等人的《当代浙北乡村的社会文化变迁》（1995）以及张乐天的《告别理想：人民公社制度研究》（1998）。在第二个十年（1996～2008年），乡村被看成“三农”问题的发生地，关切的重点在城乡二元体制下的乡村“困境”。主要研究的问题是中部地区在工业化和城镇化时代遇到的困难和挑战，代表作是曹先生的《黄河边的中国》（2000，2013），2007年申报的国家社科基金项目“社会主义新农村建设背景下的农民合作问题研究”则代表了曹先生试图解决农民组织困境的一种探索。在第三个十年（2008～2017年），乡村被看成一种需要被治理和建设的场域，关切的重点在“治理”。税费改革终结了对于“三农”问题进行一揽子解决的理想，那么治理就成为唯一的发展路径。高速的城市化和人口大规模流动又引发了乡村乃至整个国家的深刻变迁，同时，中国的和平崛起召唤更加清晰的知识自觉和更加坚定的文化自觉。这一阶段的核心主题是在国家、市场、社区和土地制度四维框架下研究乡村治理、农业治理乃至更为广泛的国家治理问题。典型代表是曹先生的《如何研究中国》（2010）、熊万胜的《体系：对我国粮食市场秩序的结构性解释》（2013）、曹先生主持的国家社科重大课题“构建全民共建共享的社会治理格局研究：聚焦人口流入型地区”（2016）等。

在第三个十年中，治理问题是一个核心的主题，围绕着它初步形成了有特色的学术贡献谱系。这个谱系是由一系列有影响力的研究概念或者主题构成的，既有团队领袖曹锦清先生早前提出的“农民善分不善合”命题，近年提出的“天命”问题，最近提出的国家“治体”问题，也有团队年轻一代成员在研究中发展出来的“带动”、“体系”、“农民农”、“职业化农民”、“示范”、“过日子”、“广场舞研究”、“郡县制治理传统”等概念和主题，还有对农民家庭经营制度和社会治理体系的研究，这些都具有团队鲜明的特色。在理论框架上，我们提出了“系统－生活”的研究视角，它正在成为团队分析问题的重要范式。在方法论上，我们提出了一个“本土知识传统”的命题，以此来诠释学术自觉的内涵，重要的不是经验或者观点的“出处”，而是学者价值倾向与文化立场的“归处”。

在接下来的第四个十年，团队将延续华理乡村研究传统的内在线索，研究十九大以来的形势与政策的变化。在理念上将“城乡社会”看成一个整体形态，形成的核心问题意识是如何通过城乡融合来推动乡村振兴。“振兴”就成了团队未来最重要的关键词。治理问题依然很重要，它和振兴问题是一体两面的关系。对于大多数的乡村地区甚至包括郊区的多数村庄来说，产业的振兴都不具有很大的现实性，而治理的振兴却是普遍性的要求。在操作上，我们则分类研究前述的“城乡社会”谱系上的各个部分。

具体到我们的重点研究领域，和团队所在地有很大关系。团队位于上海，也位于长三角城市群的腹地。这个位置让我们对大城市群范围内的“城乡社会”形态更加熟悉，比如郊区社会、城市群中间的乡村社会、城市群中间的小城镇社区，以及在城市群中发生的多空间生活形态，等等。为此，我们会出版一系列的研究成果。首先出版的是城乡融合发展丛书之镇域研究系列以及郊区社会研究系列，然后不断地丰富或扩展。

熊万胜

2018 年 8 月 8 日

目　录

第一章　导论

第一节　问题提出

现代化是近代以来人类历史的主叙事。不管是发达国家，还是发展中国家，都先后走上了现代化道路。如果说工业化是现代化的核心，那么城市化就是现代化的重要载体。新中国成立以来，尤其是改革开放之后，我国的城市化发展极为迅速。进入 21 世纪，城镇化率以年均 1.35% 的速度增长，预计 2020 年以前中国的城镇化率将超过 60% 。[①]

中国的城镇化举世瞩目，许多人对其寄予厚望。李克强总理认为，城镇化是中国现代化进程中的一个基本问题，是一个大战略、大问题。[②] 城镇化的重大意义之一就在于其可以扩大内需，促进经济的持续、平稳增长。中国最大的内需在城镇化，最雄厚的内需潜力也在城镇化。[③] 斯蒂格利茨认为 21 世纪影响人类社会最重要的两件大事是美国的高科技发展和中国的城市化。[④] 胡鞍钢指出，城市化已经成为中国经济增长的主要来源，未来经济的发展

---

① 李玉柱：《“中国城市化的反思与创新”研讨会综述》，《中国人口科学》2012 年第 3 期，第 106 页。

② 李克强：《协调推进城镇化是实现现代化的重大战略选择》，《中国行政管理》2012 年第 11 期，第 4—10 页。

③ 李克强：《关于调整经济结构 促进持续发展的几个问题》，《求是》2010 年第 11 期，第 3—15 页。

④ 吴良镛、吴唯佳、武廷海：《从世界城市化大趋势看中国城市化发展》，《科学新闻》2003 年第 17 期。

有赖于加速城市化。[①] 2012 年，中共中央提出要走“新型城镇化”的路子，并将其作为新四化的核心组成部分。有人认为它有巨大的战略意义：是加快我国现代化的理性选择、建设经济强国的必由之路、有助于跨越中等收入陷阱，还是解决城镇化自身问题的基本途径、解决经济社会问题的重要出路。[②]

在发展的过程中，中国实施了新型城镇化的战略部署。它的提出是基于既往中国城镇化出现的一些不良趋势，比如重面子轻里子、重地上轻地下、重硬件轻软件、重短期轻长期、化地不化人。[③] 在城镇化高速发展的过程中，出现了一些需要引起重视的社会问题，比如征地拆迁过程中矛盾频现、失地农民无法获得合理的安置、农民工依然被排除在城镇化之外，无法享受公平的待遇，只有物的城镇化而无人的城镇化，等等。与之相对应的则是土地城镇化速度太快，呈现“冒进式”空间失控的状态。[④] 城市化的冒进现象有两个明显的特征：一是土地的城市化快于人口的城市化，城市郊区泛滥，大量占用土地，尤其是大学城和开发区；二是经营城市、管理城市的冲动超越了经济发展规律，政出多门，相互攀比。[⑤] 如此看来，人口城镇化和土地城镇化之间就出现了矛盾。以往的研究多将人口城镇化与工业化的指标进行比较，判断中国城镇化速度的快慢，现在的研究则将人口城镇化与土地城镇化进行比较。这不只是对比对象的更换，而且是城镇化认知的深刻变化。将工业化的程度作为城市化的衡量指标，认为城市化的速度偏低的判断，是建立在工业化引领城市化的前提假设之上。近年来的发展趋势表明，我国已从工业化引领的经济起飞阶段进入城市化引领的新成长阶段，城市化成为继工业化之后发展

---

① 胡鞍钢：《中国崛起之路》，北京大学出版社 2007 年版，第 71 页。

② 张占斌：《新型城镇化的战略意义和改革难题》，《国家行政学院学报》2013 年第 1 期，第 48—54 页。

③ 张文雄：《城镇化重在提高质量》，《求是》2013 年第 12 期，第 12 页。

④ 陆大道等：《基于我国国情的城镇化过程综合分析》，《经济地理》2007 年第 6 期，第 883—887 页。

⑤ 姚士谋等：《应防止“土地城镇化”冒进》，《社会观察》2013 年第 3 期，第 17 页。

的巨大引擎。[①] 在此情况下，单靠工业化作为判断城市化的标准已经不再适宜，而应该有其他的参考变量。城市化自身已经成了一个巨大的独立发展主体。

城市化引领发展的直观表现就是各地出现的城市建设热潮，各类开发区、新城和楼宇不断建设起来。一方面，城市的建设促进了经济的发展，增加了许多的就业机会；另一方面，这些城市占用了大量的土地，但是吸纳能力有限，出现了许多的“鬼城”“空城”，造成了极大的资源浪费。这就形成了土地城镇化与人口城镇化的尖锐矛盾。在此情况下，实现从土地城镇化到人的城镇化的转变就有了新的意涵。本研究的问题意识就是理解土地城镇化的意义，并试图解释其与人口城镇化的关系。

本研究以南县白镇为例，对其城镇化进行了历时性考察，重点关注了土地与城镇发展的关系，探寻城镇化的实践机制。经研究发现，中国的城镇化以土地城镇化为主要实现方式，土地城镇化的重要特征是将土地作为媒介，完成资金的筹措和增值收益的再分配，即以地生财和地利共享。这种发展方式较好地处理了城市建设资金来源和土地级差地租的再分配问题，为城镇化的顺利推进提供了保障。针对土地增值收益分配中出现的矛盾和纠纷，单纯的政府“侵害”说和农民谋利说均存在偏颇之处。它涉及个体、集体与国家关系不断调适的问题，这是中国城镇化发展进程中必然存在的基本矛盾。尽管在城镇发展过程中存在诸多问题，但现有的基本土地制度不应改变，而是逐步修正和完善。

第二节　研究综述

一　对土地城镇化的认知

城市化是由“urbanization”翻译而来，主要说明国外乡村向

① 李培林：《城市化与我国新成长阶段——我国城市化发展战略研究》，《江苏社会科学》2012 年第 5 期，第 38 页。

城市转变的过程。“urban”包含“city”和“town”两种含义，由于许多国家镇的规模比较小或者根本就没有镇的建制，所以就直接译为“城市化”。将其翻译为“城镇化”，则与中国的小城镇建设有关。1991年，辜胜阻在《非农化与城镇化研究》中使用并拓展了“城镇化”的概念。[①] 城镇化是一个历史范畴，同时也是一个发展中的概念。与城市化的概念一样，“城镇化”至今尚未形成统一的定义。一般情况下，这两个概念可以通用。刘传江认为，市和镇在经济结构和生活方式方面十分接近，这二者统称为“城市”，城市化的研究包含了“市”和“镇”。[②] 王梦奎认为，城市化与城镇化的实质相同，均指大量农业人口向非农产业和城镇转移，“镇”实际上是作为经济中心的小型“城市”。[③] 孔凡文认为，二者可以通用，只不过城镇化的表述更有针对性，更符合中国实际。[④] 简新华认为，城市化或城镇化，主要是指二、三产业在城镇集聚，农村人口不断向非农产业和城镇转移，使城镇数量增加、规模扩大，城镇生产方式和生活方式向农村扩散、城镇物质文明和精神文明向农村普及的经济、社会发展过程。[⑤] 此概念未对二者进行区分，并且涵盖的内容也比较全面。

周毅则认为城市化与城镇化有所区别，分别代表城市化的两个不同阶段：农村城镇化和城镇城市化（城镇自身的发展和素质的提高）。农村城镇化作为整个城市化过程的重要侧面，主要是指以乡镇企业和小城镇为依托，实现农村人口由第一产业向二、三产业的职业转换过程，居住地由农村区域向城镇区域（主要为农

① 辜胜阻：《非农化与城镇化研究》，浙江人民出版社1991年版，第1—6页。

② 刘传江：《中国城市化的制度安排与创新》，武汉大学出版社1999年版，第46页。

③ 王梦奎：《通过“三化”促进“三农”问题的解决》，《中国经济时报》2003年9月18日。

④ 孔凡文：《中国城镇化发展速度与质量问题研究》，中国农业科学院博士后研究工作报告，2006年11月。

⑤ 简新华：《中国城镇化与特色城镇化道路》，山东人民出版社2010年版，第1—2页。

村小城镇）迁移的空间聚集过程，其具体表现为农民生活水平的提高、生活质量的改善和整体科技文化素质的增强。[①] 按照这种理解，我国普遍进行的是农村城镇化，只有那些已经成长起来的城市才进行着内涵式的增长。笔者认为，所谓城镇化，就是指农村人口不断向城镇转移，二、三产业不断向城镇聚集，从而使城镇数量增加、城镇规模扩大的历史过程。在本书中，不对城市化或城镇化进行区分，为了研究的方便，则主要以小城镇为分析对象。

2007 年，陆大道、姚士谋等人向国务院提交了一份名为《关于遏制“冒进式”城镇化和空间失控的建议》的发展咨询报告，明确指出土地城镇化速度太快，大大快于人口城镇化的问题。自此，土地城镇化作为一个独立的命题被提出来，也得到了学术界的积极回应。但由于研究尚不够系统，对概念的界定、内涵、外延和衡量指标等还未达成共识。[②] 许多人根据自己的研究需要从用途、权属和比例等方面进行了界定和运用。比如，吕萍等人较早提出了土地城市化的概念，认为它是农业用地转化为非农业用地和农村用地转化为城市用地的过程。[③] 这就与农地转用或土地非农化具有等同的含义，田莉沿用了这一定义。[④] 鲁德银则从权属的变化角度认为，土地城镇化是指农村土地转变为城镇用途土地的过程，其地理空间位置不可移动，只能是产权主体变化、产权性质与结构变迁和土地用途改变。其中，国有化是中国土地城镇化最为重要的特征。[⑤] 林坚则用城镇工矿用地占城乡建设用地的比重来衡量土地城镇化的水平，同时认为这一指标可以与人口城镇化率

---

① 周毅：《城市化理论的发展与演变》，《城市问题》2009 年第 11 期，第 27—30 页。

② 李昕、文婧、林坚：《土地城镇化及相关问题研究综述》，《地理科学进展》2012 年第 8 期，第 1042—1049 页。

③ 吕萍等：《土地城市化及其度量指标体系的构建与应用》，《中国土地科学》2008 年第 8 期，第 24 页。

④ 田莉：《我国城镇化进程中喜忧参半的土地城市化》，《城市规划》2011 年第 2 期，第 11—12 页。

⑤ 鲁德银：《论中国特色的土地城镇化道路》，《农村经济》2010 年第 8 期，第 30 页。

统计方式相对应。[①] 从上述三个定义来看，土地城镇化更多的是从形象上描述，未对其实质进行解释。李强等人则从推进模式的角度，对中国城镇化及发展过程的特征进行概括，认为典型特征是政府主导、大范围规划和整体推动。[②] 他们将推进模式操作为动力机制和空间模式两个向度。动力机制主要包括主导力量、运作方式、土地供给和推进方式；空间模式主要是指发生区位、增长方式和规模特征等方面。他们在此基础上比较了中国与欧美国家城市发展方式在主导力量、土地制度和推进方式等方面的不同。中国大中小城市体系的设置具有很强的政治特征，经济中心往往和政治中心合一，且土地归国家和集体所有。[③] 所以，快速推进城镇化可以快速地进行连片开发。而西方，由于资本主义私有财产的特征，空间在生产的过程中呈现碎片化的特征。[④] 该项研究指出了土地、政府与城镇化的关系，但是并未对其关系进行具体的说明，只是从城镇化推进的形式上进行了概括。与土地城镇化相关的还有土地非农化的研究。比如，张宏斌、贾生华认为土地非农化是指在城镇化过程中，农用地转化为非农用途，成为居住、交通、工业、商服业等城乡建设用地的过程。[⑤] 土地非农化的研究也主要集中两个方面：一是基于粮食安全国家战略对耕地总量控制和质量的关注，比如李秀彬、谭永忠和何英彬等均在此方面提出了自己的认识；[⑥] 二是针对征地过

---

① 林坚：《土地城市化与价格机制研究》，商务印书馆 2009 年版，第 28 页。

② 李强、陈宇琳、刘精明：《中国城镇化“推进模式”研究》，《中国社会科学》2012 年第 7 期，第 82—100 页。

③ 顾朝林：《中国城市地理》，商务印书馆 2004 年版，第 32 页。

④ 〔法〕列斐伏尔：《空间：社会产物与使用价值》，载夏铸九、王志弘编译《空间的文化形式与社会理论读本》，台北：明文书局 2002 年版，第 50 页。

⑤ 张宏斌、贾生华：《土地非农化调控机制分析》，《经济研究》2001 年第 12 期，第 50—54 页。

⑥ 李秀彬：《中国近 20 年来耕地面积的变化及其政策启示》，《自然资源学报》1999 年第 4 期，第 329—333 页；谭永忠等：《“耕地总量动态平衡”政策驱动下中国的耕地变化及其生态环境效应》，《自然资源学报》2005 年第 5 期，第 727—734 页；何英彬等：《区域耕地非农化与粮食产量关系空间特征研究：以东北三省为例》，《自然资源学报》2009 年第 3 期，第 439—447 页。

程中参与各方利益驱动以及失地农民利益受损所引发的潜在社会问题的分析。[①] 这两个认识角度与土地城镇化均有一定的差异。

在关于土地城镇化与人口城镇化的对比分析上，许多人沿用了林坚的思路，进行了数值上的对比分析。尹宏玲、徐腾通过对644个样本城市的调查，认为75%以上城市的人口城镇化与土地城镇化属于不协调发展，同时60%的城市的人口城镇化与土地城镇化属于高度不协调。并且，城市规模越大，相对失调比例越高。[②] 谭术魁等也得出了相似的结论，认为有一半城市的土地城市化与人口城市化处于缓慢匹配的状况。[③] 从目前来看，土地城镇化与人口城镇化肯定存在一定的差距，但是此种测量方法也存在缺陷，不能进行有效的分析。因为，他们在测量人口城镇化时，采用的是居民人口与常住人口的比值。由于大量的外来人口未被计算在内，所以城市规模越大，其城镇化率越低。相反，城镇规模越小，则匹配度越高。在中小城市中，以本地户籍的人口居多，流动性不大。采用土地与人口的对比，会忽略不同城市类型所遭遇的不同问题。也有人认为，我国人口城镇化与土地城镇化协调发展空间格局具有水平总体偏低、阶段差距大、区域分异明显等特点。[④] 但他们对造成这种差异的原因并没有进行详细的解释。陈凤桂等人则将人口城镇化与人口非农化、土地城镇化、工业化和经济发展等联系起来进行对比分析[⑤]，得出了显而易见的结论。

对土地城镇化快于人口城镇化的原因，学界主要从政府发展

---

① 韩俊：《如何解决失地农民问题：失地农民问题的根源是土地征用制度存在重大缺陷》，《科学决策》2005年第7期，第5—8页；曲福田、陈江龙、陈会广：《经济发展与中国土地非农化》，商务印书馆2007年版，第147页。

② 尹宏玲、徐腾：《我国城市人口城镇化与土地城镇化失调特征及差异研究》，《城市规划学刊》2013年第2期，第10—15页。

③ 谭术魁、宋海朋：《我国土地城市化与人口城市化的匹配状况》，《城市问题》2013年第11期，第2—6页。

④ 陈凤桂等：《我国人口城镇化与土地城镇化协调发展研究》，《人文地理》2010年第5期，第53页。

⑤ 简新华等：《中国城镇化的质量问题和健康发展》，《当代财经》2013年第9期，第5页。

方式、城乡二元制度和农民的主观意愿三个角度来进行探讨。比如，范进、赵定涛认为地方政府具有推动土地城镇化的激励，而缺乏推动人口城镇化的动机，这内生于以投资驱动为导向的经济发展战略。① 当下的城市化已经成了发展经济的重要引擎，政府有强烈依靠房地产和工业园区建设促进发展的冲动，但推动人口城镇化的动力不足，反而会造成一定的问题。中国经济增长前沿课题组的研究指出，土地财政扩大了公共基础设施的投资，推动了土地城市化和区域经济增长，但房地产价格上升过快，阻碍了人口城市化，去工业化特征明显，城市的可持续发展面临挑战。② 这种发展方式带来了城市建设用地的大规模扩张，而对人口城镇化发挥的“吸纳效应”有限。并且，地方政府对土地财政的依赖使其财政收支与城镇化发展存在明显的反向变化关系。③ 因为，城镇的面积扩大了，但产业、人口并未跟上，只是实现了土地城镇化。政府的土地财政是造成这一问题的重要原因。

胡宝荣认为城乡二元的户籍制度及在人口迁移方面的严格管控，是束缚人的城镇化的重要制度壁垒。④ 在此情况下，大量的农民工进了城，但是入不了城，无法享受均等的福利和保障，不能在城市长久地生活下去。针对该问题的解决方案也比较明确，即新型城镇化的核心是人的城镇化，重点解决农业转移人口的“半城镇化”，即农民工的市民化。⑤ 该问题主要出现在流动人口比较多的大中型城市或者比较发达的沿海地区。在这些城市中，大量

---

① 范进、赵定涛：《土地城镇化与人口城镇化协调性测定及其影响因素》，《经济学家》2012 年第 5 期，第 61—65 页。

② 张平、刘霞辉：《城市化、财政扩张与经济增长》，《经济研究》2011 年第 11 期，第 4 页。

③ 李子联：《人口城镇化滞后于土地城镇化之谜——来自中国省际面板数据的解释》，《中国人口·资源与环境》2013 年第 11 期，第 94 页。

④ 胡宝荣：《论户籍制度与人的城镇化》，《福建论坛》（人文社会科学版）2013 年第 12 期，第 146 页。

⑤ 辜胜阻：《新型城镇化的难点是人的城镇化》，《重庆与世界》2013 年第 3 期，第 52 页。

的外来人口被各种制度挡在了城镇化之外。所以，城镇化是在整个国土空间上为全体国民提供大致均等的公共服务，是不断进行公共化的一项系统工程。[①] 如此浩繁的工程，需要很长的时间才能完成，也需要城镇雄厚的财力作为支撑。

李强则从人们的主观意愿出发，提出了主动城镇化和被动城镇化的概念。[②] 主动城镇化是人们自愿、积极地融入城镇的过程，他们对城市生活怀有向往，并积极地为之努力。被动城镇化则是农民对城镇化进行心理、行为上的抗拒，而遭受各种逼迫，不得不进入城镇生活的状况。最为典型的即是农民所遭遇的整体征地拆迁。农民自身不希望到城镇生活，但又无可奈何。即使在发达地区，失地农民市民化也远远滞后于土地城市化，失地农民普遍存在被城市化的感受。[③] 农民对农村生活拥有一种留恋和怀念，希望获得村庄生活的意义。所以，有人认为工业化与人口城市化持续非均衡发展的重要根源在于村庄制度对城市化铁律的“抗拒”和对“没有城市化的工业化”的“偏好”。[④] 也有人从农民进城程度（身体进城、身份进城、生活进城是一种递进关系，存在相应的层次感）考察农村城镇化，提出了类似的看法。比如，邓大才认为：身体城镇化是一种农民工式的城镇化，城镇化程度最低；身份城镇化是一种征地与社区建设式的城镇化，是一种被迫的城镇化；生活城镇化则是一种非迁移式的，是城乡基础设施、公共服务和社会保障均等化的城镇化。[⑤]

---

① 陆成林：《促进我国城镇化科学发展的财政政策选择》，《地方财政研究》2012年第4期，第11页。

② 李强：《主动城镇化与被动城镇化》，《西北师大学报》（社会科学版）2013年第6期，第1—4页。

③ 李永友、徐楠：《个体特征、制度性因素与失地农民市民化——基于浙江省富阳等地调查数据的实证考察》，《管理世界》2011年第1期，第62页。

④ 靳相木、杨学成：《作为制度的村庄和村庄里的制度——中国人口城市化问题的一个解释框架》，《管理世界》2004年第5期，第67页。

⑤ 邓大才：《新型农村城镇化的发展类型与发展趋势》，《中州学刊》2013年第2期，第25页。

综上所述，可以得出土地城镇化快于人口城镇化的三个主要原因：一是地方政府拥有强烈的发展冲动，以土地财政作为手段，进行了“圈地”和“造城”运动，使土地城镇化过于超前；二是由于城乡二元的户籍制度限制，大量的农民被排除在了城市化的门槛之外，造成人口城镇化的滞后；三是农民自身主观对城镇生活的排斥，不希望进入城镇，而对乡村生活怀有强烈的留恋。尽管我们可以从上述的研究中得到有益的启示，但还是无法理解快速土地城镇化的由来及对其合理性的判断。同时，在解决土地城镇化与人口城镇化矛盾性的问题上，研究还存在极大的含混性。城镇的规模不同、发展阶段不同，所面临的问题差异也非常大。在如何实现人的城镇化问题上，还停留在理念的层次，具有可操作性的措施还比较缺乏。因此，对这些问题的认识需要进行两个方面的努力：一是对其进行分类，进行深入的剖析；二是寻找合适的框架，对问题的起源、程度及其应对措施进行探索。

二　土地财政的质疑与局限

一般认为，地方政府拥有推动地方发展的强大动力，土地财政则是推动发展的重要基础。许多人将土地财政视为地方政府进行“圈地”的动力和目的。现行征地制度与政府经营土地制度的结合，形成了政府的土地财政和土地金融，引发了一系列矛盾和问题。一是土地利用粗放，浪费严重，产生了大量的失地农民；二是透支未来；三是导致社会分配不公。[①] 这是出现问题、对农民利益构成侵害的源头之一。

关于土地财政，还没有确切的定义，可以简单地理解为是地方政府利用土地所有权和管理权所进行的财政收支活动和利益分配关系。[②] 在研究过程中，许多人用更广义的政府土地收入来代替

① 黄小虎：《我国土地制度与土地政策的走向——从土地财政和土地金融说起》，《中州学刊》2012 年第 2 期，第 23—28 页。

② 朱秋霞：《中国土地财政制度改革研究》，立信会计出版社 2007 年版，第 32 页。

土地财政。政府土地收入指政府通过租、税和费三种形式组织的直接或间接来自土地的收入。它主要有三个方面：一是土地的直接税或间接税，包括营业税、印花税、企业所得税、个人所得税、土地增值税、契税、城镇土地使用税、城市维护建设税、耕地占用税等；二是国有土地使用权出租、出让收入，有土地出让金、土地年租金、土地使用费等；三是与土地相关的收费收入，主要包括行政事业性收费、服务性收费和代征代收费用，目前也有少量的资源性收入。[①] 据不完全统计，相关的税费项目达120项之多。

对土地财政的形成主要有以下几种认识。一是政绩考核说。地方政府以经济内容为主的政绩考核机制及其引发的地方政府的竞争是土地财政产生的重要原因。[②] 地方政府依靠土地谋取收入，是为了完成政绩以及在地方竞争中获得优势。现行的宏观经济和政治制度环境所形成的激励机制扭曲了地方政府的行为目标函数，地方政府为实现政治利益最大化，内在具有追求财政收入增长、彰显政绩的强烈冲动。[③] 这种考核机制不仅是中央对地方的压力，而且两者行动目标的一致性则是土地财政快速扩张的关键。[④] 这种说法受到了晋升锦标赛模式观点的影响，认为地方为了完成考核任务，才实施土地财政，促进经济的发展。该理解有一定的道理，但似乎还没有抓住问题的要害。

二是分税制影响说。这种说法以周飞舟为代表，他认为分税制所产生的集权效应，削弱了地方政府在税收中所占的份额。[⑤] 为

---

① 唐在富：《中国土地制度创新与土地财税体制重构》，经济科学出版社2008年版，第11页。

② 蒋震、邢军：《地方政府“土地财政”是如何产生的》，《宏观经济研究》2011年第1期，第20—24页。

③ 李龙浩：《土地问题的制度分析：以政府行为为研究视角》，地质出版社2007年版，第108页。

④ 雷艳红、游宇：《央地关系视角的土地财政：一个制度层面的梳理》，《中国行政管理》2012年第10期，第111—115页。

⑤ 周飞舟：《分税制十年：制度及其影响》，《中国社会科学》2006年第6期，第100—115页。

了维持地方政府的运营和更好地实现政府的经济职能，它们开始积极从预算外，尤其是从土地征收中为自己集聚财力。以征地制度为基础的农地非农化及其相关的税收、土地出让等收入成为地方政府的重要财源。[①] 此种解释是从央地关系的视角来探讨土地财政的产生，比简单地按政绩考核更加深刻，找到了土地财政的经济基础。他还对土地财政的实施效果进行了评估。通过在西部城市某区的调查，他认为土地征用、开发和出让及其带动的建筑业和房地产业的兴盛是城市扩张的核心内容，大兴土木的背后是政府的土地财政。土地财政并不必然促进地方政府将收入大量用于公共服务，而只是支持了规模巨大的财政供养人口，让工作人员直接受益。[②]

近年来，他对土地财政的认识似乎不再那么消极，而有了积极评价的倾向。无论如何评价以土地财政为代表的发展模式，与财政包干制相比，分税制都是一个理性化的制度改革，其建立了中央与地方之间关系的稳定互动框架，而以土地为中心的城市扩展模式是这次改革的意外结果。地方政府的区域竞争推动了中国经济的快速增长。[③] 当然，在此假设下，提供的解决方案主要是处理财权与事权的关系。土地财政行为实为一种无奈之举，要调整和深化分税制结构，赋予地方政府，尤其是基层政府更多的与事权相匹配的税权。[④] 这可以解释土地财政产生的原因，但还是不能说明为何土地财政就引发了矛盾。这种分析看到了地方政府集聚财力的一面，但对资金的运用似乎有些偏颇。若政府只是集聚资金而未投入，那么城市基础设施的改善和工业园区的建设资金从

---

① 周飞舟：《生财有道：土地开发和转让中的政府和农民》，《社会学研究》2007年第1期，第49—82页。

② 周飞舟：《大兴土木：土地财政与地方政府行为》，《经济社会体制比较》2010年第3期，第77—89页。

③ 孙秀林、周飞舟：《土地财政与分税制：一个实证解释》，《中国社会科学》2013年第4期，第40—59页。

④ 卢洪友、袁光平：《土地财政根源："竞争冲动"还是"无奈之举"？——来自中国地市的经验数据》，《经济社会体制比较》2011年第1期，第88—96页。

何而来将无法理解。

三是发展方式转变说，认为地方政府对土地的依赖，并非始自分税制，而是更早。温铁军等人认为，20 世纪 80 年代进行的财政体制改革，使当时 7 万个地方政府成为独立的财政利益主体。它们不仅是行政主体，而且成为经济主体，有财产和收益，并且有扩张这种财产收益的明确动机和行为。[①] 中央政府在改革前大约用 30 年完成了国家资本的原始积累，而县以下则在改革后才进入资本的原始积累阶段。地方不再可能像中央那样依靠直接提取农业剩余来完成，只能靠发展乡镇企业，以及运用土地的增值收益。这就是所谓的地方工业化进程。中国经济的高速增长，其实主要是地方追求工业化进程以提高政府收益的客观结果。县以下地方政府以占有土地资本增值收益来作为原始积累之源。[②] 其实，早在发展乡镇企业时期，地方政府已经通过内化的方式占有了土地的增值收益。后来的乡镇企业改革，使政府控制土地的方式发生了一定的变化。

从 1992 年至 2000 年，地方政府在推行公有企业民营化改革的同时，也在调整自身的发展战略，即从原来直接控制经营企业，转向开发土地、建立产业园区和招商引资。[③] 政府在退出对企业的直接经营后，要想完成发展的任务，就必须在工业园区建设、招商引资方面发挥积极的作用。政府控制土地降低了其自身承担的推动经济增长的成本，也提高了其参与地区竞争的能力。[④] 在发展

---

① 温铁军、朱守银：《政府资本原始积累与土地“农转非”》，《管理世界》1996 年第 5 期，第 161—169 页；温铁军：《中国城镇化道路与相关制度分析》，《开放导报》2000 年第 5 期，第 21—23 页；温铁军、朱守银：《土地资本的增值收益及其分配——县以下地方政府资本原始积累与农村小城镇建设中的土地问题》，《中国土地》1996 年第 4 期，第 24—27 页。

② 温铁军：《农村城镇化进程中的陷阱》，《战略与管理》1998 年第 6 期，第 43—55 页。

③ 周黎安：《转型中的地方政府：官员激励与治理》，格致出版社 2008 年版，第 304 页；曹正汉、史晋川：《中国地方政府应对市场化改革的策略：抓住经济发展的主动权》，《社会学研究》2009 年第 4 期，第 1—27 页。

④ 曹正汉等：《为增长而控制——中国的地区竞争与地方政府对土地的控制行为》，《学术研究》2011 年第 8 期，第 76—84 页。

方式转变说的框架下，可以理解地方政府对土地控制的重要性。政府对土地的依赖是为了完成对劳动剩余的提取和积累。在乡镇企业发展时期，可以通过职工的内部积累和收取相关的税费来完成。可是，在市场经济深化以后，集体企业的改制使内部积累无法完成，只能转向外部化的房地产和工业园区建设。这两个建设紧密结合，相辅相成。在工业园区建设的初期需要大量的投资，而不会产生太大的效益。曹正汉的研究看到了工业园区建设的一面，但对其资金投入的来源并未说明。这对土地财政的理解似乎有不全面之嫌。

四是土地信用融资说。赵燕菁从城市投资的角度来理解土地财政的产生。城市的公共服务需要大规模的一次性投资，依靠通过剩余积累的方式已经无法完成，只能通过信用体系将土地作为抵押到市场上进行融资。然后，通过公共服务的改善、效率的提高、收益的获取再进行偿还。在此情况下，土地财政的本质是融资而非收益。这种认识方式就与在中央与地方的关系下来探讨有很大的不同。他看到了土地财政的积极意义，指出了其存在的合理性。美中不足的是，该观点提出但又忽略了，并非所有的土地都可以作为抵押、融资的工具，只有那些特定的地块才会有比较高的收益。将城市土地作为一个整体的抽象元素进行考察，就忽略了级差地租的出现。而这正是土地财政饱受诟病，引起争议和矛盾的地方。土地财政内部有更为复杂和精巧的机制来实现对级差地租的调节，以完成整体效益的最大化。[①] 显然，对这个机制，赵文并未进行清晰的描述。

分别从政治、财税、经济和金融的角度来探讨土地财政，恰恰反映了土地的媒介作用，说明它在城镇化过程中的重要性，可以作为杠杆撬动地方的发展。当然，也有许多人对土地财政持否

---

① 赵燕菁：《关于土地财政的几个说明》，《北京规划建设》2011 年第 1 期，第 166—169 页；赵燕菁：《土地财政：历史、逻辑与抉择》，《城市发展研究》2014 年第 1 期，第 1—12 页；赵燕菁：《正确评价土地财政的功过》，《北京规划建设》2013 年第 3 期，第 152—154 页。

定性的认识，认为它是造成诸多问题的根源之一。这种理解主要是受到征地拆迁过程中对部分农民所造成的伤害的影响。但是从城镇化的发展来看，土地财政则发挥着基础性的推动作用。显然，当下的研究对该推动作用及其内部运作机制揭示不足，因其产生的消极影响而遮蔽了对积极方面的探讨。

三　土地涨价归公的理念

英国经济学家约翰·穆勒较早提出了“涨价归公”的思想。他对地主阶级的不劳而获甚为不满，认为应将土地予以估价，现有价值归地主所有，而由于社会进步所增值的部分则以赋税的形式交给国家。[①] 19 世纪晚期，美国的亨利·乔治对社会财富不断增长而贫困的人越来越多感到困惑。经过考察，他发现原因在于全部财富的来源和劳动的场所——土地被垄断了。所以，他主张实行单一地价税，对土地课税，将增值收益全部归社会所有，用于发展生产和为国民谋福利，实现地利共享。[②] 所以，在西方向土地征税普遍存在，英国征收土地增值税、土地开发捐，德国也是征收土地增值税，意大利则是征收不动产增值税。这些国家通过税收的方式，将土地的增值收益归属公共所有，执行主体是各级政府。亨利·乔治的思想为中国的革命先驱孙中山所接受，其提出了平均地权、核定地价和涨价归公等一系列思想，可惜并未得到很好的实践。[③] 西方实施涨价归公有两个前提条件：一是承认土地的个人所有权，土地的交易要保证其利益；二是具备完善的税收政策，可以保证将增值部分收归公有。但是，这两个条件在以往以及当下的中国均不存在。

当前，针对实行土地私有产权以及征地过程中出现的谋利现

---

① 〔英〕约翰·穆勒：《政治经济学原理（下）》，金镝、金熠译，华夏出版社 2009 年版，第 628 页。

② 〔美〕亨利·乔治：《进步与贫困》，吴良健、王翼龙译，商务印书馆 1995 年版，第 360—365 页。

③ 孙中山研究会编《孙中山文集》，团结出版社 1997 年版，第 341 页。

象，也有人重提涨价归公的思想。比如，周诚认为土地的增值包括自力增值和外力增值两部分。外力增值是土地的所有者、使用者以外的社会性投资所造成的，所以这部分收益应该归社会所有，归土地所有者和使用者所有都有失公平。[①] 这种观点所考察的不仅仅是农用地的问题，更是将农用地转化的前后联系起来。一方面，承认在农用地征收方面确实给予了比较低的补偿；另一方面，也对将全部收益归所有者所有进行了否定。也有人从土地增值税的角度来论述涨价归公的合理性和可行性。[②] 唐在富也从土地租、税、费三个角度区分了土地增值收益中的增值属性和投资来源，并为涨价归公的实施提出了比较具体的建议。[③] 贺雪峰则认为中国正是通过土地财政才实现了将经济发展剩余用于城市的基础设施建设和向中西部农民的转移支付，进而肯定了土地征收制度的合理性，[④] 并将其上升到“宪法秩序”的高度。还有人认为土地发展增益在法律上表现为土地发展权，它不是土地所有权的派生权利。我国的土地发展权归属国有模式具有一定的合理性，避免了少数人独享发展增益。[⑤] 这种观点是从发展权的角度来理解涨价归公的。

沿着涨价归公的思路前行，在对征地拆迁中的“钉子户”进行认识时，就会产生不同的理解。他们也许不再是权利、正义的维护者，而是另外的一种身份。对于这些“钉子户”的认知也经过了一个不断发展的过程。刚开始是“依法抗争”，抗争者运用国

---

① 周诚：《农地征用中的公正补偿》，《中国土地》2004 年第 C1 期，第 29—30 页。

② 王昉、熊金武：《从“涨价归公”思想到土地增值税制度——兼论近代社会转型时期经济思想与经济制度的关系》，《财经研究》2010 年第 1 期，第 34 页。

③ 唐在富：《中国政府土地相关收入的财政学属性分析——兼论土地出让收入与房产税并存的理论依据》，《发展研究》2013 年第 11 期，第 36—42 页。

④ 贺雪峰：《论土地性质与土地征收》，《南京农业大学学报》（社会科学版）2012 年第 3 期，第 1 页。

⑤ 陈柏峰：《土地发展权的理论与制度前景》，《法学研究》2012 年第 4 期，第 99 页。

家法律和中央政策维护其政治权利和经济利益不受地方政府和地方官员的侵害。① 比较著名的就是重庆的“最牛钉子户”。后来，于建嵘提出了“以法抗争”的理念，进行新的解释。他认为“以法抗争”者直接挑战抗争对象，以诉诸立法者为辅。抗争者认定解决问题的主体是包括他们在内并以他们为主导的农民自己，需要直接挑战他们的对立面。② 在诸多的征地、拆迁中，利益相关者与地方政府进行谈判和对抗就是明证。针对上述的研究，有人提出了疑问，认为很多的抗争者缺乏合法性，不是在维护自己的权益，而是在不正当谋利。③ 针对众多谋利者，只能重新找回意识形态，提升国家对基层代理人员和农民的规训及动员能力。④ 这种观点主要受到了国家政权建设理论的影响，认为国家对社会的渗入、干预以及适当的集权，有助于秩序的生成和维持。⑤ 在此方面，他们都强调了国家的重要性，以及公共利益的优先性，对个别农户的不当行为进行了批判。

土地涨价归公的理念在中西方普遍存在，也具有极大的合理性。在西方是通过比较规范的税收方式实行，而在中国则是将土地财政作为手段，比较高效、简捷地完成了这项任务。由于土地财政存在诸种弊端，人们忽视了其所发挥的作用。另外，在土地财政的实施过程中，如何实现涨价归公也解释不足。而这些均需要放在城镇的建设过程中去理解，通过具体的运作来观察其实现的方式。

① 李连江、欧博文：《当代中国农民的依法抗争》，载吴毅主编《乡村中国评论（第3辑）》，山东人民出版社2007年版，第1—18页。

② 于建嵘：《当前农民维权活动的一个解释框架》，《社会学研究》2004年第2期，第49—55页。

③ 耿羽：《征迁政治——基层治理视阈中的白沙区土地开发（1990—2013）》，华中科技大学博士学位论文，2013。

④ 田先红：《治理基层中国：桥镇信访博弈的叙事（1995—2009）》，社会科学文献出版社2012年版，第247页。

⑤ 〔美〕查尔斯·蒂利：《强制、资本和欧洲国家（公元990—1992年）》，魏洪钟译，上海人民出版社2007年版，第249—251页。

第三节　研究进路

随着城镇的发展，城镇建设的方式和投资主体在不断发生变化。在中国传统的城市建设中，主要交通干道是“官道”，属官修，资金主要来源于府库、道库；一般的支巷小街，则由豪门地主以“善举”“善政”的形式逐步添筑。所以，在旧城中经常可以看到以某姓氏或名字命名的巷子，或这些巷名中常含“善”、“义”、“恩”和“德”等字样。在上海外滩的租界建设中，则首次注入了西方以捐代政的“公派”思想。[①]“所有修筑道路、通路、设立码头各费，概由初到商人及该处侨民公派，其尚未摊派者与后来者，均须依数摊派，以补足之。”[②]这种所谓的公派即通常意义上所讲的集资和摊派。在上海的城墙内外存在两种不同的建设方式。民国时期的建设方式则比较复杂，多种形式并存。

1949年，新生的人民政权开始主导整个国家的建设。“一五”计划的实施，揭开了优先发展重工业及城市的序幕。国家通过控制城市的消费和提取农业剩余来完成工业的原始积累。在建设过程中，国家将发展的重心放在了基础相对较好的大城市，且资金主要集中在直接生产部门，追求短期增长，尽量减少“非生产性”投入。[③]这样，城市发展就非常缓慢，基础设施建设欠账较多，阻碍了对工业的促进作用。所以，后期只能将发展的重心稍微向基础设施欠账少的中小城市转移。[④]当时，工业与城市的发展呈现分离的倾向，片面地进行工业投资，而忽视了作为载体的城市发展。在这种发展思路引导下，农村地区的投入更少。作为人民公社所在地的集镇大多是依靠农村集体的内部积累来完成。公社从各大

---

① 陆兴龙、耿忠平：《城市建设变迁》，上海社会科学院出版社1999年版，第8页。

② 《上海公租界史稿》，上海人民出版社1980年版，第49页。

③ 叶裕民：《中国城市化之路——经济支持与制度创新》，商务印书馆2001年版，第112页。

④ 黄小晶：《城市化进程中的政府行为》，中国财政经济出版社2006年版，第89页。

队或生产队调拨土地，无偿使用，还从各个集体调拨资金、物资和劳动力来完成相关的建设。在此时期，土地的使用主要依靠调拨完成，对其进行无差别的使用，不会因位置的不同而产生级差地租。此外，这些土地所产生的收益通过高度集中的经济体制进行了集中和再分配，而不需要将其外化。计划经济时期的城镇投资存在两个问题：一是投资结构不合理，影响城镇的长期发展；二是投资方式单一，平均主义思想严重，发展速度较慢。

一　以地生财的出现及完善

改革开放后，人们逐渐认识到了问题所在，开始转变思路。比如，对新建工业项目，在计划中安排配套和相应的基建投资。同时，按照谁受益、谁出资的原则进行集资，并开始对公用事业收费。[①] 各地开始实行以路养路，贷款修桥，然后收取费用偿还的模式。1983 年 2 月 16 日，《人民日报》发表了《依靠群众自己动手谋福利》的社论，把“人民城市人民建”提升到了指导思想的高度，并在头版头条刊登了潍坊市的先进事迹。时任总书记胡耀邦指出：“我国地大，人多，众人拾柴火焰高，要发动群众集资办一些事情。”[②] 此文一出，各地掀起了向群众集资的高潮，并将其扩展到了多个领域。还有人对这一思想进行了阐述，认为它体现了党和政府相信群众、依靠群众的优良传统，体现了“为民之举靠人民”的指导原则，体现了集中人民智慧和力量搞好城市建设的正确途径。[③] 这种集资方式有两种含义：一是向农民收取税费，作为“三提五统”的一部分，或直接出义务工参加建设；二是向城镇居民收取相关的建设费用，比如宅基地使用费、道路和管道

① 叶维钧等主编《中国城市化道路初探——兼论我国城市基础设施的建设》，中国展望出版社 1988 年版，第 289 页。

② 杨风山：《关于“人民城市人民建”来龙去脉》，新华网山东频道，http://www.sd.xinhuanet.com/news/2006-06/28/content_7380542.htm。

③ 包宗华：《中国城市化道路与城市建设》，中国城市出版社 1995 年版，第 213—214 页。

修建费用等，进行城镇的基础设施建设。向辖区内的农民收取税费可以视为集体内部成员的积累。乡镇体制改革以后，大多数乡的范围并未发生太大的改变。农民依然可以视为原最高集体的成员。之所以采取集资的方式则与包干到户有关，集体无法直接从中获取积累，只能采用一定的方式向农民收取。

20 世纪 80 年代，乡镇企业的发展也为小城镇的兴起注入了活力。乡镇企业由原来的社队企业发展而来，多为村办或乡办企业。若是乡办企业，其利润则直接由乡镇政府支配，成为地方重要的财源。所以，在乡镇企业发达的地方，城镇的发展和建设也比较好。这些企业可以成为摊派的对象，直接参与城镇的建设。1985 年，乡镇企业直接用于小城镇建设的资金为 2. 5 亿元，如果加上支持农村教育、社会福利方面的资金则为 83. 1 亿元；1990 年，分别增长到 5. 2 亿元和 105. 4 亿元。[①] 这些乡镇企业无偿或低价占用了集体的土地，员工是集体的成员，所获得的收益也算是集体财富积累的结果，将其用于城镇的建设也在情理之中。由乡镇企业的利润投资的集镇，也可以视为集体的集镇，而不是公共的集镇。

向城镇居民收取建设费用则是一种市场行为，预示着土地市场的出现。居民不是集体的成员，他们不能无偿享用集体的资源，同时集体也无法对其劳动剩余进行积累。所以，只能通过外化的方式直接收取费用。实行家庭联产承包责任制后，农民收入大幅度增加，农村经济开始繁荣起来。许多的乡镇政府所在地作为商业中心恢复了生机。在“人民城市人民建”思想的指导下，兴起了一批小城镇，大量农民自理口粮进城。他们在新兴的城镇购买宅基地、建住房，成了令人羡慕的“城里人”。浙江的龙港就是其中的一个典型。“龙港不走以地生财之道，别无出路。对政策变通，把土地出让改为征收公共设施费。按照马克思的级差地租，依据地段收钱，共收地价款近千万元，人们说龙港一夜之间劫来

① 张荐华、林珏：《乡镇企业的崛起与发展模式》，湖北教育出版社 1995 年版，第 48 页。

了一个‘建设银行’。”[1] 除了将宅基地出让之外，带有营利性的市场、码头、仓库和电影院等则进行股份合作式建设。在城建资金中，国家投入的比例仅占5%。[2] 此类状况在全国各地普遍存在，只是程度上稍有不同而已。向农民集资不单体现在收取低价款上，在道路、亮化、美化和排水管网等建设上，也会逐步集资。因为这些刚兴起的小镇不可能一步到位地完善基础设施。同时，还要考虑到居民的承受能力。在此情况下，建设一项工程，收取一次费用，也就成了常态。这就是典型的“以地生财”，依靠土地进行资金的积累。在起初的阶段，向居民收取的只是土地的使用费，并未将全部资金都集中在土地上。城市是各种要素、资源不断富集的结果。这些要素和资源则主要来自生活在城市的居民，同时，城市也服务于这些居民。在计划经济体制下，可以依靠集体内部的积累完成这些要素、资源的积累。实行市场经济之后，集体逐渐式微，对集体外的成员无法完成资源的汲取。这就需要运用市场的方式，借助土地来完成。

随着乡镇企业的改制和农村税费负担的取消，无法继续依靠农民集体内部的积累来完成，资金的来源更加需要依靠市场。在城镇建设的资金投入中，一部分是来自企业的税收，通过政府的公共财政进行重新分配；另一部分则是通过向土地使用者收取相关的费用，然后由政府或开发商进行投资。在经济发达的地区拥有一定的税收来完成土地开发的前期投资，尚不构成太大的问题。对于欠发达的农业地区来说，费用则全部来自土地。这也就是土地财政产生的原因。与其说分税制处理的是地方与国家的关系，还不如说是集体与国家的关系，因为地方的发展所依靠的是集体的积累和资源。财政更多的是处理公共与国家的关系，这与集体

① 陈定模：《我与龙港——中国第一座农民城》，载周荣光主编《跨越第三步：一个温州乡镇领导干部在农村小城镇城市化实践中的思考》，新华出版社2001年版，第548—551页。

② 朱康对：《来自底层的变革——龙港城市化个案研究》，浙江人民出版社2003年版，第54页。

和国家的关系有本质的不同。

许多人曾用“以地生财”来对土地财政进行说明。该词虽然很形象生动，但也容易让人产生误解。一是这些财富并非这些土地自然而然地生长出来的，而是进行投资的结果。本书所使用的“以地生财”更多的是“以地聚财”的含义，主要用来表示为城市建设筹措资金的过程。城市建设的资金本是通过一定方式筹集的，并不来源于土地本身。这种方式是在集体的边界被打破、外来人员大量进入，依靠既有的内部积累无法完成资金集聚的条件下，而采取的一种资金筹措方式。由于土地的用途不同，其产生的级差地租也有很大的差异。所以，不能一概地认为只要是土地均可以作为资金筹措的手段。此外，将资金进行筹措仅是城镇建设的第一步，只有进一步考察其具体的用途和流向，才能对这种方式的合理性做出判断。

二　地利共享的现实状态

地利共享所要处理的就是因非农使用而产生的增值收益该如何分配的问题。在相关研究中，农民权利受损说成了主流。很多学者认为在土地的征收、开发过程中，农民是弱者，利益受到了侵害。这是地方政府不正当地运用公共权力造成的，要赋予农民更多的权利。许多人对土地的征收进行了质疑，认为主要存在以下几个问题。一是对“公共利益”概念的界定不清。这是征地活动中，农民土地权益遭受侵害的根源。[①] 汪晖和郑振源认为对公共目的或公共利益限定不足为政府滥用征地权创造了条件[②]，从而导致征地行为缺乏规范，进而侵害农民的土地权益。[③] 这种观点忽视了法律的规定，没有涉及土地用途管制的必要性。

---

① 陈利根、陈会广：《土地征用制度改革与创新：一个经济学分析框架》，《中国农村观察》2003 年第 6 期，第 40—47 页。

② 汪晖：《城乡结合部的土地征用：征用权与征地补偿》，《中国农村经济》2002 年第 2 期，第 40—46 页。

③ 郑振源：《征地制度需要改革》，《中国土地》2000 年第 10 期，第 24—25 页。

二是权力滥用。比如周其仁认为，政府运用行政权力对用地需要做出判断，决定土地的供给。权力租金而不是土地产权的权利租金刺激农地转向城市工业用地。[①] 蔡乐渭将土地征收视为公共利益限制个别利益。由于任何权力都有滥用的可能，所以不得不考虑在实体的制约之外还需要发挥程序的作用，限制行政权力的滥用，保证公民权利在整个公共利益实现的过程中得到充分的保护。[②] 此类研究的理论多于实践，未对征地过程的具体事件进行详细的分析，存在极强的价值倾向。这种说法有一定的道理，但并不全然如此。

三是补偿过低。据梁爽的实证调查，土地非农化收益中，农民得到 9.93%，村集体得到 4.46%，市（含镇）政府得到 30.5%，市级以上政府得到 10.6%，土地使用者得到 44.51%。[③] 任浩认为，工农产品价格“剪刀差”的存在严重扭曲了土地收益，造成了现实中用收益倍数法得到的征地价格远远低于真实的耕地价格。运用补偿倍数法计算的征地补偿仅仅相当于农地价格的 1/5。[④] 钱忠好认为土地对于农民来说不仅有生产性收益，而且有非生产性收益，现在的仅按土地的生产性收益对被征地农民进行补偿的方式是一种不完全补偿。[⑤] 大部分人认为，按照法律规定，征地补偿费的第一项给村集体，第二项给安置单位，第三项给农民的又被层层截留，农民所得甚少。还有人认为，农民将来要生活在城市中，而所获得的补偿是农业收入的水平，这显然有失公

---

① 周其仁：《纵论我国征地制度改革》，载《北京大学中国经济研究中心 2004 年中国征地制度改革国际研讨会简报》，http://www.ccer.edu.cn/cn/readnews。

② 蔡乐渭：《土地征收中的公共利益问题研究》，首都师范大学出版社 2011 年版，第 32 页。

③ 梁爽：《土地非农化及其收益分配与制度创新》，中国科学院博士学位论文，2006。

④ 任浩、郝晋珉：《剪刀差对农地价格的影响》，《中国土地科学》2003 年第 3 期，第 38—43 页。

⑤ 钱忠好：《中国农地保护：理论与政策分析》，《管理世界》2003 年第 10 期，第 60 页。

平。出现此类状况是土地制度产权残缺的表现，应该赋予农民更多的权利。[①]

上述的诸多认识属于“权力－权利”范式，认为两者是此消彼长的关系，不可兼容。清晰的产权界定也许有助于交易的完成，但用在中国的土地问题上似乎具有一定的跳跃性，需要仔细分析。中国的土地分为国有和集体两类，它们之间比较清晰，模糊性很小，可以很容易分开。所以，不清晰的部分主要是指集体的土地。集体分为三级，相互之间可能不清晰；集体由许多的个体组成，集体与个体之间、个体与个体之间也可能存在不清晰的情况。但是清晰只是作为分配的依据，而不是分配的理由。相对清晰的产权并不能回答为何将增值收益均归所谓的所有者所有。在没有任何增值的情况下，清晰之后的分离反而会产生负面的影响。所以，产权改革说所适用的范围仅仅局限在集体与集体、集体与个体之间。农村的集体化建设有近六十年的时间，形成了一定的积累。将这部分积累分解掉，也许会消除一部分矛盾，但不是目前所面临的主要问题。单纯的改革，不会增加利益，也无助于问题的解决。显然，当前的土地的增值与分配不是产生在某个集体之内或数个集体之间，而是集体与国有之间。这是两个不同领域的利益分享。即便是个人的产权清晰了，也无法为分享更多的城市土地的增值利益提供充足的理由和保障。

他们看到了在征地过程中存在的问题，农民利益未得到有效保护。这个需要在后续的发展中进行积极的保护。但是，在该范式下提出的解决方案似乎有简单化之嫌。因为产权建设是一个长期的过程，不可能短时间内完成。再者，土地的增值收益全部归所有者所有似乎也有极大的商榷余地。西方国家虽然实行的是土地私有制，个人可以获得高额的补偿，但还需要缴纳高额的土地增值税，这也是需要留意之处。

---

① 郑风田：《我国现行土地制度的产权残缺与新型农地制度构想》，《管理世界》1995 年第 4 期，第 138—146 页。

有人认为私有化的主张不可取，恰恰是因为没有很好地坚持集体所有制，才产生了如此众多的问题，在此基础上提出了集体发展权利说。在农村中，承包权的不断扩大，影响了集体所有权的发挥。在离开了集体的力量之后，个体的农民无法对强权进行抵抗，常常受到侵害。这才是农民受到侵害的根源。[①] 所以，要坚持集体的所有权，保护农民的利益。另外，土地集体所有制还是保护农民分享级差地租的根源，这在未实行家庭承包制的“明星村”表现得非常明显。它们凭借集体的积累和土地，迅速实现了工业化。由地方政府或集体经济组织主导的农村工业化，由于不需要改变土地所有制的性质，既将土地的级差收益留在了集体内部，又降低了农民创办企业的风险，还降低了企业创办的门槛和级差地租上升侵蚀企业利润的压力。[②] 所以，解决“三农”问题的根本在于坚决落实农村土地的集体所有权，保证农民对级差地租的分享。[③] 还有人对相应的模式进行了探讨。

刘守英认为城市化的模式有两种：一种是政府主导，依靠土地的国有化和政府获取的级差收益；另一种是农民自主，将土地级差收益留在村庄，用于企业发展和村庄改造。[④] 此处的农民自主是在不改变土地集体性质的前提下，由村集体组织开发，而避免政府的征收。要放松政府对农地转用的垄断和管制，促进和发展地权特别是集体建设用地的交易和流转。[⑤] 让农民以土地权利参与工业化，可以屏蔽国家征地制度对农民权益的侵害，有利于

---

① 潘维：《农地应“流转集中”到谁手里》，《红旗文稿》2009 年第 5 期，第 13—16 页。

② 蒋省三、韩俊主编《土地资本化与农村工业化——南海发展模式与制度创新》，山西经济出版社 2005 年版，第 78 页。

③ 李昌平：《扩大农民地权及其制度建设》，《中国图书评论》2009 年第 1 期，第 12—19 页。

④ 刘守英：《集体土地资本化与农村城市化——北京市郑各庄村调查》，《北京大学学报》（哲学社会科学版）2008 年第 6 期，第 123—132 页。

⑤ 北京天则经济研究所中国土地问题课题组：《城市化背景下土地产权的实施和保护》，《管理世界》2007 年第 12 期，第 31—47 页。

地方工业化，让农民分享工业化进程中的土地级差增值收益。[①]当然也有人对此提出了质疑，认为乡镇政府和农民只满足于土地资本化带来的收益，而不注重经济的可持续发展，限制了要素流动且将资本消费在了非生产领域。无法突破不可分性公共品供给短缺的问题，不能在共享“外部规模经济”的同时为城市规模的扩大提供支持。[②]集体产权范式更多的是倾向于将土地增值的收益留在集体内部。这种方式虽然避免了一些冲突，但是减少了政府的统筹，不利于城市化的整体推进。土地的增值收益不仅是集体发展的源泉，也是政府进行公共建设的基础，两者之间存在一定的矛盾。上述的诸多观点站在维护农民利益的立场上，主张维护土地的集体所有制，但在实施的效果上集体产权范式却与私有产权范式没有太大的区别。因为将所有的利益留在了集体之后，还是会被确认到个人的名下，集体已经被高度虚化。表面上坚持集体主义，是将农民视为一个整体，与集体外形成一种对立。

还有人提出了将土地进行国有化的主张。比如，张德远认为，目前的集体所有制从长期来看是一种不稳定的所有制，土地的国有制将是一个可行的选择。[③]韩洪今、马秋认为，中国农村土地集体所有制的存在符合公平原则但不符合效率原则，私有化改造弊端较多，并非中国农村土地法律制度的最佳选择。土地国有、农民永久承包经营的土地产权制度在保留土地公有制的前提下，避免了集体化改造和私有化改造的各种弊端，是各种改革方案中的最佳选择。[④]周天勇的解决方案更加直接，取消集体土地所有

① 蒋省三、刘守英：《土地资本化与农村工业化——广东佛山市南海经济发展调查》，《管理世界》2003 年第 11 期，第 87—97 页。

② 胡彬：《区域城市化的演进机制与组织模式》，上海财经大学出版社 2008 年版，第 197 页。

③ 张德远：《适应我国农业劳动力转移的土地制度改革》，《上海财经大学学报》2002 年第 1 期，第 9—15 页。

④ 韩洪今、马秋：《论中国农村土地集体所有权制度改革》，《哈尔滨工业大学学报》（社会科学版）2005 年第 6 期，第 56—59 页。

权，土地的两种公有制并轨，国家拥有所有土地的终极所有权，分解国家所有的占有、使用、处置等权力，实行较长的使用年期财产权制度，农民和一部分国有企业的土地使用年期财产权与社会保障挂钩，发挥市场配置土地资源的基础性作用，政府管理主要用来弥补市场配置土地资源的缺陷。[①] 这种观点看到私有产权范式存在的弊端，也希望土地能够在发展中扮演更加重要的角色。但是否必须经过产权的变革来实现，还存在诸多值得商榷之处。

从上述的相关研究中可以看出，土地增值收益分配的主体有失地农民、农村集体、地方政府、中央政府和开发商等。土地增值的收益应该在这些不同的主体之间进行共享，而不是为某个主体所独有。有人认为农村集体经济享有基于农地真实收益的征地补偿及部分增值溢价；开发商享有的是正常产业利润；房地产业主分享的是正常产业利润和区位地租形成的低价部分；政府部门分享的是规费和税收。[②] 也有人认为城市土地的“国有”性质决定了国家拥有绝对地租的收益权；增值收益应该按照各级政府在城市发展过程中的具体投入比例进行分配；失地农民集体作为土地的前任所有者，也应该享有一定比例的增值收益。[③] 从逻辑上讲，应该分为这几个部分，但是具体的如何进行操作是一个复杂的问题。因为，在城镇的各个发展阶段，政府所面临的任务及财税的丰裕程度不同，对农民给予的额度也有一定的差异。在发展的前期，政府处于投资的阶段，在资金上处于匮乏状态，不能够对农民集体给予太多的补偿。这也就造成了农民的土地收益占土地出让收益的比例偏低，为3%—15%，而地方政府的份额在75%及以

① 周天勇：《中国土地制度的困境及改革的框架性安排》，《学习月刊》2003年第12期，第14—15页。

② 王佑辉、艾建国：《农地转用地价体系与增值收益分配》，《华中师范大学学报》（人文社会科学版）2009年第4期，第52—58页。

③ 刘红：《城市增长、土地增值与城市政策》，《中央财经大学学报》2006年第8期，第71—76页。

上。以农地的农用价值一次性补偿给失地农民及其集体的征收补偿原则，也隔断了农民分享土地增值收益的路径。[①] 这是产生问题的一个重要原因，在此情况下，并非地方政府有意对农民的利益构成损害，而是确实无资金进行补偿。政府将征收来的土地基本分配如下：30%—40%是用作基础设施、道路、学校等公共目的用地；35%左右作为工业用地；大约还有30%就是商业和住宅用地，其中一半要建设经济适用房，只有15%才是真正的商业用地和房地产。[②] 在这些土地中，真正能够有收益的只有商住房用地，而其他的则需要净投资。并且，建设资金还需要将已经征收的土地进行抵押，从银行获得贷款，这样才能完成城市的基础设施建设，促进经济的发展。

当然，在地方的发展取得一定的成效之后，可以对集体、农民进行利益让渡，使其共享发展的成果。在此情况下，广东、浙江和厦门等地运用土地发展权制度的思想，对现行土地权力配置体制进行了重大创新，[③] 较好地处理了土地增值收益分配问题，这一经验可以进行推广或者进行其他的尝试。所以，土地产权改革不是影响土地分配格局的关键，为提高失地农民所获利益份额提供法律层面的支持和加强政府的法律执行力度才是重点。[④] 显然，这种份额不是初次分配的水平，而是根据发展的状况，制定合理的分配比例和分配方式。在分配时，可以考虑将部分土地增值收益保留在村社集体内部，既实现了“失地人员无后顾之忧”的征地补偿机制设想，又防止了土地食利阶层的产生，实践所谓的

---

① 诸培新、唐鹏：《农地征收与供应中的土地增值收益分配机制创新——基于江苏省的实证分析》，《南京农业大学学报》（社会科学版）2013年第1期，第66页。

② 刘守英：《政府垄断土地一级市场真的一本万利吗》，《中国改革》2005年第7期，第24页。

③ 刘国臻：《论我国地方土地权力配置体制创新——以土地发展权配置为视角》，《学术研究》2011年第9期，第46页。

④ 张广辉、魏建：《土地产权、政府行为与土地增值收益分配》，《广东社会科学》2013年第1期，第45页。

“新集体主义”。[①]

所以，地利共享的主体既包括与土地有关的农民个体、集体，也包括参与开发的企业、地方政府和中央政府。当然，地方政府和中央政府所享有的这部分收益最终也是纳入公共财政，归属于全体公民。由于各种制度的不健全、执行不严格，在征地及增值收益分配的过程中出现了各种问题。这种问题只是局部，可以通过各种方式、方法进行不断的完善，不能因此就否定整个土地制度。在土地增值收益分配的考察上，还需要运用历史的眼光，将其纳入发展的过程中去思考，注重问题的阶段性。不能因为暂时的不足而否定长远的有利，也不能因为暂时的困难而否认未来的弥补。

第四节　研究方法

一　个案基础上的机制研究

本研究主要采用定性研究方法，即质的研究方法。质的研究方法是一种以研究者自身作为研究工具，通过多种手段收集研究资料的过程，对社会现象的整体性进行探究。质的研究方法要求研究者通过与研究对象的互动以建构研究对象行为及其意义。[②] 具体来讲，本书以白镇30多年的发展过程中集体和地方政府关系的变动为研究对象。集体与地方政府关系变动的载体就是土地，所以，围绕土地进行互动的整体性事实便构成了本书的个案。虽然，本书的叙事主要围绕白镇展开，但思考的问题并不仅仅是白镇的经验现象，更是试图发现这些现象背后的机制，使个案具有一定的超越意义。

所谓个案研究，是指将注意力集中在社会现象的一个或几个

① 李元珍、杜园园：《新集体主义：土地增值收益分配的新机制——以成都市大英村调查为基础》，《贵州社会科学》2013年第4期，第113页。

② 陈向明：《质的研究方法与社会科学研究》，教育科学出版社2000年版，第3页。

案例上，对某些社会现象的例子进行深度检验的方法。① 作为社会学经验研究中的一项基本研究方法，个案研究具有悠久的历史。马林诺夫斯基的《西太平洋的航海者》是在个案研究的历史上具有里程碑意义的著作。这部作品通过对原始社区中日常生活的全景式描述，得出了关于宏观社会结构和系统的认识。经由人类学、社会学等学科的共同推动，个案研究已成为当今人文社会科学研究中最重要的研究取向之一。

20 世纪 20 年代以来，随着“西学东渐”，中国的社会学家、人类学家开始了对中国社会的本土化研究，其中个案研究体现为以“社区”为单位的研究。② 尤以吴文藻、费孝通和林耀华等人的著作为代表。后来，有人从研究对象的选取和个案的代表性上对费孝通的研究进行了质疑。弗里德曼认为，小社区无法反映大社会的全貌，中华文明的复杂性决定了在小社区内部做功能的整体分析必定具有极大的局限性。③ 利奇既认为费孝通的著作犯了以偏概全的错误，同时也肯定了它的价值，即认为费孝通分析了中国农村社区各个制度间的内在联系，使局部统一在整体之中，得到了英国社会人类学的功能学派的要旨。④ 利奇还具体指出：“这种研究没有，或者不应自称代表任何意义上的典型。它们也不是为了阐明某种一般的论点和预设的，它们的意义在于它们本身。虽然这种作品以小范围的人类活动为焦点，但是它们能告诉我们的是有关人类社会行为的一般特点，其内容远比称为文化人类学的普通教材丰富博大。”⑤ 这种说法转移了对典型性的质疑，认为这样是降低了个案研究的意义，而没有真正理解个案。个案的特殊

① 孙秋云：《核心与边缘——18 世纪汉苗文明的传播与碰撞》，人民出版社 2007 年版，第 42 页。

② 郭亮：《地根政治——制度转轨期的 S 镇农村地权研究（1998—2009）》，华中科技大学博士学位论文，2010。

③ 〔英〕莫里斯·弗里德曼：《中国东南的宗族组织》，刘晓春译，上海人民出版社 2000 年版，第 5 页。

④ 费孝通：《社会调查自白》，上海人民出版社 2009 年版，第 299—306 页。

⑤ 王铭铭：《社会人类学》，台北：五南图书出版股份有限公司 2000 年版，第 50 页。

性中内含着一般，作者要通过自己的描述将其揭示出来，并告诉读者一个更丰富的世界。

在社会科学研究领域，在微观研究单位内对特定研究对象的观察所得出的结论要超越个案本身，这样才可能具有学术层面的意义。对个案特征及其实践逻辑与机制而非个案本身内容的研究取向，可以保证一个偶然选择的研究个案并不会因为未经科学抽样而失去其研究意义和价值。个案本身所具有的特殊性和偶然性特征并不会消解对个案进行深度发掘后所揭示出来的普遍性，从而落实了知识的可迁移性和转化性。个案研究的成功标准在于研究者能够透过现象看本质，能够深入个案内部的各种复杂关系中并将其清晰地呈现出来。评价作品好坏的标准是研究者对个案深度发掘的程度及其所揭示的个案逻辑是否自洽。因此，个案研究作为区别于量化研究的一种特别方法，具有自身之独特优势，即其可以充分地展示社会内部各种关系的复杂性与关联性，了解到语言难以表达的传神之意。但它始终面临是否能够“以微明宏，以个别例证一般”的质疑。①

其实，对个案方法的质疑具有一定的必然性，它内含着自然科学与社会科学的矛盾，以及对西方中心主义方法论的反思。社会学的鼻祖孔德一直希望建立一套可以与自然科学相媲美的社会科学，并努力将自然科学的方法引进来。他的这种思想影响了后来的社会学家们。涂尔干是实证社会学的力行者，借鉴自然科学的方法做出了优秀的研究。马克思也创立了具有“普遍性”的社会发展阶段论，并通过商品理论演绎了社会的主要矛盾与未来前景。韦伯也提出了自己的“理想类型”学说。这三位社会学家的思想有个共同的特点，即对总体性的社会进行了概括。他们认为自己的结论就是整个社会的特征，而不是局部，具有一定的普遍性。这些结论也许在西方社会不存在太大的问题，但是将其扩展到其他地域则面临极大的挑战。

① 费孝通：《江村经济》，上海人民出版社 2006 年版，第 241—271 页。

人类学个案研究的出现具有一定的偶然性。马林诺夫斯基因为战争的原因而停留在了小岛上，所以只能在那里进行深入的研究，进而发现了个案研究的魅力。如果仅仅就个案而谈论个案，或者只是为殖民者的统治而服务，也不存在太大的问题。但它要走出个案，谈论具有普遍性的话题，则面临质疑。一种是对西方中心主义的反叛，另一种是对自身无法完成的超越。产生于西方的社会科学理论怎么能适用于异域社会呢？同样，在异域社会的发现怎么能够与西方的理论进行衔接呢？这就让产生于西方社会的宣称具有普遍性的社会科学理论面临挑战，也为其他重要文明体发现自身提供了巨大的空间。这也将问题引向了深入，要回答“理论”与“经验”的关系。所以，对个案研究在方法论上的回答主要有两个方向：一是将其拓展，不断丰富起来；二是进行机制研究，超越个案，但又具有鲜明的经验色彩，并不直接上升到理论层面。

费孝通对自己所受到的质疑进行了反思和回应。他认为，面对复杂的现实，人们不能完全掌握真实的存在，而只能无限接近。该如何去接近呢？那就是将其划分为不同的类型，并进行不断的比较。在相同条件下形成的相同事物就是一个类型。这在他的《云南三村》中体现得比较明显。他认为江村是人多地少、工农相辅的苏南农村类型，在选取其他村庄时，就选取了与此类型不同的农村。比如，没有手工业的“禄村”，拥有手工业的“易村”以及受到商业中心影响比较深的“玉村”。这种类型学的比较，还是以村庄为单位的研究。后来，随着研究范围的扩大，他在类型之上提出了“模式”的概念，进而演化为“区域”。不管这套方法是否科学，但它是费老实践的结果，呈现了他研究的脉络。

近年来，在人类学和社会学研究方法的不断推进下，个案研究方法有了新的进展。它的主要表现是在个案研究中加入了历史学的方法，即注重个案在社会变迁中的变化及其原因。历史学因素的纳入使个案文本更加丰满也更加有纵深感。在历史的脉络中进行个案研究可以更好地与时代的宏观背景结合起来。这也就是在宏观背景下的微观研究，研究的不再仅仅是个案，更是类，只不过将此个案进行了深刻的剖析。普遍性包含在特殊性之中，个案研究的重点不在于揭示其自身的特殊性，而是在寻找所蕴含的共同性特征。也许，除了全面调查之外，其他的任何研究方式都具有一定的片面性，但并不阻碍结论的正确性。

在实际的研究过程中，许多研究者也拓展了对个案的理解。比如，朱晓阳主张运用“延伸个案分析”来突破单纯的个案叙事。① 卢晖临、李雪认为必须走出个案，采用扩展个案方法。在这种方法里面，需要运用宏观视野分析微观，进行微观分析之后再反观宏观，使理论的能量在实践中得以迸发。② 应星则提出，质性研究并非靠个案数量的多少取胜，而取决于个案研究的深度。体现足够大的张力，容纳足够复杂的关系，展示足够完整的过程，是个案研究的根本所在。③

在对个案研究方法进行拓展的同时，机制分析也越来越引起人们的重视。机制分析在中国社会科学的研究中具有重要的意义。它与实践的社会科学有紧密的联系，代表着中国学人的反思与努力。在当下中国的社会科学领域，一些西方的无视经验证据的偏颇理论甚嚣尘上，被许多人奉为圭臬。④ 它不仅仅与西方社会的历史不符，更不与中国的经验相对接，贻害无穷。所以，有人主张走到中国的实践中去，从自身的经验里提炼概念，发展理论。⑤ 西

---

① 朱晓阳：《小村故事：罪过与惩罚（1931—1997）》，法律出版社 2011 年版，第 36—46 页。

② 卢晖临、李雪：《如何走出个案——从个案研究到扩展个案研究》，《中国社会科学》2007 年第 1 期，第 118—130 页。

③ 应星：《评村民自治研究的新取向——以〈选举事件与村庄政治〉为例》，《社会学研究》2005 年第 1 期，第 210—223 页。

④ 黄宗智：《连接经验与理论：建立中国的现代学术》，《开放时代》2007 年第 4 期，第 5—25 页。

⑤ 黄宗智：《认识中国——走向从实践出发的社会科学》，《中国社会科学》2005 年第 1 期，第 83—93 页。

方的某些理论，通常以“结构－制度”的形式出现，这本身就含有某种普遍性的意味。这种形式主义的研究方法，忽视了经验的鲜活性，缺乏发现意外的好奇。对中国自身经验的关注和重视已经成了共识，也有许多人为此而努力。如何将复杂的、片面的、变动的经验上升为理论，就成了人们必须回答的问题。也就是要重新回答个案的代表性问题，即如何从中获得普遍性的意义。

孙立平等人认为可以运用“过程－事件”分析的方法去激活实践状态，让其接近实践。并在此基础上发现其内在逻辑发挥作用的方式，即机制分析。① 这种研究是建立在深度个案的基础上，试图发现实践的逻辑，从而形成对个案的超越。在这里个案只是所言说的对象，其本身不是目的，其内含的稳定的逻辑才是所追求的目标。周雪光也认为机制就是指两个事物之间可能存在的因果关系。但这种因果关系诱发的条件或者后果却是不明朗的。所以，这不是一种决定性的、必然的因果关系，但是我们知道这样的关系会经常发生。② 机制分析并不如制度分析那样具有某种确定的关系，只是指出了其可能存在的因果关系。这就意味着事物之间的关系是复杂的，也带有一定的变动性，必须将其置于相应的语境、实践活动中才能理解。基于孙立平等学者提出的“实践社会学”命题，华中村治学者则提出了“实践社会学2.0：机制研究”的命题，试图发现经验的逻辑，即现象之间的联系机制。他们不再仅仅将目光锁定在个案上，更希望在现象的层面提问题，将经验贯通起来。这样所得出的结论就不会是片面的、局部的，而是具有了超越个案的意义。在此基础上所进行的总结就具有了“中层理论”的意味。所以，本书探讨的问题、过程的分析以及结论的得出也并不停留在作为研究对象的乡镇上，而是希望揭示其具有的普遍性机制，对城镇化的某些重大问题进行回应。

---

① 孙立平：《实践社会学与市场转型分析》，《中国社会科学》2002年第5期，第94—95页。

② 周雪光：《组织社会学十讲》，社会科学文献出版社2003年版，第16页。

所以，本研究是以南县的白镇[①]为个案，但分析的问题却并不局限于该镇。所要进行的研究也不只是简单的现象罗列，而且试图了解其相互之间的关联和内在机制。在对白镇调查之前，笔者已经在全国的八个省市进行了将近300天的驻村调研，关注了相关问题。并在上海松江区的新浜镇、佘山镇和奉贤区的南桥镇进行了专题调研，最终选定了白镇。在某种程度上，白镇是一个“理想类型”。首先，它是农业型乡镇，无特殊的资源、区位优势，在中西部地区具有一定的代表性。同时，它处于太湖平原，靠近集体经济比较发达的苏锡常，也可以管窥集体在发展过程中的变迁。其次，它是百年老镇，并且一直是该区域的中心，虽经历了合乡并镇，但它始终是政府所在地，保持了发展的连续性。再次，此地的发展速度适中，可以对各个时期的面貌进行复原，厘清土地变化中的村民小组、村委会和乡镇政府的关系。最后，它已经进行了国有土地的出让、工业园区的建设，功能区比较完备，与小、中城市差异不大。该镇满足研究所需要的条件。

二　以乡镇为社区

以吴文藻为代表的一批学者最早实践了中国的“社区”研究。“社区”研究是对“社会”研究的一种反思。先前的社会学研究主要侧重于理论层面，通过抽象的思维对经验世界进行概括，具有一定的合理性。但当将其运用到实践生活中时，就会面临一定的问题，即宏观如何与微观相互集合。有人就将其下降到了社区的层次。所谓社区，是指研究者自身可以把握的社会的边缘性部分。在这个小范围里可以用直接的观察方法，多方面地了解人们的生活。[②]

当时，对社区的认识主要是指村庄，将其作为认识整个社会的窗口。中国的村庄具有比较清晰的地域界限，并且在不同的村

---

① 根据学术惯例，本文的南县、白镇、白村和门前村等地名和其他章节出现的人名均为化名。

② 费孝通：《费孝通论小城镇建设》，群言出版社2000年版，第79页。

庄中，经济活动和社会交往活动又相互隔绝。[①] 因此，村庄就具有了独立的文化单位和社会单位的性质，诞生了许多村庄研究的作品[②]。这些研究受到了学术界的重视，也奠定了中国本土社会学研究的世界性地位，当然，也受到了一定的质疑。比如，弗里德曼认为，具有悠久历史传统的中国不能采取原始部落的研究方法，功能的整体性不足以把握具有长远历史传统的文明大国的特点。所以，社区不能作为社会的缩影，要采取文献进行更大范围的研究，并提出了宗族分析范式。[③] 也许，他的这项研究在华南地区比较有说服力，但在中西部地区的解释力要弱很多。同时，施坚雅通过在四川盆地的研究提出了以集镇为单位的市场分析范式。[④] 这种范式有一定的道理，但似乎没有抓住中国的核心特征。这种分析范式在海外汉学的研究中影响比较大，[⑤] 在国内的研究中影响则属于一般。

20 世纪 90 年代，随着一批政治学者将重心转向农村，也诞生了不少以村落为单位的作品。比如，贺雪峰主张在进行个案调查时，要以个案村落为文本，寻找对对象具有解释力的分析框架。[⑥] 吴毅的双村研究和于建嵘的岳村研究等都具有同样的意义，仝志辉还将四个村庄进行比较以呈现超越单一村庄的社会关联。这也

---

① 王曙光：《村庄信任、关系共同体与农村民间金融演进——兼评胡必亮等著〈农村金融与村庄发展〉》，《中国农村观察》2007 年第 4 期，第 75—79 页。

② 比如费孝通的《江村经济》、林耀华的《金翼》、杨懋春的《一个中国的村庄》等作品。

③ 狄金华：《中国农村田野研究单位的选择——兼论中国农村研究的分析范式》，《中国农村观察》2009 年第 6 期，第 80—91 页。

④ 〔美〕施坚雅：《中国农村的市场和社会结构》，史建云、徐秀春译，中国社会科学出版社 1998 年版，第 10 页。

⑤ 费正清在《美国与中国》中将施坚雅的“基层市场社会”表述为“集市社会”，认为它既是一个经济单元，又是一个社交世界。孔飞力在《中华帝国晚期的叛乱及其敌人——1796 - 1864 年的军事化与社会结构》中强调市场共同体与团练组织之间的关联性。另外，庄英章的《林圯埔：一个台湾市镇的社会经济发展史》也受到了乡村市场研究的影响。

⑥ 贺雪峰：《乡村治理的社会基础——转型期乡村社会性质研究》，中国社会科学出版社 2003 年版，第 179—184 页。

就产生了“农村研究”与“在农村做研究”的区别。

研究对象的选取与研究主题有关。当对城镇化进行研究时，自然而然会超越村庄的边界。不管从地域范围，还是人口的流动上说，均不在某个村庄内发生。当然，对于更大型的社区，则超越了研究者可以直接把握的范围，也不太适宜作为研究对象。也有人做过将“县域”作为研究对象，但目前还未见到比较成功的作品。而关于“乡域”的则有了众多的尝试，并取得了丰硕的成果。即便是在村庄研究中，也极少会把范围局限在某个村庄中。村庄只是作为一种背景，或者说便于把握。仅仅局限在村庄中，就失去了社会科学研究的意义。因为毕竟不是在书写村志，而是要从中看到自己所关注的问题。乡镇的范围不是很大，并且有一定的官僚机构和乡土社会，具有相当的完备性，也比较易于把握。

以乡镇为单位的研究可以追溯到许烺光，他的《祖荫下——中国乡村的亲属、人格与社会流动》即以云南的喜洲镇为单位，来分析当地乡村的亲属制度、信仰体系、人格与社会流动。不过，他的研究只是吴文藻社区研究的不自觉拓展，而没有指出乡镇研究的特殊含义。[①] 真正对乡镇的意义进行阐述的则是日本的学者福武直。他认为“亚细亚生产方式”的“村落共同体”模式并不符合中国的实情，而应该有更广阔的“乡镇共同体”。在乡镇的区域范围内，农民跨越村落进行日常生活的交流与市场交换。他的研究主要集中在华北平原，那里的村落既不封闭也不独立，而是与外界存在有机的联系。他虽然提出了以乡镇为单位，但没有很好地做下去。[②] 让乡镇研究焕发光彩的是费孝通。

在费孝通早年的研究中，曾设想从村庄逐步上升，一直到大型的都市。这在逻辑上具有可行性，在实践中则缺乏可操作性。在他后来的研究中，也未将此方法运用到底，只是运用到了乡镇

---

① 许烺光：《祖荫下——中国乡村的亲属、人格与社会流动》，王芃、徐隆德译，台北：南天书局2001年版。

② 郑浩澜：《“村落共同体”与乡村变革——日本学界中国农村研究述评》，载吴毅编《乡村中国评论》（第2辑），山东人民出版社2006年版。

领域。在费孝通看来，将小城镇作为社区研究的单位，不仅可以揭示中国社会发展中的基本矛盾，从中也可以看到隐含发展中国家现代化进程中的基本矛盾。从小城镇出发进行研究将更容易对社会整体进行把握。事实也是如此。正是基于对小城镇研究的拓展，费孝通展开了对城乡关系和城乡体系的研究。[①] 北京大学社会学人类学研究所在延承费孝通小城镇研究传统的基础上，发现小城镇的建设与乡镇企业的运作在很大程度上都与乡镇政府的运作紧密相连。因此，他们进一步拓展了对若干个案乡镇系统而规范的社区调查，特别是对乡镇的行政、经济与其他各类经济组织进行了重点研究。[②] 另外，对此进行研究的还有萧凤霞的《华南的代理人和受害者：乡村革命的协从》、吴毅的《小镇喧嚣——一个乡镇政治运作的演绎与阐释》、欧阳静的《策略主义：桔镇运作的逻辑》和田先红的《治理基层中国：桥镇信访博弈的叙事（1995—2009）》等著作。

本研究将乡镇作为社区则主要是因为所研究的对象为城镇化的实践机制，问题本身已经超越了村庄，必须以乡镇为研究对象。另一个原因则是乡镇由原来的人民公社演变而来，若要讲集体在城镇化过程中所发挥的作用，也必须以乡镇为社区。具体来讲，本研究中所涉及的乡镇位于南方某省，因辖区范围内有个白湖，故将其乡称为“白乡”，所在的县称为“南县”。自 1956 年以后，这里成了白乡的驻地，一直延续至今。现今，总面积 328 平方公里，辖 18 个行政村，人口 7.6 万人（含外出人口约 1.0 万人），镇区人口 1.5 万人，本地的城镇化率约为 22.7%（按照常住人口测算）。本地属于人口导入区，城镇化处于起步阶段。2012 年，全镇实现规模工业总产值 29.7 亿元，固定资产投入 19.3 亿元；实现农业总产值 12.9 亿元，财政收入 9073.6 万元。政府驻地距县城

① 丁元竹：《社区研究的理论与方法》，北京大学出版社 1995 年版，第 113 页。

② 比如，马戎等人先后出版了《中国乡镇组织调查》《中国乡镇组织变迁研究》等系列著作。

13 公里。

2013 年 3 月至 8 月，笔者在白镇进行了为期五个月的驻村调研。调查范围主要包括村庄和乡镇两个部分。村庄部分主要是对白村、门前村的村组干部及部分村民进行了访谈；乡镇部分则是对党委、政府、土地、城建、招商、财政、国税、地税和工业园区管委会的主要领导进行了访谈，并深入企业了解具体的生产、经营状况。另外，笔者还拜访了原乡镇领导和集体企业负责人。调查方法既包括半结构式访谈和参与式田野观察，还包括收集相关文献资料。在调查期间，笔者列席了镇、村部分重要会议，参与了正在进行的征地工作，并翻阅了乡镇保存的档案资料。

第五节　核心概念

一　城镇化

城镇化是一个历史范畴，同时也是个发展中的概念。与城市化的概念一样，“城镇化”至今尚未形成统一的定义。一般情况下，这两个概念可以通用。有人认为市和镇在经济结构和生活方式方面十分接近，这二者统称为“城市”，城市化的研究中包含了“市”和“镇”。有人认为城市化与城镇化的实质相同，均指大量农业人口向非农产业和城镇转移，“镇”实际上是作为经济中心的小型“城市”。城市化或城镇化，主要是指二、三产业在城镇集聚，农村人口不断向非农产业和城镇转移，使城镇数量增加、规模扩大，城镇生产方式和生活方式向农村扩散、城镇物质文明和精神文明向农村普及的经济、社会发展过程。

也有人认为城市化与城镇化有所区别，分别代表城市化的两个不同阶段：农村城镇化和城镇城市化（城镇自身的发展和素质的提高）。农村城镇化作为整个城市化过程的重要侧面，主要是指以乡镇企业和小城镇为依托，实现农村人口由第一产业向二、三产业的职业转换过程，居住地由农村区域向城镇区域（主要为农村小城镇）迁移的空间聚集过程，其具体表现为农民生活水平的提高、生活质量的改善和整体科技文化素质的增强。按照这种理解，我国普遍进行的是农村城镇化，只有那些已经成长起来的城市才进行着内涵式的增长。本书中的城镇化是指农村人口不断向城镇转移，二、三产业不断向城镇聚集，从而使城镇数量增加、城镇规模扩大的历史过程。本书未对城市化或城镇化进行区分，为了研究的方便，则主要以小城镇为分析对象。

二　土地/土地制度

土地是一个内涵简单、外延广泛，极不容易界定的概念。本书主要涉及的土地是农用地转变为建设用地的土地。所以，土地就包括农用地和建设用地两种类型。农用地主要有耕地、园地、林地和其他农用地，甚至包括一些荒地。建设用地则主要包括城乡住宅和公共设施用地，工矿用地、能源、交通、水利、通信等基础设施用地等。

土地制度也是一个涵盖范围广、涉及层次多的概念，有广义和狭义之分。广义的土地制度是指包括一切土地问题的制度，是人们在一定社会经济条件下，因土地的归属和利用问题而产生的所有土地关系的总称。广义的土地制度包括土地所有制度、土地使用制度、土地规划制度、土地保护制度、土地征用制度、土地税收制度和土地管理制度等。狭义的土地制度仅仅指土地的所有制度、土地的使用制度和土地的国家管理制度。从研究的角度来讲，本书采用的是狭义的土地制度，主要包括所有制度、使用制度和国家管理制度。

三　以地生财/地利共享

以地生财主要是指政府运用土地进行资金筹措的方式。它通常由两个部分组成：一是将土地以招拍挂的方式进行出让，获得土地出让金和相关的税费，与土地财政紧密相关；二是将政府的储备土地作为抵押，从金融部门获得贷款，形成土地金融。本书不对以地生财进行价值倾向的判断，仅将其视为城镇建设筹集资金的一种方式。在城镇的建设中，能够用来作为资金筹措手段的土地非常有限，只是个别地块，不可将其泛化。仅说明资金的筹措方式，并不能理解城镇建设的内在机制，还需要探讨这些资金的去向和用途。

地利共享主要是指对土地增值收益分配的原则和过程。它也由两个部分组成。一是政府对筹集的资金如何运用，以促进城镇的发展。城镇的建设用地可以分为工矿用地、商住用地、交通用地、公共管理和公共服务用地。其中，商住用地可以获得高额的土地出让金或者进行抵押贷款，而其他三项基本属于净投入，无直接收益。政府正是通过内部的配平机制才推进了城镇的整体建设，为发展提供了平台。二是对未来的土地增值收益应如何分配。在城镇发展的早期，被征收土地的农村集体、农民获得了比较低的补偿，利益受到了一定的损失。在城镇发展升级以后，需要制定合理的分配方式，共享发展的成果。

以地生财和地利共享共同构成了以地为媒的城镇化的衡平机制。两者紧密相连，相辅相成，不可偏废。

第二章　白镇建设历程

在油菜花黄、麦苗青青的时节，我带着好奇和忧虑走向了白镇，一个注定与我结下不解之缘的地方。望着车窗外的田野，我一直在思考一个问题：这些长庄稼的土地是怎么“长”出高楼的呢？在这土地和高楼的背后又暗含着怎样的关系呢？对这个陌生、广袤而又深邃的世界，我充满着敬畏，需要一点点揭开它神秘的面纱。

本章主要从区位、集镇发展和功能区显现三个方面对白镇的形态进行历时性的描述，展示其发展的过程，以及作为小城镇所具有的特征。在该镇发展过程中，商业、行政和工业分别在不同的阶段发挥着主导性作用。它们既可以作为影响集镇在镇域范围内发展起来的宏观因素，也可以作为微观因素，来考察集镇自身的拓展。这不是偶然，而是大部分小城镇呈现的普遍形态。

第一节　白镇简介

一　区域的中心地

白镇所在的南县属于长江三角洲的边缘地带，县境四周群山环绕。2012 年，全年实现生产总值 138.1 亿元；财政收入 23 亿元，其中地方财政收入 13.3 亿元；固定资产投资 122.9 亿元。三次产业比重为 11.2∶48.8∶40.0，工业化率为 42%。南县的经济发展水平在中西部地区处于中间偏上，具有一定的代表性。

白镇的集镇作为区域范围内的商业中心而存在，是农民交换生活必需品的“米盐之市”，即所谓“鱼盐米布之属，辐辏成市”。[①] 明朝以前，南县乡村集镇的情况已经失考。据清乾隆五十七年（1792 年）的州志称“州无巨镇，其商贾往来之地有村镇邸店者十数处”，其中就包括门前塘。民国时期，稍大的集镇有九个，门前塘即为其中之一。门前塘的发展主要依赖其所处的独特位置。很早以前，这里就有大道存在。清末，县境内共有七条供民间行旅、经商往来的大道，有两条在此处交汇。一条通往东北，可以从县城到达浙江省；另一条则是折向西北，到达江苏省。

南县属于苏锡常和杭嘉湖两大经济带的过渡区域。它可以和这两个经济带发生联系，但又很难说从属于哪一个。按地貌划分，南部以山地为主，丘陵次之；北部以丘陵为主，低山次之；中部是丘岗、河谷、平原占主导地位。中部是主要的粮油产区，而南部和北部则盛产竹木。这就将整个南县大致分成了三个部分。南部从属于杭嘉湖，北部从属于苏锡常，而中部则是自成系统的粮油产区。这种划分虽然很粗略，但有一定的道理。划分的依据主要是农产品及其经济效用。南县的中部和西部是平畈地带，紧邻皖南市。而皖南市是个经济不发达的地区，与南县的贸易来往较少。并且，南县中部的粮油基本可以自给，所以和外部的联系不是很紧密。而南部与北部的山区则不同，那里盛产毛竹，但是缺乏粮食。所以，他们必须将毛竹做成竹制品卖出去，再换来粮食和生活用品。中部地区的经济不发达，对竹制品的需求量较少，所以，他们只能和周边的地区进行贸易。恰巧，两大经济带是长江三角洲地区经济的重心，贸易繁盛，那里需要这些产品。所以，南县就从经济上被分割开来了。

南部的竹制品主要销往浙江地区，而北部的则主要是销往江苏地区。有条松岭古道是北乡人贩运竹制品的必经之路。他们手提肩扛地将这些物品运到山的那一边，然后再装车送到更发达的

---

① 包伟民主编《江南市镇及其近代命运（1840—1949）》，知识出版社 1998 年版，第 36 页。

地区，顺便在那里购买自己需要的生活用品。他们和南县县城的经济交往很少，那里只是政治中心，而不是生活的中心。若无相关的事情，他们不会到县城里去。在此情况下，门前塘的吸引力就非常有限。基本上可以认定，在岭南乡以北，不再受门前塘影响，或者说受影响的程度大大降低。岭南乡处在门前塘和北部边界的中间，南部的人多往南走，北部的人则多往北走。况且，当时人们主要靠脚步来测量路程，用时间单位来代替空间单位。所以，道路的状况对人们的影响不是很大。

在西侧的东庵乡，这种影响就更加明显。因为这里还有一条连接皖南和江苏的大道，交通更加便捷。人们不管是徒步还是推车，都可以很顺利地到达邻近的桥镇。从文化和口音上看，他们更接近江苏，而与门前塘有较大的差异。王村有个叫“十步岭”的地方，基本上是个分界点，往北的人到桥镇，往南的人才到东庵。现在，许多人还对江苏有极大的认同。比如，上庵村距南县城 20 公里，而距邻近的苏南某县城仅有 18.5 公里，所以，他们大部分人都到江苏务工，甚至购房。只有最近几年，才有人到南县来购房，而到门前塘的则更少。

东庵乡西部的石村，也可以视为一个分界点。穆村、山里村大概还属于东庵乡的影响范围，因为这里是山区，不能再往上走，而必须走下来，人们到东庵乡的这条主干道上，再决定北上江苏还是南下到东庵乡。一般情况下，他们倾向于向东庵乡方向走。与山里村相邻的石村人则更倾向于到隔壁县。因为他们离那边更近，现在从东庵乡到邻县的公交车还从这里经过。由于邻县的经济发展水平还不如南县，所以它的吸纳能力非常有限，也只是满足人们生活上的需要。

原来的郑庄乡也并不完全受门前塘的影响，因为当时有很多条小路可以通往南县县城。所以，很多人挑着担子沿着小路去县城，而不经过门前塘。西湖乡的村子也是直通县城。所以，门前塘的吸纳能力非常有限，只是为附近地区的人们提供生活服务。这只是从市场的角度来测量该地的腹地，范围大致只有现今行政区域的一半。从某种意义上说，南县在周边地区就是一个洼地，不能很好或者说只是部分融入了长三角经济区。白镇的影响力不断增大，或者说集镇的建设不断提高则和它作为行政中心有一定关系。

二　作为行政的中心

民国前的行政区划记载不多，且因战乱几经变革，与现在的状况有很大的差异。民国期间则数民国 29 年（1940 年）的区划记述较为详细：白[①]区下辖门前、西湖和岭南 3 个乡，各统 12 个保。当时，白村还不是这个名字，而是被称为白庄。

1944 年 3 月，新四军在此地成立了二区区委，后改为岭南区委，同时成立二区抗日民主政府，后改为岭南区抗日民主政府。1945 年 10 月，新四军北撤后抗日民主政府也随之撤销，其间曾在门前塘设立门前乡政府（1943 年 12 月 ~ 1945 年 10 月）。

1949 年 5 月，全县划分为 6 个区、18 个乡（镇），其中白区下辖门前、岭南和西湖等共 3 个乡。白区人民政府驻地在白村，乡则设立乡公所。

1949 年 7 月，全县划分为 4 个区、17 个乡（镇），白区委员会下辖 4 个乡，增加了一个东湖乡。区政府驻地在白村。

1950 年 3 月，撤销乡镇及其建制，全县区划调整为 9 个区，下辖 182 个行政村。白区为七区，下辖 22 个行政村。当时，将驻地设在了马里，后迁往毛家塘。

1952 年 7 月，恢复乡、镇建制，将 182 个行政村合并为 107 个乡（镇），全县分为 9 个区。白区下辖 11 个乡。白村、门前两村合并为白乡，后改为白湖乡。区政府驻地为白村。

1955 年 12 月，区划调整为 5 个区、1 个镇、85 个乡。将原岭

---

① 门前村和白村是两个紧挨的自然村。原来，白村的地主比较多，房屋建设比较宽敞。新四军的区政府就设立在了白村，所以该区就称为白区，“白”作为行政的称谓一直沿用至今。集镇坐落在门前塘。自 1956 年以后，政府的驻地一直设在门前塘集镇上，但依然称白乡（镇）或公社。

南区 9 个乡和刘乡、城区各 1 个乡划归白区后，下辖 19 个乡。同时，白湖、新马两乡合并为白乡，驻地在毛家塘。

1956 年 10 月，撤销区公所，保留 5 个区，将 85 个乡合并为 33 个乡。白区和白乡的驻地均在门前塘。

1958 年 9 月，人民公社化后，撤销区、乡（镇）建制，全县设立 6 个人民公社。白区更名为跃进人民公社。1959 年 2 月更名为白人民公社，同年 10 月划分为东庵、白两个人民公社。

1961 年 6 月，恢复区、镇建制，全县设立 5 个区、1 个镇、28 个人民公社。白区下辖白、西湖、岭南、郑庄 4 个公社。1966 年 5 月，取消区设置，各乡镇设立人民公社。1983 年，各人民公社改为乡镇人民政府。1985 年，设立白区，下辖白、郑庄、岭南、东庵和西湖 5 个乡镇。1987 年，取消区设置，白乡依然作为一个乡而存在。1992 年，白乡撤乡建镇。2001 年，岭南、西湖和白乡 3 个乡镇合并，驻地在白乡。2005 年 12 月，东庵、郑庄和白乡 3 个乡镇合并，驻地依然在白乡。同时，将原西湖乡的管辖范围划归至城关镇，但是人员依然留在白镇。当前，白镇的范围即原岭南、东庵、郑庄和老白镇的范围。

从上述的变迁中看，白镇始终是这个区域的核心，尽管部分乡镇在划进或划出，名称也在不断变化，但是白镇的变化不是很大。在这五个乡镇中，郑庄乡出现得最晚，多数包含在白乡和西湖乡的范围内。岭南、东庵也曾以区的形式存在，但时间比较短。在区的管辖范围变大时，它们就被合并了。1956 年 10 月以后，不管行政体制如何变化，区、乡和镇的驻地均设在了门前塘。

行政区划的调整，对门前塘的发展产生了很大的影响。政府在运用行政的力量改变资源的分配和市场的划分。郑庄、岭南和东庵的乡政府撤销后，将当地的居委会划给了附近的行政村，不再作为一级单位存在。乡镇政府迁往白乡后，当地的消费能力大大下降，表现最明显的为餐饮。乡镇政府人员是当地餐饮消费的主要对象。政府的搬迁减少了餐饮业的客源，而且是最重要的一部分。同时，金融和通信部门的营业网点也在减少。乡镇卫生院的医生到新单位集中，原乡镇卫生院降格为村级卫生室。门前塘作为新政府驻地则在不断发展，因为人们要到这里办理各种事务，人员流动促进了消费的增长。政府也把主要的财力集中投放在这里，改变了原来分散的格局。

三　集镇的百米老街

门前塘是白镇的核心，这里曾是白镇的商业中心。门前塘地势平坦，靠近溪流、水塘。新中国成立前的门前塘是条不足百米的巷子，两边分布着 20 家小店铺，居住着 50 多户人。它原来不是这个名字，而是被称为“门前淌”或“门沟淌”，即溪水从门前沟中流淌的意思。以前，在街道的东侧有一条从山上淌下的溪流。人们就在这个小溪上建起了房子，并且将沟拦在了门槛的内侧，用一块木板将沟遮掩住，等用水时再将板子抽开。这样，整个房子的底部就成一个拱桥的形状。自南向北分布着“十三道莲花砖拱桥”，这里就有了“过桥不见桥”的说法。西侧的人家则是从屋后的塘里取水。后来，山上的小溪断流了，这些拱桥也就失去了作用。人们关注的重点也从“淌”变为了“塘”。当问及年轻人，为何这里被称为“门前塘”时，他们说门前有个大塘，那个塘叫作“门前塘”，所以村子也就使用了这个名字。其实不然，而是那个塘借用了原来的名字。那个塘在他们居住的屋后而不是门前，叫“门前塘”没有太多的道理。原来的塘也不是“门前大塘”，而是“荷花塘”。

据老人们回忆，街道两侧的店铺分布大致如图 2－1 所示。

这些店铺均是沿街分布，多为两间或三间，有的只是间把地，能够摆个小摊子即可。有两家比较大的酒坊，由于要存放粮食和酿酒发酵，所以占用的面积要大一些，但是它们在街的后面，没有临街而设。当时的建筑也比较差，多为茅草屋，砖木结构的非常少。只有街后面，富裕人家住的房子才好一些。比如，晏姓大地主住的就是两层的土楼房，有大小二十间房子。院墙均是用土夯过的，一般的小炮弹根本打不透。他家的一扇大门卸下来，可以做成普通人家的三对小门。

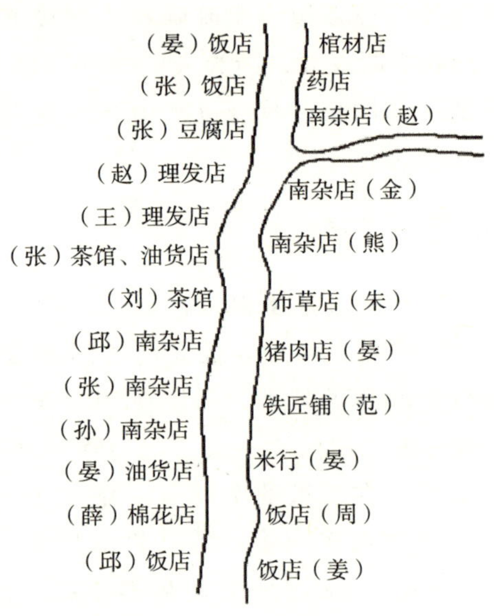

图 2－1　老街店铺分布示意

门前塘有个响当当的人物，人称“刘二老太爷”。刘二老太爷弟兄四人，祖籍河南光山，他们的父亲是落户在门前塘的第一代人。刘二老太爷有一身好武艺，有人说他中过武举；也有人说他没有中过，只是参加了武举的考试，未取得功名就回来了，被误认为是中过武举。他也曾在太湖上据水为匪，手下有将近三百人。后来，听说自己的家乡被日寇占领，他将自己的队伍拉过来，在岭南与日寇鏖战，死伤两百余人。刘家是这里的大户，建了一个刘氏祠堂。后来，祠堂被当成了学校和大队部。祠堂拆了以后，建设了集体的豆腐房。刘二老太爷被说成黑帮也好，土匪也罢，他手下那帮人能够在这里生存，说明这里还是一个大镇，有贸易收入，可以“养活”这些人。

第二节　集镇的发展

新中国成立后，白乡作为行政中心，得到了较快的发展。它发展的动力主要是国家政权建设，大量的国家机关入驻，人员来此办公。在集体时期，集镇依靠划拨土地，调拨物资、资金和劳动力等资源完成了相关的建设。这种发展方式的形成则需先从集体所有制的形成说起。

一　集体所有制的形成

（一）从农民所有到集体所有

新中国成立前，土地的占有极端不平均，占总人口 80% 的贫苦农民只占有 33% 的土地；占总人口 10% 的地主、富农却占有 50% 的土地，还占有大量农具、耕畜、房屋等。[①] 门前塘的街上住着几个大地主，附近的土地大多属于他们。号称“到县城去，牲口不喝旁人田里水”的“三老爷”即是其中之一。从门前塘到县城道路的两侧都是他的田地，据说有数千亩之多。土地改革的进行，改变了地主土地所有制，实行农民所有。1950 年颁布实行的《土地改革法》规定：

> 废除地主阶级封建剥削的土地所有制，实行农民的土地所有制，借以解放农村生产力，发展农业生产，为新中国的工业化开辟道路。
>
> 征收祠堂、庙宇、寺院、教堂、学校和团体在农村中的土地及其他公地。
>
> 所有没收或征收得来的土地和其他生产资料，除规定收归国家所有外，均由乡农民协会接收，公平、合理地分配。
>
> 分配土地，以乡或等于乡的行政村为单位。区或县农民协会可在各乡或等于乡的各行政村之间作某些必要的调剂。
>
> 土地改革完成后，由人民政府发给土地所有证，并承认一切土地所有者自由经营、买卖及出租其土地的权利。[②]

① 《皖南县志》，方志出版社 1996 年版，第 103 页。

② 《中华人民共和国土地改革法》（1950 年 6 月 28 日中央人民政府委员会第八次会议通过，1950 年 6 月 30 日公布施行）。

土改的目的是解放农村生产力、发展农业生产，为工业化做好准备。土改只是手段，工业化才是目的。土地分配的范围以乡或等于乡的行政村为主。1950 年 3 月，白区下辖 22 个行政村；1952 年 7 月，进行了区划调整，合并为 11 个乡，即两个村合并为一个乡。所以，土地改革在当地基本上以行政村为单位来进行。土地原来属于地主个人，与村庄没有太多关系。村庄只不过是一个空间概念而已。土改时，不会因为地主在某个村庄居住，就意味着土地归属该村庄所有。土地的分配以乡或者村的农民协会为主，意味着土地先上交给农民协会，然后划分给农民。这样就把村级组织与土地紧密地联系了起来，逐渐改变着农民的土地观念。后来，乡或村的范围变化不是很大，基本上保持了下来，只是有些地方的名称进行了变动。在一些历史悠久、相对封闭的单姓自然村，土地可能并不属于某个地主，而是属于宗族或者家族。这样，土地是否交给农民协会则影响不大。而属于历史较短的移民性村庄，缺乏占有绝对优势的主姓，土地由农民协会进行分配具有革命性的意义。

在土地改革之后，许多地方根据自愿两利原则，因地制宜，发展了农村中的劳动互助与合作供销事业。① 发展劳动互助是因为刚刚分到田地的贫雇农缺乏必要的劳动力和生产资料，无法进行有效的生产。发展合作供销是因为商业网络不健全，农民生产的土特产品卖不出去，无法实现商品的流通。当时，对合作社还有一些规定：农村合作社在党的区委领导下以集镇为基点建立基层社，在较远乡设立分社。合作社以推销土产为主要任务，在土产销售之后，再购回社员所需要的物品卖给社员。合作社的名称在最初甚至可定为土产推销合作社，而不是定为供销合作社。②

门前塘作为本地的商业中心，还有一些店铺在营业，自然就成了供销合作社优先发展的地方。村民们回忆说，合作社刚成立

---

① 《华东局关于颁布〈发展农业生产十大政策〉的请示》。

② 《中共中央关于在新区组织和建立供销合作社问题的请示》（1951 年 5 月 11 日）。

时，地主、富农没有入股的资格，只有贫下中农才可以入股，1 块钱 1 股，年底分红，大概是分了 4 毛钱。[①] 有人专门挎个篮子到村里收鸡蛋，还有其他用不完的东西。也有人去远的地方收取山货，再卖出去。发展土产推销合作社是为了繁荣农村经济，方便农民的生活。它依然建立在自给经济的基础之上，只是农民之间的互通有无。当时，国家还出台了各种政策，保护小工商业的发展。

在刚实行互助合作时，还要求保护农民已取得的土地所有权，[②] 即国家对土地的自由经营、买卖和出租不进行干涉。后来，国家改变了这项政策，主要原因有两个。一是农民生产的粮食很大部分自己留用，而不再卖给国家，这使城市的粮食供给很紧张。在未进行土改时，生产的剩余都归地主所有，而地主的消费量有限，佃农的消费处于被抑制的状态。所以，就有剩余的粮食可以在市场上流通。当土地进行均分之后，情况就发生了改变。农民除了填饱自己的肚子之外，还要储存一些粮食以防患于未然。如此一来，即便是粮食获得了大丰收，市场上的粮食依然处于短缺状态。所以，为了保证全体人民的基本生活需求，就必须实行粮食的统购统销，即在农村对粮食进行征购，在城市进行配给。当时，该项政策面临很大的争议。负责该项工作的陈云说："我现在挑着一担'炸药'，前面是'黑色炸药'，后面是'黄色炸药'。"[③] 对粮食进行征购意味着农民不再具有土地的剩余支配权，国家开始介入。粮食具有公共产品的性质，不能完全由农民或者市场来支配。二是部分地区进行的土地买卖，让土地再次向部分人集中，分到土地的人又失去了土地，重新产生了两极分化和对土地的不平等占有。上述的两个问题引起了中央的重视。

---

① 2013 年 3 月 19 日门前村实地访谈。访谈对象：刘某，普通村民，70 岁。

② 《中共中央关于农业生产互助合作的决议（草案）》（1951 年 12 月 15 日）。

③ 陈云：《陈云文选》，人民出版社 1995 年版。

在中央随后的文件中，就有了继续扩大合作的意向，逐渐扩大范围、提高层次，也有了关于集体所有制的讨论。从解决供求矛盾出发，就要解决所有制与生产力的矛盾问题：是个体所有制，还是集体所有制？是资本主义所有制，还是社会主义所有制？个体所有制必须过渡到集体所有制，过渡到社会主义。合作社有低的，土地入股；有高的，土地归公，归合作社之公。①

虽然在地方上出现了土地公有的苗头，但是中央还是进行了限制，没有发展那么快，采取逐渐过渡的方式。对土地这一基本生产资料的公有化，不宜采取直接改变所有权的方式，而应逐步降低乃至最后废除土地报酬。在废除土地报酬以后，实现了完全的按劳分配，土地私人所有的作用与意义就在根本上发生了变化，如果再禁止土地买卖，那么在实质上就与公有差别不大。② 私有与公有的区别就在于个人是否以土地来取得报酬。为了照顾农民对土地的私有观念，不应该过早地取消土地报酬，社员应该有少量的自留地，相当于全村每人平均土地的2%—5%。③ 农业生产合作社的收入是由社员的劳动创造出来的，不是由社员的土地所有权创造出来的，因此，土地报酬必须低于农业报酬。④ 初级社转为高级社时，社员的土地转为合作社公有，取消土地报酬，退社拨给一份耕地。允许社员留下一定数量的自留地。社员新修房屋所需的宅基地和埋葬所需的坟地，由合作社统筹解决。零星树木归农户自己所有，大片果园归公。⑤

在互助合作阶段，土地是实行农民的私人所有。而初级合作社是在私有的基础上，实行土地入股、统一经营，将土地折合成股份，作为分配的依据。初级社实行的是所有权和使用权的分离，

---

① 《关于农业互助合作的两次谈话》（1953年10月11日）。

② 《中共中央农村工作部关于半社会主义性质的农业生产合作社如何逐渐社会主义化问题复东北局电》（1954年8月10日）。

③ 《关于农业合作化的决议》（1955年10月11日）。

④ 《农业生产合作社示范章程草案》（1955年11月9日）。

⑤ 《中共中央关于在农业生产合作社扩大合并和升级中有关生产资料的若干问题的处理办法的规定》（1956年3月5日）。

土地所有权归各农户所有，使用权转让给社。[①] 初级社与互助组的不同在于，初级社打破了农民的私有制，具有部分公有的性质。虽然还承认农民对土地的所有，但农民逐渐脱离了与土地的具体联系，产生了按照劳动和土地分配报酬的方式，且按照劳动报酬进行分配的比例要高于土地。而初级社与高级社则有本质上的不同。"初级社与高级社的区别就在于生产资料公有的程度，高级社已经公有化了。"[②] "初级合作社是在私有的基础上，实行土地入股的，统一经营的。高级社实行主要生产资料的完全集体所有制。这是初级合作社同高级社的根本区别。"[③] 高级社标志着集体所有制的完成。

为了便于生产，在高级社的内部保留了初级社的组织形式，或者划分了生产队，并进行了土地、劳动力、工具和牲畜的相对固定。"生产队是合作社的基本生产单位，一般以二十户左右为宜。"[④] 此时的初级社或生产队，只是劳动的组织单位，没有土地的所有权。在很长的一段时间内，初级社也不是生产、收益的核算单位，主要的职能还是由高级社来承担。

1958 年，合作化的运动加快了速度。尽管中央的要求还有所保留，但是地方上已经有了急于求成的表现。1958 年 3 月，成都会议上指出为了实现农田水利化、耕作机械化，每一个乡领导几个农业合作社是适宜的，如果乡区划较小，可以适当地合并为大乡。还允许社员留下一定比例的自留地，鼓励社员发展喂猪和其他家庭副业。认为适当照顾个人利益是正确的，这部分收入在社员总收入中所占的比例，一般以 20%—30% 为宜。

可是在同年 8 月，嵖岈山人民公社公布的章程里就有了如下的表述：

---

① 张乐天：《告别理想：人民公社制度研究》，上海人民出版社 1998 年版，第 58 页。

② 《农业生产合作社示范章程草案》（1955 年 11 月 9 日）。

③ 《关于〈高级农业生产合作社示范章程（草案）〉的说明》（1956 年 6 月 15 日）。

④ 《中国中央关于整顿农业生产合作社的指示》（1957 年 9 月 14 日）。

> 各级农业合作社合并为公社，根据共产主义大协作精神，应该将一切公有财产交给公社。社员转入公社，应该交出全部自留地，并且将私有的房基、牲畜、林木等生产资料转为公社公有。可以留下小量的家畜和家禽，仍归个人私有。
>
> 公社要兴修水利，发展工业，建设供销部、信用部，实行义务教育，组织民兵、合作医疗。①

新建立的公社，不再只是农业的生产单位，而且有了政社合一的迹象，承担了全部的职能。随后，公社的规模有了进一步扩大的趋势。中央虽然没有明确表示支持，但对这方面的试验也没有禁止。要求一般一乡一社，两千户左右，也可以数乡一社，六七千户，至于达到万户或者两万户的也不要去反对。但目前也不需要主动提倡进一步发展的趋势，有可能以县为单位组成联社，农林牧副渔、工农商学兵综合性发展。大社统一定为人民公社，不要忙于改集体所有制为全民所有制。② 1958 年 9 月，本地成立了跃进人民公社，为全县六个公社之一。

人民公社体制的建立则将公有推向了更高的程度。“各个农业合作社合并为公社，根据共产主义大协作精神，应该将一切公有财产交给公社”，“社员转入公社，应该交出全部自留地，并且将私有的房基、牲畜、林木等生产资料转为公社所有”。③ 土地不再仅属于高级社，而是属于人民公社。本来这套体制的建立是为了促进生产的发展，为工业化提供必要的基础，而实际上所发挥的效用及带来的影响远远超出了预期。这套体制的建立，从根本上改变了土地的所有制。从农民所有变成了集体所有，从私有变成了公有，这不能不说发生了质的飞跃。

---

① 《嵖岈山卫星人民公社试行简章》（草稿）（1958 年 8 月 7 日）。

② 《中共中央关于在农村建立人民公社问题的决议》（1958 年 8 月 29 日）。

③ 《嵖岈山人民公社试行简章（草稿）》（1958 年 8 月 7 日）。

（二）集体边界的确定

在高级社的阶段，中央已经提倡对土地、农具、耕畜和人口的相对固定，但没有明确要求各地均这样做，只是作为一个建议。随着问题越来越严重，中央对这项要求的管制才逐渐严格起来。1959 年 2 月底 3 月初的郑州会议上，中央对生产队、大队和公社在分配上进行了区分，确定了八句话：统一领导，队为基础；分级管理，权力下放；三级核算，各计盈亏；按劳分配，承认差别。在 4 月的上海会议上，又重申了三级所有。后来，中央提出“三级所有、队为基础，是现阶段人民公社的根本制度，不再新办基本社有制和全民所有制的试点。劳力、土地、耕畜、农具必须坚决实行‘四固定’，固定给生产队使用”。[①] 在这份文件中，中央规定土地是“三级所有、队为基础”。这不免让人产生了疑问，“三级所有”到底归谁所有呢，是怎样的一种所有制形式呢？其实，归谁所有是不太重要的问题，更为关键的则是确定一个有效的核算单位，以便于生产的有效进行。生产队被确定为基础，更多的是从核算的角度来讲，而所有权并不是那么的重要。要进行有效的核算，必须进行“四固定”，划清边界。而在此之前，土地在公社、高级社和初级社之间调动的频率非常高，人们也不易确定土地的归属。

后来强调，“三级所有、队为基础”是现阶段人民公社的根本制度，不再新办基本社有制和全民所有制的试点。劳力、土地、耕畜、农具必须坚决实行“四固定”，固定给生产队使用。[②] 从此，基本上确定了土地的边界，以后不再随意地调整和变动。

在《人民公社六十条》中又进一步明确：

> 人民公社的集体所有制经济，同全民所有制经济，是社会主义经济的两种形式。

---

① 《中共中央关于农村人民公社当前政策问题的紧急指示信》（1960 年 11 月 3 日）。

② 《中共中央关于农村人民公社当前政策问题的紧急指示信》（1960 年 11 月 3 日）。

> 人民公社的基本核算单位是生产队，人民公社可以是两级，也可以是三级。
>
> 公社所有的山林，一般地应该下放给生产队所有；不宜下放的，仍旧归公社或者生产大队所有。
>
> 生产队范围内的土地，都归生产队所有。生产队所有的土地，包括社员的自留地、自留山、宅基地等等，一律不出租和买卖。
>
> 生产队所有的土地，不经过县级以上人民委员会的审查和批准，任何单位和个人都不得占用。①

这是一份对农村来说很重要的文件，生产队边界多是在此基础上确定的。它成了确定土地边界的依据。“四固定”确定了生产队之间的界限，明晰了土地的归属，让农民树立了牢固的生产队意识。生产队的土地基本上分为两种：包产田和非包产田。包产田就是要计算交税面积的田地；非包产田则是一些荒地或者旱地，不计算在缴税面积之内。在这段时间内，政府或者集体占用土地，不再刮“共产风”，而是将任务分摊下去，在几个生产队、大队之间调拨。比如，1973 年，公社从九个大队抽调 20 亩土地建立了农科站。用当地人的话说是“赶”过来的，即将任务分配到各个大队，从最远的大队开始逐渐向中心地带调整土地。这个农科站坐落在门前村的河湾生产队，但是其他生产队可以通过土地的相互调整，将该村的土地补平。所以，这块土地的权属就比较模糊，可以说它属于公社集体所有，也可以说归属各个大队所有。各大队虽然均认为这块土地有自己的一份，但是年代久远，所有的意识也慢慢淡了下来。除时任老干部外，很少再有人计较此事。这块土地被征用之后，就成了公社的财产，而与各大队之间没有了关系。当时，能够调拨也与体制有关。关键是土地调拨了之后，所产生的效益还是在整个公社范围内进行分配，让所有的人都受益。

① 《农村人民公社工作条例修正草案》（1962 年 9 月 27 日）。

在实行“四固定”的前后，人们对土地的认识有很大的区别。在此之前，基本上是属于不干涉的态度，缺乏往前追溯的要求。比如，有村民这样说：

> 食品站在1958年以前就占了，生产队不追究他们的责任，有三四亩菜地。当时“四固定”还没有搞。1962年，才开始（实行）“四固定”。医院、学校和机关用地都是无偿的，和大队干部、小队干部说一下就行了，没有“给钱”这个词儿，土地是国家的，想拿走就拿走。占了土地之后，就少交点儿粮食，分摊到其他生产队去，没有人不愿意。①

食品站占用的面积还算比较大，但是村民们分不清，这个土地占用的是哪个生产队的，是否给了相应的补偿。这件事并未构成村民的记忆，因为土地的边界没有划分，大家都不清楚具体归谁所有，占用之后失去了什么。在那个时期占用就占用了，不会引起太大的问题，人们没有索要的依据。并且这种占用还保持了一定的公平性，即进行了分摊，而不是仅占用某个生产队的土地。食品站占用之后就对这块土地拥有了处置权，可以进行出让，而土地就与后来的村民小组和乡镇政府脱离了关系。

1962年之后则有了明确性，以生产队的名义出现，这个范围是比较清晰的，在人们的观念中逐渐增强。这也是可以把握得住的单位。所以，集体的三级指称以及相对的边界基本确定了下来。

二　集体时期的集镇建设

（一）高歌猛进的1958年

“一五”计划开始实施后，全国各地掀起了建设的高潮，门前塘也不例外。1956年，政府集中全乡的人力，修通了从县城至集

① 2013年3月13日白村实地访谈。访谈对象：孙某，原白村大队会计、白乡经委主任，69岁。

镇的公路。由于老街的东侧是一个水塘，不适合进行建设，于是政府就把公路建设在了老街的西侧。当时，建设公路主要占用的是荒地、菜园子，基本没有占用良田和房屋。1958 年，公路正式建成，人们还依稀记得通车的情景。

> 那时候，全县只有两部大汽车，后面挂个木炭炉子，没有油，都是烧蒸汽的。这车子还是缴获的小日本的。车上总共三个人，开得很慢。从那边开来时，有个岗子过不来，还派人去推。那个公社扛着红旗、打着锣鼓送，我们也扛着红旗、打着锣鼓去接，在街上转了一下就回去了，算是通车了。①

在公路刚建成之后，政府就在路的旁边建造了房屋，标志着这里将成为集镇发展的中心。首先在这里建造房子的是供销社，在老街的巷子口建造了两座小平房。当时，那个地方还是荒地，田地归属不清晰。在集镇的西侧有一处老坟地，生长着几棵大树，无人管理。建设者们就把树放倒，运到这里来建设供销社。在供销社搬迁时，将肉案业务分了出去。在道路的北头建设了一个食品站，占用了三四亩地。那时的供销社已经实行了合作化，将老街上的店铺合在了一起，全部在这两座小平房里。供销系统的建立，意味着国家对农村自由市场的控制。当时，粮食的供应和销售归口粮食局和各地粮站进行管理；猪、羊、禽、蛋等副食品及生活用品则归口供销系统。在供销社的旁边还设置了一个收购点，即收购鹅毛、鸭毛的地方。

乡镇政府在对商业进行合作改造成立供销社的同时，也对手工业进行了改造。对这些手工业进行改造之后，乡镇政府在集镇成立了一个综合厂，按照“五匠”分设了五个组。综合厂在道路的两侧各建了一处。在路东侧的是缝纫组、铁匠组，由木匠组、

---

① 2013 年 3 月 17 日白村的实地访谈。访谈对象：黄某，村民，70 岁。

篾匠组和瓦匠组组成的农具厂则分布在道路的西侧。缝纫组是综合厂中建立比较早的一个小组，因为它的人员比较少，相对简单一些。

> 我本来在县城和师傅做缝纫。1956年，手工业改造，就把我们下放到了岭南乡。岭南乡都是姑娘，没有男子汉。后来，就调到了这儿，刚建起来的综合厂也需要男子汉。综合厂里有木匠、铁匠、缝纫（工）、篾匠和瓦匠。我们缝纫（组）的小房子就是三间小土坯房。当时，我们做缝纫的三个人凑钱建的房子。地皮没有花钱，就是请生产队的人吃了顿酒。本地没有篾匠，从县城调来了几个。铁匠是本地人，大概有六个，他们的房子就在我们旁边，后来被分掉了。木匠的房子则在对面。①

裁缝组具有强烈的合作化意向，房子由三个裁缝出资建造，而不是由公社负责。虽然未曾从生产队购买土地，但是请队长吃了一顿饭也就相当于有所表示，只是未用现金而已。此时，土地也已经有了公有的性质。他们使用土地不是找个人，而是找了当时的队长。裁缝组房子的建造成本比较低，只是搭建了三间土坯房。房子的墙体为土坯，屋顶则由毛竹搭建而成，这是当时比较普遍的样式。铁匠的房子也是如此建设，几个人凑钱，然后找生产队要一些地皮。这些房子、土地的性质也很有意思，说不清属于私人还是属于集体。因为房子是这几个人集资建造，而他们又不是这个集体的人，但使用了集体的土地。改革开放后，这些房子还是由出资建造的人处理。折算之后，由某个人出资购买，而给其他人以补偿，与集体、政府均不发生关系。

综合厂中规模最大的是农具厂，成立了正式的机构。据时任

---

① 2013年7月14日白村的实地访谈。访谈对象：张某，合作化时期县城下派的裁缝，78岁。

厂长回忆：

> 1957 年 7 月成立农具厂，只有三个人，一个书记、两个厂长。1958 年 2 月，从县城调来了一个会计。4 月人就多了，把 5 个公社的人都集中了过来。还有外来的江苏人，解放前他们就做手艺，后来没有回去，就留在我们这儿了。把（做）手工业的都集中在这里，大约有 370 人，包括弹棉花的和做棕绷床的。刚来时，还没有建造房子，都住在农民的房子里。把他们（指农民）都赶走了，成分好的离街三里路，成分不好的离街十里路。公社写个条子，他们就到那个地方去吃饭。走了的有回来的，也有没回来的。
>
> 人来了之后，就在这里建造了房子。农具厂前边是 12 间房子，后边是 13 间，中间是一个大院子。那一片原来是荒地，日本鬼子的壕沟。日本鬼子的碉堡就是老政府大楼那个位子，那个场子没有人管。瓦是我从窑厂搞来的。树木是没收的伪保长的，他准备盖房子，我们没有让他盖。房子是工人自己盖起来的，每个人每天是三个小时的义务工。①

来到农具厂的年轻人均是各生产队、大队的积极分子，向老师傅学习生产技术，然后回去发展本队的生产。在大炼钢铁的时候，农具厂红火了一阵子。当人们把所有的材料都集中起来炼完钢铁之后，发现是无效的，钢铁没有发挥应有的作用，还浪费了资源。后来，铁匠没有铁、没有煤；木匠搞不到木材。那些年轻人来也没有太多的活计要做。并且，他们还要从各自的生产队拿粮食过来，但不参加自己生产队的劳动。而自己的生产队也正是缺乏劳动力的时候，所以，生产队长很不满意，村里就让那些年轻人回到了原生产队。那些师傅也被分到了其他的公社。1962 年，

① 2013 年 7 月 14 日白村实地访谈。访谈对象：赵某，村民，曾任综合厂厂长，82 岁。

把剩余的人都被下放到了附近的生产队，参加农业生产。

农具厂的规模比较大，“共产风”刮得也比较厉害。农具厂与缝纫组的不同在于，组织性加强，规模扩大。毕竟，每个生产队都需要使用农具。所以，它的人数和规模都比其他的几个组要大。同时也说明，当时的荒地确实比较多，土地也没有划分给各个生产队，这里也说不清归属哪个生产队。所以，当地人较少去追究这个地方该归谁所有。当时的土地、人口处于不断的变动过程中，还未构成固定的关系，土地的权属意识也没有建立起来。

在农具厂的南侧是邮电大楼和区委大楼，这两栋楼房也是1958年建造的。1956年，区委搬迁至门前塘时，缺乏相应的办公场所。1958年，从综合厂调集了木匠和瓦匠建造了两栋大楼和几间房子。在农具厂的西南侧是政府的办公室，几间平房。这里原为日本鬼子的炮楼，后来被炸掉了，但基础还在，于是就在上面建造起了房屋。再往外来则是碉堡的大门楼子，下放吊板的地方。建造了楼房，后来成了邮电局的办公楼。在路的对面也建造了一栋楼房。这两栋楼房成了集镇上的标志性建筑。路东侧的楼房后来成了公社机关和门前大队社员的公共食堂。

> 政府刚搬来，没建设的东西，没有烧窑的砖，都是老百姓东拼西凑来的。给每个人分配任务，要找多少砖头。大队长组织了一个青年突击队，去平整土地、挖老坟。老百姓去地里扒，两分钱一块，砖头、棺材板子都拿来用了，把土地平整了也好种庄稼。①

农民对土地的认识也服从于国家的需要。在农民的意识中，土地属于国家，既可以划分给农民，也可以进行合作，成立集体，均按照国家的政策来执行。再者，征用这些土地，也是用于公共

① 2013年7月14日白村实地访谈。访谈对象：赵某，村民，曾任综合厂厂长，82岁。

事业建设，或者说建立的经营性单位在体制上也是属于公有。从土地的占有，到单位的利益分配都保持了一贯性，而让人们不会有其他的想法。从实际的状态来看，土地更多的是应该属于国有，而不简单的是集体所有。因为政府使用某块土地基本上不需要支付成本。况且这些土地与具体的农民无关。或者说，当时某块土地是否属于某个生产队也没有太清晰的界限和意识，只是根据后来的状况来追溯。土地的所有在当时不是主要的问题，问题是该如何使用，才能使工业化的目标尽快实现。

1958 年，集镇发展迎来第一次高潮，这与新政权的建设有关。“大跃进”也意味着大发展。该阶段的建设，可以说是成本最低的，土地、建筑材料和人工基本上无偿使用。

（二）星星点点的二十年

1958 年之后的建设，多是星星点点，并未形成大的规模。当时，农村的任务是搞好农业生产，保证粮食产量。所以，重点发展的方向是农业建设，集镇建设处于次要的从属地位。国家建设也是以城市的重工业为主，涉及乡村地区的很少，最多也就是乡村自己发展起来的社队企业。“大跃进”将基础设施也跃进了一大步，这些被提前建造的房屋、道路，已经可以满足集镇的需求，在一定时间内，不再需要进行密集的建造。随着国民经济的恢复与发展，企事业单位也有新建的，但是比较少，而且不集中。集镇发展更多地表现为自身的裂变。

三年自然灾害之后，不再吃大食堂，大修水利、大炼钢铁及开采煤矿的人员都回到了各自的村庄。许多出走的农民也回来了，以门前一队居多。村里在建设农具厂时，占用了他们的房屋。回来以后，他们没有地方住，就暂住在了农具厂的房子里，一家一间。后来，居住面积逐渐扩大。于是，集镇上的人口又慢慢多起来。

1963 年，农具厂的旁边建设了一个搬运站，负责物资的中转。当时，县城送来的物资先放在这里，然后用畜力车或人力车运到其他的公社或者大队。搬运站占地面积为三亩，前面有五间房子，中间是一个院子，后面也有一些房子。搬运站归县物资局管理，主要是输送城市生产的工业品，以及从外地调拨的物资。从本地收集的物资，也要在这里中转。搬运站的南侧则是由原二轻局建设的几个手工业的门市部，当地称为“棕棉睡”，即做棕绷床、弹棉花、做雨伞等行业的总称。手工业的发展既是为了满足人们的生活需要，也是乡村工业的前兆。后来，这些人搬至县城办起了弹簧厂，把土地又交给了生产队。当时，建设这些房子的时候，还占用了部分坑、塘、旱地。这些不是太重要的土地，即便是被占用了，村民们也没有太大的反应。

1971 年，白湖大队分成了白村和门前两个大队。[①] 那么，门前大队就要在门前村寻找新的地方建造办公用房。老干部说：

> 刚开始，穷得很，分了 50 块钱的办公经费、两张破桌子、一个小文书柜。办公室是八大家的房子，八大家就是没有地方住的人家盖了一栋房子，几家人都在里面住。后来，那里就成了大队部。那个地方是拆坟上的砖建的十八间房子，九间是人家住，其他的是“五房”（哺禽场）。原来，在白村有个老油坊。后来，我们又新办了，在门前一队的私人房子里。以前那里没有房子，是个荒地，田不是田，地不是地。有个生产资料社，总共三间房子，大概 60 个平方。[②]

可见，大队没有什么收入，也没有自己的土地，就是在合适的场所建造几间房子而已。房子在荒地上建造，不会占用太多土地。这也说明，当时的村和集镇分得不是很清楚，两者基本上合为一体。村的发展也就是集镇的发展。

在政府机关和大队建设的同时，附近的村民也开始向集镇的

---

① 1958 年，建立人民公社时，这两个大队合二为一。

② 2013 年 3 月 15 日白村实地访谈。访谈对象：李某，曾任门前村会计、革委会主任、支部书记，68 岁。

方向集中。他们来这里不是因为这里是集镇，而是因为这边的地势比较高。白村大湾由于靠近岭南河，地势较低，经常发大水淹没房屋，需要选择比较高的地方建造新房子。他们搬迁过来时，建造房子所占用的土地还不属于集镇范围，而是生产队的责任田。搬迁过来最多的是南一生产队，规划了三排宅基地，占用了七八亩旱地，每户占用半亩左右。在南一生产队搬迁的同时，原来在白村大湾的中学、医院也搬到了这里。

> 当时，中学的校长和公社的人来找我，说在山岗子上，不好发展，要搬到这里来。好像是1975年过来的，占了有20亩田地，4亩水田，其他的都是旱地。这里原先是一片老坟地，迁走之后，就被当成了旱地。也种不成啥庄稼。我就把生产队长叫上，吃了顿酒，中学稍微给了一点儿补偿，就算完事儿了。当时，还说让中学生到那个生产队参加义务劳动，厕所里的粪只能这个生产队用。最后啥都没有啦。中学来了之后，小学也搬过来了，两个在一路。小学也是占的北二队的地，也没给啥东西，是大队里去说的。[①]

刚解放时，白村大湾的人口较多，地主的房子也比较好，就成了政府的驻地。所以，医院、中学也建设在了那里。当时，集镇与普通的村庄没有太多的差异。经过二十多年的建设之后，集镇才比周围的村庄有了一定的优势，成了该地区名副其实的中心。20世纪70年代中期，人们的土地归属意识比较强烈，已经明确知道占用的是哪个生产队的土地，而不像原来一样，分不清楚。尽管当时所要的补偿比较少，但还是要有所表示，无偿占用的比较少。

这段时间的建设，对土地的占用可以分为两类：一是公社、

---

① 2013年3月25日白村实地访谈。访谈对象：王某，曾任白村生产队长、大队长、支部书记，77岁。

大队对土地的占用，比如兴办林场和实验田、建设办公室等，这些不需要给各个生产队补偿，而是从各个生产队抽调土地；二是县铸造厂、物资局等单位在这里兴办的分厂和分支机构，需要给予一定的补偿。给予补偿也说明了集体边界的存在。虽然那些工厂的服务对象是本公社，但所产生的收益并不归本公社所有，而是归属县总厂。而公社兴办的林场、实验田则不同，所服务的对象全部为本公社的内部人员，且所有的开支、收入也归本公社支配。并且，对土地的占用是采取平均调拨，不需要对某个生产队进行补偿。这种占用土地的方式保持了集体内部的公平，与县下派的分厂有本质的不同。当补偿出现时，意味着超越了集体的范围，损失与收益已经外部化。

从当时建造的位置和面积来看，被占用的土地大部分是荒地或者旱地，乃至水塘，占用的良田面积比较小，对农业生产的影响也不是很大。由于当地属于江南地区，雨量充沛，坑塘遍布。建造在低洼的地方，经常受到水淹的威胁。所以，这些机关单位多建造在集镇位置较高的荒地上，呈分散的状态，而没有集中在一处。再者，它们占用的面积比较小，主要是建设办公室，几间房子即可。当时，土地归生产队所有，与普通的社员没有关系，征用起来也相对要方便很多。

前 30 年，虽说时间很长，但是集镇建设的成就非常有限。当时发展的重点在两头，而不在处于中间状态的小城市和集镇。工业多集中在大中型城市，农业则分布在广大的农村地区，具体来说就是在农田里。围绕农业生产所进行的建设才是发展的重点，集镇只是作为行政和工商业的中心而存在。在商业受到国家的控制，对工业进行抑制的情况下，集镇的发展程度也就可想而知。在这段时间内，集镇最大的发展就是公路的修通以及沿路建造的几栋房子。这条公路也不是专门为集镇修建，而是集中了全县劳动力修建的省级公路的一小段。集镇发展的成本比较低，土地的价格基本可以忽略不计。建筑的材料和人工成本也不高。许多的材料是刮“共产风”而来，人工则是义务工。集镇是集体积累的一部分。该集体包括生产队、大队和公社三级，占用的土地属于门前村的数个生产队，但是物资、劳动力的调拨则是在公社范围内展开。集镇是共同的财富。

三　改革开放后的繁荣

改革开放后，土地的使用主要是三个方面：一是政府机关、部门的建设；二是乡镇企业的发展；三是随着商业的发展，临街的店铺、居民的房屋多了起来。这个阶段，集镇还是沿着道路不断发展。机关的发展主要有两类：一是拆平房建楼房；二是新建房屋。

1983 年 9 月 15 日，白村信用社直接征用门前三队 63 平方米的土地，赔偿 200 元，包括土地占用费和青苗费。见证方为乡政府和农业银行。

1985 年，原税务所的房屋比较狭小，不能满足办公的需要，于是就在新址建造了办公楼。新址为门前四队的粮食仓库和晒场，面积约为 2 亩，支付了 5000 元。当时，该生产队该欠信用社的贷款。所以，资金就直接拨给了信用社，而没有支付给生产队。

1985 年，合作银行在路的东侧重新征用了土地，建造了办公楼。原办公地点在邮电大楼一层，有三间房屋。

从 1985 年开始，政府允许农民到集镇上购买宅基地建造房屋。此时，建造房屋还未占用农田，占用的多是水塘。建造房屋所占用的土地由村民小组出让，约为 500 元/间，居民自行建造。出让的土地主要集中在税务所、农具厂旁边，以门前三队居多。

1986 年，供销社新大楼落成。供销社的地盘在集镇上最大，生产资料门市在南边，生活资料门市在北边（大楼的位置）。生产资料门市的房子为 70 年代末期所建，占用门前一队的荒地及旁边水塘。供销社俨然成了集镇的商业中心，它的外面聚集了许多来此卖菜的农民。在它的对面，也建设了楼房。原农具厂的房子因年久失修，已经破烂不堪。职工们便联合商户建设了一栋新大楼。由于建房子的有八个人，所以这里也被称为“八大家”，主要是做服装生意。

1986 年 11 月，政府租用门前三队水田 2.0 亩，兴办竹木市场。政府提供交易的场所，并收取相应的管理费。

1986 年时，全乡人口 15183 人，门前塘集镇上人口 2917 人（含驻军 300 多人，非农业人口为 886 人）。

1986 年，为了协调经济发展，还专门设立了白村区委。从此时起，集镇开始了正式的规划。设立区委之后，新的办公地点需要建设。在实施的过程中，经批准的集镇 1985—2000 年规划与当时的状况有矛盾。于是，白村就把区委的位置从规划位置向西偏北方向移了 200 米左右。派出所、财政所、工商所、法庭和电管站等部门均在此建造了办公楼。这些部门是改革开放后，为了促进经济的发展而设立的单位。这里发展起来后，就与老街形成了呼应之势。

1988 年，集镇上有人口 3254 人，其中非农业人口为 1679 人，常住农业人口为 1575 人。供销社增设了两个批发部。白镇中学占地 2.5 亩的二层教学大楼已竣工并交付使用，经上级批准高中部拟在 1989 年秋季招生。集体、联户和个体的商业点增加到了 60 个。有供销社、物资站、木材管理站、食品站等商业单位，派出所、工商所、税务所、供电所、交管站、邮电支局、法庭、营业所、信用社、文化馆、电影院（兼影片发行站）等 30 多个行政、文化、宣传、金融和业务机构集中在镇上。

1988 年 10 月，地方政府征地 3.4 亩，投资 3 万元（含征地费用 5184 元/亩），开始建设农贸市场。1989 年 4 月，地方政府新征 1.4 亩，扩大了农贸市场的面积，同时开辟了一条新街道。

1989 年，电管站从区委办公楼搬出，在新街道的南侧新建三层九间的办公楼。稍后，农委也在路东建设了办公楼。这样，在新街道上就分布了农委、农贸市场、电管站、中学和医院等多家单位，新街道的雏形已经显现。农贸市场带动了商户的入驻，不断有人来这里做生意，集镇的经济中心也开始朝农贸市场的方向移动。新街道道路两侧的建设也是断断续续，比如，1991 年，征地5亩；1992年，征用10亩；1993年，征用5亩；1994年，征用5亩；1995年，又征用了5亩。居民到集镇上建房也属于见缝插针，在机关的两栋楼房之间买一块地皮，能够建房即可。来这里的人，多是有手艺或经济实力强的人。他们感觉在农村没有什么发展前途，或者缺乏宅基地，需要到集镇上发展。

1992年2月19日，白乡正式撤乡设镇，实行镇管村体制，属县人民政府直接领导。1992年5月15日，正式批准成立白镇街道居民委员会。成了集镇之后，与乡就稍微有了区别，必须有个专门的机构管理非农业人口。但实际意义不是很大。

1994年，乡镇政府开始将SY路改道，进行征地工作。同时，乡镇政府又将集镇向南发展，修建了从加油站向南至白湖方向的道路，全长480米，占地15亩。这样就可以在道路的交汇处形成新的发展点。当年，乡镇政府也对集镇的规划进行了修编。1985年的集镇面积为0.2平方公里，彼时已经远远超过这一数字。所以，乡镇政府就将新规划拓展为0.8—1.0平方公里。同年，乡镇政府也对集镇的道路进行了命名。

开源路：北起张村路口，南至加油站，是镇政治、经济、文化中心，也是集镇兴起的发源地。

中路：北自加油站，南至粮油公司，象征该镇改革开放后经济振兴、人民安康。

民安路：东自开源路，西至白村小学，途中有学校、医院、派出所、法庭，此名有长治久安之意。

白刘路：西起开源路，东至石村，直通刘镇。

门前塘街：北自老十字街，南至门前塘边，穿过白刘路，这是条老街。

新街：东自开源路，西至民安路，有改革开放的新形势下兴建起来的意思。

光明路：西起开源路，东至水利站，有供电所居其中。

白湖路：SY公路改道白村，白湖乃古地名。

1995年，药材站在老镇区拆旧房，新建七间三层综合楼。政府先后完成了集镇柏油马路的铺设，架设了两公里的沿街路灯，街道两侧种植绿化树苗，实现了白村集镇到刘镇的改道；建立了自来水厂，开通了程控电话和有线电视；同时投资上百万元，建立了白镇中心小学。当时，到镇上建房居住的外地群众有60多户。

1996年5月，在医院以南、原SY公路北（新民安路），北一村民小组征用8.24亩土地用于开发新街道，其中红线占用面积为1.81亩。与此同时，原来在中路两侧征用的土地，也开始进行了开发。同时，长350米、宽20米的SY公路白镇段的征地工作相继完成。这个阶段的发展，就与原来有所不同。以前只是零星地建房子，当有人提出要求时，政府才会去征地。这个阶段则是在公路沿线进行一次性征地，然后出让给居民，具有了土地储备的意味。并且，居民的房屋开始进行连片建设。因为政府机关的建设已经暂告段落，不再扮演积极推动的角色。

1996年11月8日，白镇中学申请征用土地25亩，用于建设400米环形跑道标准田径场。

1997年4月，省小城镇综合改革试点在白镇实施，拟搬迁镇政府至白湖边，但只是作为一个建议，未进行落实。

1998年，为进一步加快发展步伐，乡镇政府开辟了长430米的中心路和长181米的中环路及周长180米的圆盘。乡镇政府计划与苏州市市政开发公司开发中环路一条街，与江苏丹阳市政公司开发中心路。年底，乡镇政府在白湖路和中环路交接地段新征地30亩，重建农贸市场。集镇因为市场的发展，规模也日趋扩大，镇常住人口发展至5000多人。当年还决定改造民安路，将其截弯取直，全长约200米。在道路沿线拟建两层以上商品房（底层为门面房，二层及以上为居住房），总建筑面积约10000平方米，具体实施则是在2000年。

1999年，集镇建成区达0.8平方公里。由于政策优惠，措施得当，自1993年以来，新建住房面积增加近5万平方米，道路增加了近2000米，提前十年完成了1993—2010年总体规划。

由于提前完成了总体规划，原来1平方公里的规划面积，从远景发展上已满足不了城镇发展的需要和人口聚集的要求。2000 年，白镇借省建设厅对“中心镇”规划调整之契机，本着“富规划，穷建设”的指导思想，对总体规划做了调整与补充。中兴街的主车道也由 8 米宽扩展至 14 米宽，并进行了硬化，改变了雨天成“湖州”、晴天成“徽州”的局面。在此阶段，商业得到了进一步的发展。截至目前，在工商所登记注册的个体工商户有 1200 户，但实际经营户只有 823 户，其他已停业未办注销手续。在实际经营的 823 户个体工商户中，商业 480 户，饮食服务业 52 户，修理业 90 户，工业、手工业 31 户，其他行业 170 户。从业人数 3700 人，年销售额 7500 万元左右。

该阶段的建设也有明显的特征，主要还是行政和商业的作用。行政主要表现在政府部门的增设和办公用房的翻建。随着改革开放的推进，政府的经济职能逐渐增强，需要新部门来管理新问题。这些部门依然是沿路而建，并且基本上是选择比较优越的位置。在新兴的街道上，首先出现的即为政府部门。另外，改革开放后，随着经济的发展，许多居民也需要建设新的楼房，这在乡村中引领了一股新的建设潮。它们成了集镇发展的主要表现。

原来，该镇只有一条道路，呈现点状发展的特点。20 世纪 80 年代中期以后，则呈现了带状发展的新特征。在集镇的范围内同时修建、改建数条道路，沿路发展。当地人称为“拉框架”。将框架拉出来之后，慢慢发展，在道路的两侧填空格。填空格的人主要是来这里购买宅基地建设房屋的附近村庄的农民。他们来这里主要有两个原因：一是临街建房做生意，作为谋生的手段；二是原来村庄无法获得新宅基地，需要到这里购买。第一种原因占据了大多数，这意味着只有临街的房子才有充当门面的可能性，居民不会购买中间那些还不能发挥商业价值的土地。当时，很少有人单纯为了居住才到集镇上来。或者说，他们也想尽量让自己的房子发挥一些经济价值。再加上政府所建设的道路比较长，而农业型乡镇的经济发展水平有限，完全满足人们的建房需求。开发集镇中心的土地，需要新建基础设施，这对财政困难的乡镇政府来说，不是很经济的事情。临街开发可以省去很多的投入，一举多得。

临街的房子可以做门面房，但不是所有的临街的房子都能够成为门面房，要视整个集镇的发展水平和区位而定。能否做门面房，也是随着集镇商业中心的变换而改变的。原来，集镇的商业中心位于供销社附近。因为供销社掌握着工业制成品的销售，人们若购买生产、生活用品必须到这里来。再加上在外面摆地摊卖菜的农民，就形成了很大的人流量。所以，对面的八大家就有了区位优势，可以在那里进行服装贸易。后来，随着农贸市场的搬迁，商业中心也发生了变化。临街摆摊的模式，不仅阻碍了交通，而且不能满足人们的需要。

当农贸市场搬迁至新街道时，这里就成了最繁华的地段，也带动了周边的发展。农贸市场周边的土地逐渐紧俏起来，开设了许多的副食品店和服装店。而以供销社为中心的商业则逐渐衰落。这也与大背景有一定的关系，因为小商品经济放开搞活后，个体工商户增加，供销社丧失了垄断优势，不再成为集镇的商业主宰。受其影响，八大家的优势逐渐衰落，他们纷纷搬到了新的街道去开店。

十年之后，城镇的商业中心又发生了改变，因为原来的农贸市场已不能满足人们的需要。农林市场的建设，带动了周边的发展。现在的农林市场应该是集镇历史上的第四个商业中心。虽然农贸市场搬迁了，但是老农贸市场附近已经发展起来，成了熟地，也不会产生太大的影响。在这两个市场之间，就有了中街的发展。而新街的西段因为缺乏商业的带动，所以一直没有发展起来。

20 世纪 90 年代中后期，集镇的几条道路同时拉开，也为集镇的发展提供了很大的空间。由于其他道路缺乏区位优势，人气不旺，所以道路两旁的房屋只能作为居民房，而不能成为门面房。中环路、中路沿线的房屋至今还是如此。有人批评小城镇的发展是“一条街，两张皮，鸭舌帽子一样齐”，认为这是很大的缺点。其实不然，这是一种很正常的状态。因为它的功能就是满足附近居民生活的需要，只能维持几个销售生活用品的商店，而不会有其他的发展。若比这种状况稍好一点儿，即是空心集镇，在道路的沿线有房子，而内部还是农田。这与经济发展水平和状况有关，或者说是必经阶段。一个商业性的小城镇只能是这样的状态。

在此阶段也有乡镇企业的发展，对集镇的发展有一定的促进作用，但还是非常的有限。刚开始的乡镇企业具有很强的管理色彩，而不是生产性企业。比如，建设的木材管理站，只是提供竹木交易的场所，收取一定的管理费。电管站、黄沙管理站也是如此，吸纳就业的能力也有限。再有就是为了满足人们建房的需要而开设的砖瓦厂，也不能建设在集镇，而要建设在黄土丰富的山岗子上。集镇的服务性企业，也吸纳了一定的就业，但总体来说还是比较少。这些乡镇企业对集镇的发展有间接的促进作用。

在 20 世纪 80 年代前期，对土地的征收还有征用的意味，比如，在建设竹木市场时，采取的是与门前三队合办的形式，即该生产队出土地，并派人参与市场的管理。在随后的土地买卖中，也是以生产队为主，政府较少参与，只是表示允许。生产队所卖的土地基本上是道路沿线的边角地、旱地或者水塘，这些土地对农业生产的影响不大。如果卖出去，还能换回现金，这在老百姓的眼中是很划算的事情，基本上没有人不想卖土地。当时，村委会也是比较支持的，因为它可以获得一笔管理费。这部分管理费是由购买者交纳，也不会引起生产队的意见，不会形成两者之间的矛盾。购买者想在这里买土地建设房子，也就不在乎这部分费用，所以三方能够很好地解决这些问题。

自 1988 年之后，政府逐渐参与到土地的买卖中来。当时，这个问题也比较好解决，它主要涉及县、乡、村和村民小组之间的关系。县乡的主要收入来源是农业税费，而不依赖土地。所以，该项收入对县级财政的影响不是很大。在无土地红线要求的情况下，县政府的管理并不十分严格。除政府机关用地和需要办理证件的居民建设用地上报外，其他土地基本上由乡镇政府自行处理。乡镇政府是土地出让的最大受益者，它不仅管住了土地，而且控制了集镇的建房。政府先将土地征收，然后进行出让。与其矛盾最大的是村民小组，因为要决定这些资金在它们之间的分配。乡镇政府采取了两个办法解决这一问题：一是免除该部分土地的农业负担；二是提升出让土地的价格。这样就很好地化解了其与村民小组之间的矛盾，不单减轻了他们的负担，还保证了其相对收益水平未下降。村委会则基本上持中立的态度，因为不管谁来征收、出让，均可以保证其20%的收入水平。所以，它就没有必要去参与、制造矛盾。

从集镇的形态上看，并非所有的建设用地都是政府征收。政府只是负责征收临街的土地，用于出让建设正房。而后面的小房子，还是归生产队出让。因为这里是农业型集镇，所以居民们还保留了农民的习惯，不单有正房，还要有厨房、小院子，并打一口井。因为居民都有自己的打算，政府也不统一要求建设什么样的后院。只能由居民自己向生产队购买土地。起初，有的人家只是在前面买了一小块地皮，临街建了一套房子。资金宽裕之后，又在后面买了新地皮。所以，从生产队那里买的地皮大于从政府手中买的地皮。这个阶段，生产队依然是土地出让的一个很重要的实体，还没有完全退出。

土地出让金在生产队内部平均分配的模式也极大地减少了矛盾。在征地时，只需要寻找村民小组中的几个关键性人物即可，做通了他们的工作，其他人就不会再阻拦。集体具有抑制钉子户的可能。因为在生产队中能够当大社员的也就是那些能力比较强的人。一般的村民，既不会讲道理，又没有关系，自然不能出来当钉子户。修路、搞建设是政府的行动，并非针对某个具体的人，这是大的趋势，个人不可能阻挡。再者，所有的收益基本上均进行了公平分配，得利的不是某个人，吃亏的也不是某个人，所以，大家就没有必要再出来闹。况且，卖土地对很多人来说都是好事情，很少有利益的损失。

1985年，白乡制定了第一个发展规划。这在全国是普遍现象，政府要对城镇的发展制定规划。1993年，白乡对第一个规划进行了修改。因为，本地要撤乡设镇，对集镇的定位不同了，要有新的思路。在执行的过程中，由于发展太快，2000 年白乡就提前完成了规划，用地规模超出了原来的规划范围。2001 年，白乡开始酝酿新的发展规划，有两个原因：一是原来的规划已经提前完成；二是第一轮区划调整之后，管辖的范围扩大，对集镇要有新的定位。可是，新的规划还未制定出来，即遇到了第二轮的区划调整，只能继续制定规划。不断变迁的规划只能说明发展太快，计划赶不上变化。有规划也不一定能够很好地执行。宏观层次可能是不断发展的原因，微观的执行过程中还会涉及领导个人的影响。这在政务新区的选址上体现得非常明显。

第三节　乡镇功能区的显现

2006 年后的建设与前面有些许不同，最大特点是功能区的划分更加明显。比如，建设了政务新区、工业园区和商品房住宅区。与此相关的就是征地规模扩大，一次可以征用数百亩，更加注重土地储备。通过“招拍挂”出让的国有土地增加，同时，政府对土地财政的依赖也大大增强。

一　工业园区建设

2002 年，南县设立了经济开发区，同时也要求各个乡镇进行招商引资，加快经济发展。2006 年初，合并之后的新白镇正在组建新班子，县里要求招商工作不能丢，在新班子未组成之前，就把这项工作抓起来。3 月 13 日，江苏老板前来洽谈投资。客商认为本地的劳动力资源丰富，适合兴建劳动密集型的服装厂。为了企业的发展，客商将厂址选在了集镇范围内。该工厂是外地客商在此投资兴建的第一家企业，因坐落在白湖旁边，所以此块区域就称为“白湖工业集中区”。企业刚来时，规模比较小，只是进行尝试性投资。当时，乡镇发展工业的思路还不是很明确，不清楚该将工业园区的选址确定在何处。在该企业投资之前，本地也有数家企业，但布局分散，且规模较少。

2006年，乡镇政府对集镇总体规划进行了修编，规划控制区由原来的1.1平方公里调整为3平方公里，并将工业集中区建设纳入集镇总体规划中，确定将工业园区设在集镇的西北方向。当年，乡镇政府完成了白湖工业集中区前期500亩核心区的征地和基础设施的建设。该地多为荒山，耕地面积较少，容易进行报批。该年入驻此地的企业为四家，全部为本地的涉农企业。涉农企业的生产具有季节性，基本上有半年处于停产歇业状态。对当地来说，工业园区的形式意义要远大于实际意义。先将道路拉通、厂房建设起来，从外表上看有工厂存在即可，至于效益如何，则不是太重要的问题。这并非政府不想引进优质的企业，而是本地缺乏足够的吸引力。新建的工业园区，缺乏相应的配套设施，也没有产业基础，土地、劳动力的优势也不太突出。企业投资之后，不能实现自己预期的利润目标。所以，更多的还是本地企业的投资。

2007年，ZF试车场项目①的入驻，对本地的发展产生了巨大影响。该项目计划总投资2.19亿美元，占地8848亩（其中建设用地约2700亩），包括中心实验室、试车场、倒车试验等各项功能设施。该项目的前期投资是10亿元，要在2014年之前完成。该项目促进了当地房地产的发展和集镇规模的扩大。许多人以为该项目入驻之后，会极大地促进集镇的发展，所以将房价炒了上去。于是，两宗国有土地的出让价格均创了本县的新高，达到了102万元/亩。该项目拆迁329户，涉及1400人。这些拆迁户要搬离家园，到镇上来居住，城镇的居住人口骤增1000人。有些人购买了商品房，也有些人在项目安置区建设了新住房。另外，该项目还为本地带来了极大的社会效益。世界500强企业在这里投资成了宣传的口号。并且集镇可以以此为基础，发展机械制造业，不断将链条拉长。2009年5月10日，乡镇政府正式成立了拆迁项目组；8月底基本完成拆迁工作，12月结束了扫尾工作。

---

① 该项目为世界500强某汽车企业投资项目。

在 ZF 项目入驻之后，工业园区的规格要提高，发展规划也需要修改。所以，当年政府就将规划面积扩大到了 12.82 平方公里，同时将该工业园区升格为县经济开发区（东区）。因为县经济开发区已经是省级开发区，在土地政策、融资方面具有一定的政策倾斜；另外，还可以提高本开发区的知名度，便于招商引资工作的开展。截至 2009 年，工业园区已入驻 10 家企业。

2010 年 5 月，该镇又建设了一个矿产品加工区。本地拥有丰富的石灰石资源，由于政策、资金和技术等原因，一直未发展起来。这样在本镇范围内就拥有了两个工业园区。当年，乡镇政府投入 1000 多万元，新建工业大道 300 米，平整土地 300 亩，打开了工业园区起步区的通道，使建成区面积达 1.0 平方公里。占地 280 亩的矿产品加工区共签订入园企业 14 家，按照规划完成了征地工作。

2011 年，完成园区 1 公里水泥路面浇筑；征地 1500 亩，平整土地 1000 亩，建成区面积达 2 平方公里。新签约项目 15 个，开工 10 个，投产企业 5 家。2012 年，有 10 家企业签订了入驻该园区的投资协议，有 5 家进行了开工建设。

该镇现有四个主要的产业：服装、建材、食品和机械。服装产业发展主要依靠四个比较大的服装厂和数十个服装作坊，从业人员在 2000 人左右。各个行政村也有服装加工点，但大部分集中在集镇。这两类服装厂有一定的区别。服装厂主要是外贸，进行流水线作业，上班的时间比较固定，工资浮动不大。而小作坊则多是湖州织里镇的加工点，只是负责来料加工，每件赚取固定的加工费。上班时间比较自由，可以根据自己的情况安排。小作坊的规模不是很大，分淡旺季，工资的浮动较大。另外，还有两个手套厂，吸纳了约 200 名就业人员。

建材产业主要分布在三个地方：一是在南阳村，这里原来就有很多轮窑厂，后来改为了琉璃瓦厂；二是在工业园区，一个混凝土生产企业，一个陶瓷工厂；三是在郑庄园区，以石灰石矿为基础的矿业企业。在建材类企业中，有许多外来的务工人员，主要来自云贵川，本地人已经不再从事该类脏累差的工作。食品企业也是由两部分组成：一类是本地原来的企业，比如精米厂、面粉厂、饲料厂、竹笋加工厂；另一类是新近引进的企业，主要是肉类食品加工厂和宠物食品厂。机械类产业是该镇希望发展的产业，但是现在还处于起步阶段，未有太好的效益，是未来努力的方向。

二　政务新区的扩展

第二轮的区划调整之后，该镇干部人数倍增，集中了五个乡镇的干部。但是办公楼系原白乡20世纪80年代的办公用房，陈旧老化，拥挤不堪，已严重不适应办公所需，为改善办公条件，需要建设一栋新办公楼。他们希望以此为契机，建设政务新区，作为新的发展区域。因为该镇的聚集力和辐射力日趋增强，原有的1.5平方公里建成区，已很难满足人们进城的愿望。为此，经镇党委、政府研究，决定启动东向发展战略，扩大集镇规模。东向发展占地总面积19.5公顷，预计总投资近亿元，工程分两期建设。一期光明路和白湖东路建设，用地8公顷，其中农用地5.3公顷，建设用地0.7公顷，未利用地2公顷；二期白流路和内环路建设，用地11.5公顷。从政府的发展思路中，可以明确感受到，集镇的发展不是沿着道路建造几间房子那么简单了，而是要征用大面积的土地，进行功能区的建设。

在东扩的过程中，政府也在考虑将新区选址定在何处。原来，政府计划新区选址确定在光明路。但由于该路段房屋众多，拆迁量大，不能作为镇东部发展的首期工程，且该路段位置过于靠北，不能成为东部发展策略的突破口，于是将政府新区调整至白湖东路。中心小学、工商、交通、运政、国税等众多机关在此，可以形成一个行政中心，且交通便利，渗透力强，对西部发展有极大的推动作用。在这个思路酝酿过程中，县领导到该镇来视察，提出了新建议。该位置环境不错，可以进行更高层次的商业开发，但不能作为政务新区建设。县领导建议将政务新区建设在岭南河的南侧，这个位置处于开发区和集镇的中间地段，可以将两块区域连接起来。并且，这里大部分是荒地，不占用耕地，既节约了土地，又可以比较容易获得报批。再者，白湖旁边已基本发展起来，政府新区设在此处的带动作用就非常有限。而岭南河南侧是空地，便于进行规划，也可以带动一个区域的发展。在地址确定之后，白镇于2007年8月10日举行了政务新区开工典礼。

政务新区选址征地260亩，由于政府的财力有限，由某企业代为支付。在政府新址确定之后，城镇建设的重心就也转移到了这里。比如，在政务新区的东南侧建设了置业广场，占地面积为18亩，这是该乡镇通过招拍挂方式出让的第一块国有土地。该地块的南侧是2#地，出让的价格达到了历史最高水平，为102万元/亩。政府大楼的西侧是3#地，后方则是ZF项目安置区。以政府大楼为中心，许多政府机关的办公楼也建在了这里，比如财政分局、林业站与林业派出所、烟叶管理公司和电力分公司等。在政府的南侧，还建设了健身文化广场，这里成了人们休闲、娱乐的中心。再往南则是4#地以及新开设的西式快餐店。截至目前，镇区建成面积约为240公顷，城镇建设用地状况分布如表2-1所示。

表2-1　白镇城镇建设用地状况分布

序号	用地名称	面积（公顷）	比例（%）
1	工业用地	65.2	27.2
2	仓储用地	5.9	2.5
3	居住用地	78.9	32.9
4	公共服务设施用地	26.2	10.9
5	道路广场用地	26.4	11.0
6	对外交通用地	8.2	3.4
7	绿地	20.7	8.6
8	市政设施用地	8.5	3.5
合计		240	100

资料来源：根据白镇土地利用规划整理。

在集镇的建设过程中，还有个比较有意思的小故事。政务新区建设之后，总体来看比较冷清，有房子但无人居住。于是，政府希望在此设立一个农贸市场，增加人气，于是就有开发商在此建设了农林市场。开发商将市场建设完毕之后，要将原农贸市场迁移至此，这就遇到了很大的问题。因为农贸市场由两部分组成：一部分是摆摊设点的蔬菜、水果区，另一部分是以商品房为依托的服装、日杂区。蔬菜摊贩对区位的要求不高，商店则需要借助农贸市场的人气带动生意。现在要将农贸市场搬迁，就会影响他们的生意。人们每天都要买蔬菜，顺便购买一些日杂。若农贸市场搬迁之后，就很少有人专门来此购买服装、日杂。农林市场建设完毕之后，不见效益，开发商便利用各种手段，将农贸市场进行搬迁。商店的老板们则通过上访等行为进行抵制。最后，此事闹得沸沸扬扬。商户们的理由是政府与他们签订了协议，还未到达年限。乡镇政府则处于两头讨好，两头又不讨好的境地。面对开发商，政府鼓励其利用各种手段让摊贩搬过来；面对商户，则默认他们去上访，将压力向上转移。若压力从上级政府压过来，也好给它一个台阶。不然乡镇政府不好向开发商交代，开发商毕竟是为了新区的发展而进行投资。这也充分说明，集镇的发展太快，人们的消费能力有限，还不需要同时设立两个菜市场。这也说明了菜市场的重要性。

在商业发展的同时，住房也处在不停的建设中。ZF 项目安置区应是范围最大的一处。居民的安置基本上分为两种：一是在这里划一块地皮自己建设；二是用所赔偿的资金去购买商品房。大部分人还是选择了自建房屋。自建的房屋也分为两类：一是安置区内的住宅；二是临街的门面房。住宅按照征地的价格向政府交纳资金。门面房的价格则要更高一些，一间是6 万元，若购买第二间，则为8 万元，最多可以购置两间。在分宅基地时，先摸号，然后按照这个顺序来选择。排在前面的人大部分选择了临街的房子，他们认为以后可以自己做生意，或者将其出租，还可以有租金收入。靠近农林市场的位置最佳。正如他们所想，在农林市场开业时，的确有人来租房子，并支付了定金。可是，农林市场没有发展起来，他们的这部分收入也暂时无法获得。

集镇的住房大致可以分为三类：自建房、小产权房和商品房。自建房即居民自己购买宅基地建设房屋。在2007年以前，这是最主要的形式。小产权房是由开发商建设的房子，但是没有土地使用证和房产证。缺乏证件的原因是土地还不是国有土地，未经过招拍挂程序的出让，在性质上还是集体土地。但是这部分土地是从乡镇政府那里购买的，而不是村委会或者村民小组自行开发的。商品房则是两证齐全的房屋，这部分土地经过了招拍挂程序。从目前来看，该集镇只有四块土地两证齐全，大部分房屋均未获得两证。小产权房土地的出让是乡镇政府的一项重要收入来源。乡镇政府将土地征收完毕之后，再向开发商出售。除向村民支付征地款之外，剩余的收入全部归自己所有，不需要向上报，也不用缴纳相关的税费。在2007年之前，基本上全为此种情况。此前的土地出让比较少，收入也不多，只是维持政府的开支。这是一项不确定的收入，时多时少，时有时无。

小产权房的建设也大致可以分为两类：一是乡镇政府出让新的土地，供开发商进行建设；二是将机关单位或者企业的老房子进行出让，建设成房子再向外出售。比如，老财政所、林业站、大礼堂和老派出所都采用了这样的方式。这种房产虽然无法获得国家法律的认可，但是可以获得群众的认可，价格相对便宜，在使用功能上与商品房无异。

在此阶段，也有其他部门办公楼的建设，比如，白村村委会自行征地建设了办公楼。在建设的过程中，乡镇政府既未收取城镇建设的费用，也未获得土地的增值收益分配，全部由村委会掌握。在征地过程中，该村多征了一些土地，在乡、村干部之间进行了分配。在SY公路的东侧，南一队的村民也在临街的位置建设了自己的房屋。

从上述的分析中可以看出，商业、行政和工业三个因素在集镇的发展过程中发挥着重要作用。它们既可以作为影响集镇在镇域范围内发展起来的因素，也可以作为微观因素，被纳入集镇扩展的形式。首先，门前塘所处的位置非常重要，这使其成了商业的中心。从县城来的大路在这里一分为三，通往三个不同的方向。本地地势相对平坦，紧挨溪流和水塘，适合发育大型聚落。但它只能辐射附近的地区，对边远地区的影响较小。一方面是由于空间距离的原因，在主要靠步行的时代，村民到这里来确实有很多的不便；另一方面是经济上的互补性不是很强，村民没有必要到这里开展贸易，况且这里也没有交易市场。门前塘只是一个小范围的地域性集镇。

集镇地位得到提升则与政府驻地搬迁至此有关。政府的搬迁带来了人员的集聚和相关建设的进行，且这种建设集中了全乡之力。这里成为政治中心后，村民们都要到这里办事情，也带动了这里的消费。行政体系是一种很重要的资源分配系统，正式性的资源就是通过这个渠道扩散开去。该集镇的优势还在于，它一直是北部五个乡镇的中心，曾经将区委、区政府设在本地即是很好的说明。2001 年和 2006 年的两次区划调整，让本集镇的优势更加明显。这就意味着将更大范围的资源集中在了这里。原来的乡政府所在地只能降格为村或村民小组，仅作为一个普通的小集市存在，而这里就有很大的不同。与此相关的就是有更多的经济资源可以调动和运用。比如，该集镇就可以白镇的名义开发郑庄、东庵乡的矿产资源，所获资金也就用在了本集镇的建设上；也可以将工业进行集中布局，改变原来分散在各乡的状况，让集聚效用得到更大的发挥。

工业的影响可分为两个阶段：一是乡镇企业发展阶段；二是工业园区建设阶段。乡镇企业发展阶段的影响不是很明显，较多的是间接影响。因为当时的乡镇企业由社队企业发展而来，而社队企业多是分散布局，并未集中到集镇上来。再者就是企业发展的规模比较小，就业人数少，很难说有什么样的带动效用。还有就是这些乡镇企业多为管理类，生产类的比较少。

工业园区的建设对集镇的发展来说，意义更为深远，将改变集镇的性质。如果说集镇原来只是一个商业性的集镇的话，那么现在则要发展成为拥有工业的城镇或城市。工业园区建成以后，将改变居民和政府的收入结构。工业园区从建设之初，就潜在地改变了政府的运作逻辑和行为方式。如果说原来是“吃饭财政”的话，政府的主要任务是保工资、保运转。那么现在就要考虑发展的问题，并且当成头等大事来抓。工业园区的前期征地、基础设施建设需要政府投入，这对于缺乏资源的农业型乡镇来说是件很困难的事情。它的资金来源主要有两个：一是，在土地上做文章；二是进行贷款。在土地上做文章主要是增加商住房的建设，并提高此类土地的出让价格，利用中间的价格差去弥补在工业园区的投入。若将房地产发展上去，必须让居民有需求。而居民有需求的前提是希望到集镇上生活，并且拥有维持生活的基本收入。那就需要在这里有一份合适的工作。这就和工业园区的建设发生了勾连。即便是进行贷款，最后还需要依靠税收或土地出让金进行偿还。而税收也是主要来自工业园区的企业，所以这就形成了一个循环。若能良性运转的话，则集镇会得到顺利的发展；若是出现断裂的话，则会造成各种危机。

在上述三个条件的影响下，也许集镇还有另外一个发展因素，那就是作为居住的存在。许多人可能不在本地就业，但是他们希望到集镇上生活，这里有各种便利的设施。这是发展到后期的状况，首先是年轻人，他们具有强烈的城市化冲动。接着是老年人，在村庄人口日益减少的情况下，很多人也将这里作为娱乐中心。这在某种程度上也促进了集镇的发展，但是表现不是很明显，具有一定的潜在性。

对于集镇来说，上述的几个因素发挥着同样的作用。门前塘刚开始仅是一条老街，为何在那里会形成中心呢？因为那里汇聚了店铺，提供满足人们日常生活需要的物品，人们必须到那里去。集镇进行合作化运动后，商业全部集中到了供销社。那么供销社就成了人们生活的一个中心地带。随着到县城道路的修通，供销社搬到这里，那么老街就衰落了下去。改革开放后，村民在外面摆摊卖菜，这里就成了一个临时的农贸市场，也带动了周边的发展。刚开始的个体户也多聚集在这里，对面的房子也就可以卖服装，有了商业价值。当这里发展起来后，就把临时的农贸市场固定化，即搬迁到了新街道上。

将农贸市场搬迁到新街道上，也是为了对其进行开发，带动那里的人气。农贸市场是人流量最大的地方，周边可以开设烟酒副食的商店，再外围则是服装商店。于是，这条街也发展了起来。当这个农贸市场规模显得不合适时，他们就又搬到新的地方，也带动了那里的发展。当农林市场建设完成之后，对摊贩的争夺也说明了商业对集镇发展的重要性。在集镇上也有许多临街的房子，但是没有商业价值，也就只能作为居住的民房。

行政的作用亦是如此，在集镇发展的初期与商业一起发挥作用。当 SY 公路开通之后，政府机关、单位也建在了道路的两侧。新街道建成之后，首先搬迁到那里去的是政府机关。比如，新街建成之后，就将区委设在了那里，农委、电管站也开始了建设。建设街道是政府发展集镇的一种方式，它无法强迫居民在哪里建造房屋，但是可以控制政府的机关机构。当新街道建设好了之后，要开发中街时，就将派出所建在了那个地方。后来，在开发新的 SY 公路时，国税分局、工商所、交管站和派出所又建设在了该道路的附近。政务新区的建设更是有力的例证。政府是公共财政的运用者，它将资金投向哪里，就能很快地促进某个地方的发展。

工业的发展则是另外的表现形式，现在还未显现出来。在乡镇企业发展的阶段，主要是从方便人们生活、交通等角度而进行的选址，让企业服务于集镇。而现在则强调了功能区的作用，要一切为工业园区服务。当园区发展起来后，则会有大批的人员、设施为其服务，并实现工业园区和镇区的良性互动。比如，当工人们拥有了收入之后，在镇区购买房屋、消费，带动了镇区的发展和地价的上升。同时，政府可以集中更多的资金用于基础设施建设，更进一步地促进工业园区及整体经济的发展。

居住则可能是一种社会心理上的反应。或者说，脱离了农业生产之后的人们需要另外的一种生活方式，而这个只能由集镇来提供。比如，当夜幕降临的时候，许多年轻妇女到政府门前的广场上去跳广场舞，作为每日的必修课。在她们跳舞的时候，附近聚集了很多的老人、孩子观看，广场成了人们业余生活的中心场所。而这些在农村中是较少见到的。一是缺乏合适的场地，二是缺乏相应的氛围。即便有，热闹程度也不能与这里相比。日益增长的消费活动也成了人们向往城市的原因。当有了收入、闲暇时间之后，如何消费就成了一个大问题。在城镇中生活则有诸多的便利。在城镇中居住也成了一种能力、体面的象征，意味着自己有挣钱的能力，有一种强烈的优越感。

本章的用意并不仅仅是为了分析为何该集镇会发展起来，有什么样的表现形式，更想说明并非所有的集镇都可以发展成小城镇，需要有一定的条件。不管是在全国范围内，还是在省域、县域，都有很大的不平衡性，一个地方发展起来，总是吸纳了周边的资源。所以，在考虑分享发展成果时，要有大局观、整体观，照顾到更大范围的公平性。再者，发展也是一个系统的工程，不可偏废某个方面，只重视一方的利益。虽然集镇的发展从形态上看是规模的扩大，道路四通八达，高楼拔地而起，但它们的背后都蕴含着复杂的关系和故事。

第三章　城镇化实践机制的生成基础

中国关于城市化的系统研究可以分为两个时期。一是在解放前，讨论的主题还未直接聚焦于城市化，而包含在了关于工业化的讨论之中。比如吴景超、张培刚和费孝通等人的研究均是那个时期的代表。① 二是改革开放后，随着城市的发展及各个学科的恢复，城市化逐渐成为一个重要的研究领域。城市改革的启动，推动了我国对西方市场经济国家研究成果的借鉴。经济特区的设立、沿海城市的开放，促进了中国城市化理论独创与向外国借鉴的结合。小城镇的发展则彰显了中国特色，开辟了城镇化研究的新纪元。

当时的小城镇研究不再追求宏大的理论建构，而是在个案的基础上探讨城镇发展的模式和动力。在此方面，尤以费孝通为代表，对各地的发展进行了总结，将其概括为模式。② 胡序威、周一星等人在此基础上进行了阐述，提出了乡村地区城市化的六种类型。③ 这种划分以投资主体为依据，即以什么样的资金为支持来推进城镇化。类似的研究还有很多。比如，张庭伟从自上而下和自

---

① 吴景超在《第四种国家的出路》中认为，乡村的发展要依赖于包括城市在内的全国经济的发展，主张发展城市工业以救济农村，同时吸引农民进城，以缓解农村人口压力，改善其生存条件。张培刚的《农业与工业化》中也有类似的观点。费孝通的《江村经济》虽没有明确指出城市与乡村的关系，但他明确指出发展乡村工业是解决中国土地问题的根本途径。

② 费孝通：《小城镇大问题》，江苏人民出版社 1984 年版，第 82 页。

③ 胡序威、周一星、顾朝林编著《中国沿海城镇密集地区空间集聚与扩散研究》，科学出版社 2000 年版，第 142—145 页。

下而上两个角度来认识小城镇建设。他认为自上而下由国家投资建立工业小城镇的发展模式往往不理想，带动能力有限；而自下而上由本地农村繁荣而成长起来的小城镇，则充满生命力。[①] 改革开放后，农村地区普遍存在这样的状况。家庭联产承包责任制的实施，调动了农民的积极性；乡镇企业的发展，增强了地方的经济实力，全国各地涌现了一大批具有勃勃生机的小城镇。齐康、夏宗玕指出，新城镇体系的形成与发展，主要受以下四个方面的影响：国家大型企业与重点项目的建设、原有城市的经济发展及其潜力扩散的影响、农村经济的发展和外资的引入。[②] 这可以理解为小城镇的发展受到来自上面、侧面、内部和外部四个方向力量的影响，比自上而下和自下而上多了两个维度。刘传江则对自上而下和自下而上模式的逻辑起点、制度结构、发展背景和制度创新进行了比较。他认为自上而下的模式与计划经济体制有关，自下而上则是市场导向的结果，将城镇化的方式进行了历时性的对比分析，揭示了中国小城镇的发展与经济转轨的密切关系。[③] 顾朝林等[④]在自上而下与自下而上模式的基础上，增加了外力推动型。这种认识只是将上述的自下而上的模式分为了两类，注意到了外资对我国城镇发展的影响。

上述的相关研究普遍将动力分为了自上而下和自下而上两种模式。自上而下的模式主要是指上级政府的投资，其中政府发挥主导性作用。自下而上则主要是指当地的经济发展。从研究时间上看，当地的发展多指乡镇企业和个体经济的兴起。但是，它们是如何促进小城镇建设的，上述研究并未进行细致的描述。再者，

---

① 张庭伟：《对城市化发展动力的探讨》，《城市规划》1983 年第 5 期，第 59—62 页。

② 齐康、夏宗玕：《城镇化与城镇体系》，《建筑学报》1985 年第 1 期，第 15—21 页。

③ 刘传江：《论中国城市化的制度安排与创新》，《理论与改革》2001 年第 5 期，第 59—62 页。

④ 顾朝林等：《中国城市地理》，商务印书馆 1999 年版；顾朝林等：《中国城市化：格局·过程·机理》，科学出版社 2008 年版。

这些因素是否发生了一定的变化，对后续的发展产生了什么样的影响，上述研究也并未进行解释。

在小城镇发展的初期，集体的积累构成了建设资金的重要组成部分，在乡镇企业改制之后，则需要寻找替代途径。土地管理权的不断上收，则为地方政府主导城镇的发展奠定了基础。城镇功能及建设的转变为以地生财和地利共享提供了重要条件。建设资金也经历了由一元到多元，再到由土地主导的变迁过程。

第一节　集体积累的消失

乡镇企业经由人民公社时期的社队企业发展而来，在性质上属于集体经济。其所使用的土地、资金和其他各项资源均来自集体，工人也属于集体的成员，工人的劳动所得也构成了集体积累。这些积累通过不同的形式投入城镇建设中，提高了整体的福利水平，促进了当地的发展。

一　前两次乡村工业浪潮

上章所述的综合厂的成立可以认为是当地乡村工业发展的第一次浪潮。在 1958 年 3 月的成都会议上，中央通过了《关于发展地方工业问题的意见》，要求各地的干部“既要学会办社，又要学会办厂”，办一些以自产自用为主的小型工业。公社本来就是工农商学兵合一的组织，办公社的目的之一也就是要工农业并举。兴办工业是公社的题中应有之义。当时，按照“有啥办啥，要啥办啥，要多少有多少”的思路，办了一批“小土群”的乡村工业。所以，本地就出现了综合厂，下设的几个小组也是由本地人组成。可是，到了 1959 年，中央就对此进行了整改。因为各地办起来的各种小工业形成了与城市工业争夺原料的态势，不利于城市工业的发展。这些小工厂占用了材料，但是效益非常低，造成了极大的浪费。凡是与现代工业争夺原料的乡村工业都要为现代工业让步。自 1961 年之后，中央的要求更加严格，认为农村的优先任务是保证粮食的生产，而不是发展工业，要求工业的劳动力不能超过总劳动力的2%。[①] 这也就可以理解为何综合厂兴办之后又很快被解散。

20世纪70年代，当地迎来了乡村工业发展的第二次浪潮。在此背景下，当地就购置了一批农业机械。在使用过程中，公社需要对出现故障的机械进行修理，当时的要求是大修不出县、中修不出社、小修不出队。于是，在县农机局的帮助下，白村公社征用北一队的土地，建设了一个机械厂。征用之后，白村公社给了北一队几包化肥作为补偿，但是该生产队没有领取，白村公社就算是无偿占用。实现机械化的成本不是国家承担，而是公社自己负责。在此要求下，公社又办起了“五小”工业，为机械化积累资金。比如，1977年，县铸造厂召集铁匠和木匠重新办起了综合厂。原来的农具厂已经让给了附近的居民，它们又在新的地址建设了厂房。新的地址离水塘比较近，也是一块荒地，没有种田。荒地的归属还不是那么清晰，离哪个生产队近，就属于哪个生产队，而非明确地归属哪个生产队。生产队之间也不在意这些事情，能多要点儿钱也就多赚一点儿。综合厂所用的那块土地给了门前一队150块钱，算是补偿费。

这两次浪潮有些细微的区别，主要表现为兴办主体的不同。第一次基本上是全部由公社来承办，人力、物力和财力均是在集体内部完成。这个时期所兴办的也不是现代意义上的工业，更多的是手工业。第二次则有了现代工业的味道，因为它是依托农业机械化而兴起的。再者，举办主体也有了一定的变化，县城的某些局委参与了进来，并非全部依靠公社内部的积累来完成，具有合办的性质。总体来看，还是在生产资料公有的基础上进行的，在土地使用方面的差异也不是很大。

二　管理类站所

20世纪70年代末至80年代当地迎来了乡村工业发展的第三

---

① 罗平汉：《农村人民公社史》，福建人民出版社2003年版，第79页。

次浪潮。与其他地方一样，当地也兴办了不少乡镇企业。这些乡镇企业以管理类居多，生产类较少。这些企业的发展与土地也有一定的关系。正是对土地的廉价使用，才降低了这些企业的成本，让其有利润空间。当然，所获得的利润也全部上交给了乡镇政府，用于乡镇的发展。

县内有两条重要的河流经白乡，河道中淤积了大量可用作建筑材料的黄沙。原来这里经常发大水就是因为河道淤塞，遇雨则淹。20 世纪 70 年代末，江苏、浙江的发展较快，对建筑材料的需求量大，当地黄沙的经济价值便体现了出来。1978 年，白村公社设立了黄沙管理站，负责收取资源管理费。黄沙管理站设施简陋，只有两间办公室、几张破桌子，工作人员只有几名管理人员和工人，但有自己的内部食堂，伙食很好，是这里的好单位。黄沙管理站效益好时，有百十万元的年收入。1993 年，黄沙管理站开始走下坡路。因为优质的黄沙基本开采完毕，从河道里吸上来的河沙质量较差，且成本较高，市场前景不被看好。此后的收入只有十几万元/年。黄沙管理站的生存建立在本地较丰富的黄沙资源基础之上。随着资源的减少，黄沙管理站的效益也不断下降。

1983 年，为了加强对农村用电的管理，县供电局在本乡成立了电管站，主要负责电力线路安装和电费收缴。电管站在性质上属于乡办企业，行政上归乡政府领导，业务上则归县供电局指导。办公地点设在政府大礼堂旁边的两间小房子里，共有 8 名工作人员。刚开始，每年向政府上交 2000 多元的管理费。后来，管理费逐年增加。电管站不是生产性企业，不存在亏本的情况，就看能收多少，主要是将偷电、漏电情况管理到位。1989 年，电管站在新街道建起了楼房。那时，新街道还未大范围开发，旁边基本上全为农田。土地由乡政府从村民小组征收，然后划拨给电管站使用。电管站只是上交部分城建费。电管站大楼是三层九间，大约花费 9 万元。电管站主要行使电力的管理职能，除工人工资外，基本上无其他开支。与此相类似的还有木材管理站和加油站。

由于本地是平畈区，木材紧缺，除了国家的计划指标外，普通群众很少能够在市场上购买到木材。为了繁荣农村经济，满足群众建房的需要，县政府计划在白乡进行试点，成立一个竹木交易市场。1986 年，由乡政府出面组织，采取“三结合”的办法，成立了一个木材管理站。

木材管理站刚成立时，基本上不需要什么成本，是一个稳赚的企业。工作人员主要是各村中年龄比较大的支部书记或村主任。他们不再适合担任村干部，但又不能直接免除。所以，就把他们调到这里来，算是一种过渡、照顾。土地是由村民小组提供，进行象征性的补偿，相当于租用的形式。当时，政府还未征收土地。一是在政策上还不允许大量占用良田，以粮为纲的要求还在；二是乡政府、村民小组还未产生这个意识，在占用之后，稍微给点儿补偿即可。木材管理站是在收取木材交易的管理费之后，提取部分资金作为土地的补偿。从事木材交易的是来自四面八方的农民，木材管理站根据交易额向卖方收取 1% 的管理费。在行情比较好的情况下，日交易量能到 1 万多元。除了工资和正常的开销外，其余的都要上交给政府。木材管理站也是占了土地的大便宜，将自己的成本降到了最低。

改革开放后，随着经济的发展，农用车大量进入乡村，油料的供应就成了一个重要的问题。1988 年 10 月，县政府又在白乡进行开设加油站的试点。乡政府在集镇的南侧兴办了加油站。加油站占地面积为 4.08 亩，连同房屋共花费 4 万元，土地占用补偿费为 1 万元左右。加油站刚办的时候，缺乏资金，需要向信用社贷款，请求县财政扶持，加油站有四名职工、两名会计、两位站长，共计 8 人。石油刚开始是计划供应，后来才逐渐放开。后来，又增加了三个加油点，增加了数个就业岗位。

从上述几个管理类的乡镇企业可以看出，它们基本上是以比较少的资源、资金获得了比较多的收益，并且基本不具有亏本的风险，成了乡镇政府的重要财源。这三个管理类的乡镇企业主要是基于垄断资源建立的，比如黄沙管理站的成立是因为本地拥有优质的天然河沙；电管站则是国家对电力进行垄断，居民若使用电力必须经过它；竹木交易市场也是运用了国家对市场的管理权。若无这些权力的存在，管理的职能无法发挥，它们也就不能从中获取利润。这部分的收入归政府所有，也包含一定的合理性。自然资源是大自然的馈赠，应该属于公有，所获得的收益也应该归属公共财政。电力则属于国家的行业，相关部门也是获得了相应的收益。在竹木交易市场中，政府扮演了两种角色：一是市场的提供者，收取的是租金；二是管理者，收取的是税费，有代征的意思。加油站也算是特殊经营的行业，具有国家垄断的意味。也正是利用了资源、权力，所以它们的成本比较小，基本上不需要占用太大的土地面积，也不需要设施，就能拥有比较稳定的收入。但是，资源会逐渐枯竭，垄断的部门也会逐渐走向市场，市场的交易也会发生变化。这也就意味着这部分的收入具有一定的阶段性，并不能长期拥有。

三　生产经营类工厂

面粉厂应该是白乡兴办的较早的生产经营类企业，负责筹备的厂长讲述了该厂的大致情况：

> 1980年，政策变了，要求办乡镇企业，邓小平提出这是半壁江山。在原来农科站的地方，就办了一个面粉厂，占地七八亩。那时是到芜湖买的机械设备，花了有十来万块，向信用社贷款。当时有个口号：敢用高压电，敢贷高息款。邓小平提出半壁江山之后，各地都在搞，不搞不行。利息比较低，几年就还清了。1984年，由于面粉厂办得比较出色，县里开大会发言我是第一个。我们能出70粉，把产品销到江苏、浙江，是县里的第一家面粉加工厂。1988年，就有20多间房子，养活了20多个人，还增加了面条机、豆皮机，自己养活自己，挣的钱扩大再生产。1991年4月，还是在农科站的土地上（面粉厂旁边）建设了精米厂。1994年1月，将面粉厂与精米厂合并，成立了白粮油公司，由镇农工贸总公司负责

领导。1998 年 5 月，粮油公司因经营不善，停产关闭。[①]

面粉厂、精米厂立足于本地的农业，进行粮食加工。所占用的土地是原来的农科站试验田，也算是使用了集体的积累。这个场地是由原来各大队抽调的土地，所产生的收益原则上应该归集体所有。此时，乡镇政府即扮演了集体的角色，承接了原来的功能。在乡镇企业发展的过程中，要以乡镇政府为担保，进行贷款。若企业的效益较好，就能将贷款还上；若企业效益差，则会形成大量的呆账和坏账。磷肥厂就是其中的一例。

20 世纪 80 年代初，由村民个人集资，使用工艺简单的土法，创建了生产磷肥的小厂。这种土法生产的磷肥有销路，并且供不应求。1986 年，乡政府根据当时农业发展的形势和磷肥需求量大的状况，决定将该厂收归为乡办集体企业，并进行扩建。扩建总投资 41.7 万元，其中在信用社贷款 25.93 万元。当时所使用的原料之一硫酸为紧缺物资，在附近只有铜陵地区生产。县委书记与铜陵市的主要领导通过沟通购买了一批。但是，每次购买原料都要通过这种关系，他们感觉有诸多不便。于是，生产上就出现了困难，1989 年春磷肥厂关门大吉。1992 年，磷肥厂已破烂不堪，机械设备全部锈蚀腐烂，房屋倒塌，废墟一片。厂内杂草丛生，断墙残壁，所剩无几，资不抵债，所欠贷款本息无力偿还，磷肥厂请求政府帮助解决其债务问题。土地是石桥村的荒地，大概有 14 亩，由乡政府出面解决。磷肥厂在乡办企业中不是个案。当时，乡、村利用下放知青或工厂的老工人，办起了稍有技术含量的小厂，由于资金、技术、销路等问题，无法实现预期目的，厂子开开关关的也比较多。所以，工厂无法偿还信用社、银行贷款的现象时有发生。

---

① 2013 年 6 月 28 日白村的实地访谈。访谈对象：丁某，曾任大队民办教师、大队革委会主任、面粉厂厂长、磷肥厂厂长、电影院主任、建安公司支部书记和乡经委主任等职务，71 岁。

分田到户以后，农民的收入增加，在农村掀起了一股建房潮。1987 年，乡政府就在南阳村的荒山上建设了一座 24 门的轮窑厂。新建轮窑厂占地面积在 30 亩左右，土地也没有买过来，而是租赁，每年给村委会一定的费用。轮窑厂建设完毕之后，生产的红砖很紧俏。这里原来就有一个平瓦厂，专门生产小黑瓦，为了便于管理，将轮窑厂和平瓦厂合并，成立了砖瓦厂。轮窑厂的投资较多，有 40 多万元。工人也比较多，有三四十人，加上管理人员共有 50 人。

农机公司则是由原来的农机修理组转化而来，属于典型的社队企业，建于 70 年代中期。白乡先是成立了农机厂，主要是修理水泵、拖拉机。场地占用的是北一队的荒地，也没有给什么补偿，就给了几包肥料，生产队还未领取。农机公司慢慢发展起来，效益好时，还买了几台大拖拉机跑运输，前前后后搞了有二十年。发展壮大时，农机公司有 30 多个人，有车床工、钳工、焊工。农机公司最出名的就是青饲料粉碎机，该项产品销售到了江苏。农机公司应该是这些乡镇企业中，技术含量最高，最具有发展潜力的一个企业，但最终还是没有摆脱倒闭的命运。

这类乡镇企业的投入较大，并且有一定的风险，与管理类站所有很大的不同。当时的乡镇企业具有很强的试验性质，他们无法保证能够生产出合格的产品，无法保证产品能够适应市场的需要，有成功也有失败。当时，企业的发展需要的两个要素均是由政府出面帮助解决，一个是土地，另一个是资金。土地基本上是无偿或者低价使用，比如面粉厂占用的是原农科站的土地。而农科站的土地则是从几个大队抽调上来，相当于各大队尽了义务。这个成本对企业来说，基本上可以不计。磷肥厂占了一点儿土地，但以失败告终，所以，乡镇政府也不会向村委会支付土地的租金。轮窑厂由于地处荒坡地带，所支付的土地占用费则比较少。农机公司是占用了一些土地，但是因为在 70 年代就已经建立了，所以，后期也没有支付太多的资金。从整体来看，土地的成本可以忽略不计。

再者，就是这些企业所需要的资金，多数是以乡镇政府为担保进行的贷款，这在很大程度上是政策性贷款。当时，作为农业型的乡镇，自身也没有太多的资金，只能依靠贷款，进行外部的输血。若能发展起来是皆大欢喜，反之，则会形成大量的不良贷款。这也是当时乡镇企业发展不下去，面临危机的重要原因。企业有了资金之后，才能进行内部的积累，不断发展起来。当然，企业的利润也要上交乡政府，用于全乡范围内的调配和使用。所以，从政府的文件中可以经常看到政府要求将某企业的资金调到某特定企业的情况，这也说明了外部资金注入的重要性。这些集体有一定的积累，但若没有银行的贷款也不能很好地发展起来。

四　服务性企业

除了管理类站所和生产经营类企业外，还有一类服务性质的乡镇企业，就是这类企业不需要生产专门的产品，而是通过服务来满足人们的生产、生活需要。比如电影院、建筑安装公司和农工贸总公司等单位。电影院利用政府大礼堂的场地来放映影片。当地有几个在县电影院工作的人员，认为本乡很适合开展这项业务。于是，他们就与县电影院联系，在这里设立了一个放映点。影片由县电影院提供，放映机则是先租后买。礼堂有 700 个座位，每天都人满为患，需要专门有几个人来维持秩序。当时，电影院只有四五个人上班，包括经理、放映员和售票员。一张票两三毛钱，比较便宜。后来，电视普及之后，电影市场就衰落了。

建筑安装公司则是从原来的瓦匠组发展而来。瓦匠组正式成立于 1971 年 3 月，是全县第二个施工队伍。1988 年，瓦匠组升格为建筑安装公司。1991 年，有正式工人 117 名、长期合同工 250 名，共计 367 名，全部为本地工人。建筑安装公司刚开始主要负责本乡镇的建设，后来才将业务拓展出去。因为建筑安装公司毕竟只是乡镇的建筑公司，所以县城的工程无法承接下来，业务量非常的有限。建筑安装公司承包了工程之后，除掉相应的开支，也要将利润全部上交给乡政府。

1986 年，乡政府成立了一个农业开发服务中心，主要从事种子、农药、化肥等生产资料经营销售以及农业技术咨询服务。1993 年 2 月，改为农工贸总公司，成为隶属于镇经委的集体企业，下辖南、北两个门市部。农贸总公司有 23 个人，只有 5 个职工，其他的 18 个均为管理人员。由于种子、农药等经营政策放开，个体经营网点密集，竞争激烈，公司经营每况愈下，利润大幅度下降，最后也倒闭了。还有一个是玩具厂，存在的时间比较短，主要是负责玩具的加工，属于劳动密集型企业。

本地乡镇企业的发展状况并不是太好，没有壮大起来，主要服务于本地。从 1992 年乡镇企业收入、支出及盈余表（见表 3－1）中，也可以看出乡镇企业的经营状况。总体来讲，1992 年还是情况较好的一年，因为该办的企业都办起来了，并且均处于成长的中期，走下坡路的较少。

表 3－1　1992 年乡镇企业收入、支出及盈余

单位：万元

企业名称	总收入	总支出	盈余
砖瓦厂	63.68	63.57	0.11
精米厂	153.85	163.91	－10.06
面粉厂	28.82	26.10	2.72
黄沙管理站	16.69	11.49	5.2
农具厂	3.93	3.79	0.14
玩具厂	12	9.8	2.2
农机公司	14.79	11.78	3.01
建筑安装公司	7.35	6.36	0.99
加油站	195.26	192.38	2.88
木材管理站	2.12	2.6	－0.48
电影院	1.32	1.32	0
电管站	23.14	20.71	2.43
农工贸总公司	81.64	77.64	4.0
合计	604.59	591.45	13.14

1992年，全乡的财政总收入为62万元（工商税26万元，其中乡镇企业的工商税额为1万元；农业税21万元；自有资金15万元）。自有资金主要就是乡镇企业的收入，要占到全乡总收入的1/4强，并且这部分收入大部分可以由乡镇政府支配、使用。这些企业经常为政府承担招待任务，是集资的重点对象。同时，它们还为政府承担了部分社会性开支，支持了农村的文化、教育、卫生等公益事业，并推动了农村集镇的建设。[①]

从乡镇企业的发展来看，有以下几个明显的特点。一是并不全部分布在集镇，对集镇的发展起到了间接作用，而不是直接作用。这些企业依然延续了社队企业发展的特点，或是从其发展而来。比如，砖瓦厂和磷肥厂原来就是各大队办的企业，后来进行了升级。这些企业未能对集镇的发展起到直接的促进作用，与其分散布局有关，也与企业性质有关。比如，黄沙管理站与砖瓦厂就不能布局在集镇，必须到资源丰富的地区。这也说明当时人们还没有将企业进行集中布局的观念。二是企业多为经营型或者管理型，而生产型企业较少，不能吸引大量的劳动力就业。比如，木材管理站、黄沙管理站、电管站等都是管理类的企业或者事业单位，不是严格意义上的企业。而农工贸总公司则是为了解决干部的调动与退休问题，而不是为了营利或者扩大再生产。当其不能带动就业时，就不能很好地发挥作用，改善集镇的状况。三是这些企业对土地的要求比较少，没能推动大规模的征地。比如，面粉厂、精米厂占用的是原农科站的土地，不需要新征用土地；木材管理站占用的土地面积比较小，但大部分还是大于水塘的面积，即便是占用了土地也没有征用，而是与村民小组联合建立；砖瓦厂也没有征用土地，只是租用，给予当地适当的补偿；加油站、电管站因为要营业所以占用了一些土地。这些乡镇企业间接促进了集镇的发展。

乡镇企业发展的资金来源也是一个值得注意的问题。当时，

① 桑静山：《上海乡镇企业发展研究》，上海财经大学出版社1997年版，第9页。

资金比较紧缺，大部分依靠贷款。国家政策鼓励企业贷款，地方政府也可以直接干预银行贷款的发放。因为企业的数量比较少，所以从整体上说，资金的运用量不是很大。加上本地的企业多为管理类，而非生产类的，所以未造成一定的问题。再者，乡镇政府的主要收入来源是农业税，而发展工业的积极性不是很高。有人认为，乡镇企业利用集体的土地和相对低廉的劳动力完成了地方政府的原始积累。没有乡镇企业的贡献，几乎没有一个地方政府可以负担社区开发项目所需的全部费用。乡镇企业的大部分利润上交给了乡镇政府，间接影响了个人收入。但远比不上它对促进生产所起的作用。①

随着人民公社作为农村政权组织的废止，其经济功能也随之结束了。代之而起的是各种经济实体，比如经济联合体、农工贸总公司和专业公司等。若企业的性质是集体企业，这类收入应该是集体收入，归属集体成员，集体外的成员不得享有。集体成员与辖区内的居民是两个不同的概念，两者是可以分开的。但因为当时人口的流动性不是很大，集体成员即乡镇政府所管理的人员，所以对这两类没有进行区分。并且，这些乡镇企业的收入也投在了本地的建设之中，并没有发生外溢。在这样的情况下，个体、集体与政府之间也没有太多的矛盾，基本上保持了集体时期的一致性。当乡镇企业改革后，这部分资金的投入缺失了，必须寻找其他的方式进行弥补。

第二节　土地管理权的变动

20 世纪 50 年代，我国形成了城乡二元的土地制度，城市属于国有，农村的土地属于集体所有。当将集体土地转化为国有土地时，需要根据一定的情况给予集体一定的补偿。集体内部占用土

---

① 〔加〕塞缪尔·何保山、顾纪瑞：《江苏农村非农化发展研究》，上海人民出版社 1991 年版，第 85 页。

地则多以调拨的方式完成。改革开放后，随着土地市场的建立，土地的价格逐渐显现出来，相应的城镇建设也通过外部化的方式完成。在起初的阶段，土地的出让权还是属于村民小组，政府负责公共建设资金的收取。随着管理权的不断上收，政府成了土地出让的唯一主体，并将城建资金也加总在了土地上，以地聚财的特征逐渐显现。

一　城郊土地的所属

在建设用地方面，城市土地属于国有土地，而集镇用地属于集体用地，两者在管理方式、补偿标准上存在很大的不同。关于城市和郊区的土地则需要从20世纪50年代开始说起。1950年，在《土地改革法》颁布实施以后，政务院又制定了《城市郊区土地改革条例》，规定城市郊区所有没收和征收得来的农业土地，一律归国家所有，由市人民政府管理。这些土地连同国家在郊区所有的其他可分的农业土地，由乡农民协会按照《土地改革法》的相关原则，统一、公平、合理地分配给无地和少地的农民耕种使用。所有没收得来的农具、耕畜、粮食等生产资料，由乡农民协会接收，统一、公平、合理地分配给缺乏这些生产资料的贫苦农民，以解决农民生产资金的困难。从上述的规定中也可以看出，土地的所有权归国家所有，农民只拥有使用权，而生产资料则全部分配给了农民，国家不再保留任何权利。

同时还规定，耕种城市郊区国有土地者，除依法向国家缴纳农业税外，一律不再交地租，但经营人不得将国有土地出租、出卖或荒废。这更强化了国家的所有权，耕种者不得利用土地为自己谋取间接的收益。当国家因为市政建设或其他事务，需要收回由农民耕种的国有土地时，应该给予耕种的农民相应的安置与生产投资的补偿。这种补偿只是生产方面的，而不涉及土地补偿。对于这些国有土地，若需要从事房屋、工厂及其他建筑者，应依据人民政府规定的办法向市人民政府请求领用。这就意味着用地单位基本上不需要支付任何的成本，即可使用这些土地。当然，土地的用途也是满足公共需要。

此条例颁布以后，城市以外的土地归属基本清晰。一类是归属国家，另一类则是归属农民个人。随着“三大改造”的完成及人民公社的建立，归属农民个人的土地则归属集体。所以，农业用地的性质从政策、法律的规定上看，只有国有和集体所有两种形式，而不存在个人私有的土地。至于城市内的房屋和土地的情况则比较复杂。在20世纪80年代以前政府虽未完全否定私有，但一直按照公有的方式进行处理。

对于那些已经分给农民的土地则是另外的一种情况。征用农业土地时，政府须给予农民适当补偿，或以相等之国有土地调换；对耕种该土地的农民亦应给予适当的安置，并对其在该项土地上的生产资料及其他损失，予以公平合理的补偿。[①] 这种补偿方式体现了农民对土地所拥有的产权。1953年政务院颁布施行的《国家建设征用土地办法》对相关补偿标准及有关事宜进行了详细规定。

> 凡属有荒地、空地可资利用者，应尽量利用，而不征用或少征用人民的耕地良田；被征用土地的补偿费，在农村中应由当地人民政府会同用地单位、农民协会及土地原所有人（或原使用人）或由原所有人（或原使用人）推出之代表评议商定之。一般土地以其最近三年至五年产量的总值为标准，特殊土地得酌情变通处理之。如另有公地可以调剂，亦须发给被调剂土地的农民以迁移补助费。
>
> 农民耕种的土地被征用后，当地人民政府必须负责协助解决其继续生产所需之土地或协助其转业，不得使其流离失所。用地单位亦应协同政府劳动部门和工会在条件许可的范围内，尽可能吸收其参加工作。
>
> 在征用土地中，各级党委应负责监督和协助用地单位的

① 《城市郊区土地改革条例》（1950年11月10日政务院第五十八次政务会议上通过，1950年11月21日公布）。

征购工作。[①]

从上述的规定来看，国家进行征用补偿的理念已经形成，土地的调剂成了辅助手段。在此之前，国家主张以调剂土地为主、以补偿为辅，但在实行的过程中，发现寻找到合适的土地比较困难，不如直接进行补偿。这也可能与当时的征用土地的方式有关，征用的主体还是用地单位，党委负责进行协调。用地单位自己并没有土地，若它要对农民进行土地调剂，还需要经过党委、政府，这是一个比较烦琐的过程。原来只是要求对土地征用进行合理的补偿，但补偿的标准并没有明确。这次对补偿的标准进行了说明，以三年至五年的产量总值为标准，且将补偿费直接给农民，承认农民对土地的所有权。

1958 年，随着合作化运动的推行，国家对土地的征用方式和补偿标准又发生了一定的变化。

> 征用土地，应该尽量用国有、公有土地调剂，无法调剂的或者调剂后对被征用土地者的生产、生活有影响的，应该发给补偿费或者补助费。
>
> 征用土地的补偿费，由当地人民委员会会同用地单位和被征用土地者共同评定。对于一般土地，以它最近二年至四年的定产量的总值为标准。
>
> 征用农业生产合作社的土地，如果社员大会或者社员代表大会认为对社员生活没有影响，不需要补偿，并经当地县级人民委员会同意，可以不发给补偿费。
>
> 市区内没有收益的空地，可以无偿征用。[②]

第一条主要是针对征收私有土地的行为所进行的规定，“公有

① 《国家建设征用土地办法》（1953 年 11 月 5 日通过，1953 年 12 月 5 日施行）。
② 《国家建设征用土地办法》（1958 年 1 月 6 日）。

土地”则是指已经归属合作社的土地。该征用办法颁布于1958年初，当时还未规定土地全部归集体所有，还有部分未参与到合作化的运动中来，对其占用之后，要用已经归属集体或国有的土地进行调剂，只是进行调剂，也不需要补偿，而只有对生产、生活产生影响的才进行补偿。国家建设占用土地，而用集体的土地进行调剂、补偿，则说明国家、集体已经高度一体化，国家可以无偿地使用集体的资源。第二条、第三条则说明补偿的费用比原来有了很大的减少。对于合作社的土地也有了不再进行补偿的意向。因为，在当时的情况下，合作社对补偿的要求只能就低而不能就高，认为没有影响的应该属于大多数。至于具有一定模糊性的城市土地，所有权已经不再作为依据。这也说明，当时已经认为城市的土地全部属于国有。有无收益成了是否补偿的标准，即便是补偿的话也只是青苗费而已。

至此，无偿使用、调拨成了主要的土地征用方式。在“大跃进”时期，很多土地都被征用了。国家占用土地后，不给补偿或者象征性地给些许补偿，基本上可以忽略不计。当时的土地与农民个人没有太大的关系，所以，农民失去土地的感觉不是很强烈。再者，在当时的情况下，所有的建设均为公共建设，农民也可以理解，没有索要补偿的理由与动机。即便是征用土地之后，也存在在几个生产队、大队或者公社之间进行分摊的可能性，将土地进行重新调整。在前三十年，城镇的发展较慢，对农民所有的土地征用较少，产生的影响不是很大。

1982年，国务院颁布了《国家建设征用土地条例》①，对被征用土地的农民、集体和征地的政府之间的关系进行了调整。规定征用耕地（包括菜地）的补偿标准，为该耕地年产值的三至六倍，年产值按被征用前三年的平均年产量和国家规定的价格计算；每一个农业人口的安置补助费标准，为该耕地的年产值的二至三倍；征用宅基地的，不付给安置补助费。从上述的规定中可以看出，

① 1982年5月14日起公布施行，1987年1月1日废止。

这种做法对国家的快速发展发挥着积极的促进作用。在劳动力安置方面，主要有以下三种措施：发展农业生产、发展社队工副业生产、迁队或并队。如果说上述的措施能够得到很好的运用，则对农民的生活不会产生太大的影响。国家补偿的限度也是使农民的正常生活水平不降低。按照上述途径确实安置不完的剩余劳动力，符合条件的可以安排到集体所有制单位就业；生产队的土地已被征完，又不具备迁队、并队条件的，可转为非农业户口或城镇户口。后面的两项措施对当时的农民来说，具有很强的保障性。在同等条件下，他们希望国家的建设占用本生产队的土地。上述的补偿、安置措施若能发挥作用，则也不会产生太大的问题，可以很好地协调个体、集体与国家之间的关系；若不能发挥作用，则会出现相反的结果。

国家对城郊土地占用的补偿标准是一个不断变化的过程，农民、集体与国家的关系处于不断的调整之中。在公有制的条件下，集体与国家的界限不易划分清楚。集体在无偿贡献和保持生活水平不变的两个点之间不断地徘徊，获得比较高补偿的状况比较少。尽管国家在 1982 年就颁布了关于征用土地的相关条例，但直到 1998 年才真正严格执行起来。土地征用、出让的实施，意味着土地市场的建立，一种新的城镇建设方式产生了。

二　以村民小组为单位的出让

1982 年，我国对《宪法》进行修订。有人认为，第十条不仅在一夜之间宣布“城市的土地属于国家所有”，而且建立了城市土地国有、农村土地“集体所有”的城乡二元体制。[①] 这种说法失之偏颇，但看到了土地城乡二元体制的存在。1982 年颁布的《村镇建房用地管理条例》[②]，在建房用地方面，重申了社员对宅基地、

① 王维洛：《1982 年的一场无声无息的土地“革命”——中国的私有土地是如何国有化的?》，《当代中国研究》2007 年第 4 期，第 20—26 页。

② 《村镇建房用地管理条例》于 1982 年 2 月 13 日起施行。1986 年 6 月 25 日，《土地管理法》颁布后，《村镇建设用房管理条例》废止。

自留地、自留山、饲料地和承包地的使用权，而没有所有权。所有权依然归公社、大队、生产队所有。建房所需要的宅基地，应向所在生产队申请，经社员大会讨论通过，大队审核同意，报公社管理委员会批准。这说明，土地的实际所有权尚在生产队这一层级，同时也体现了“三级所有”，要层层上报。社队企业、事业单位占用土地，也需要社员大会讨论通过。公社、大队占用生产队土地的也需要给生产队相应的补偿。非农户要在集镇范围内建造房屋，需要集镇的管理机构与生产队进行协商。这就意味着管理机构还不是主体，需要经过生产队同意才能建房。

20 世纪 80 年代，白乡以政府的名义进行了小城镇建设，修建了道路，出售了道路两侧的宅基地。但是，政府的职能仅仅是出台政策，进行规划，而未介入土地的出让活动。政府只是发挥着监督、协调的作用，而未进行土地的出让，以及分享土地的增值收益。土地出让的主体则是村民小组。

从协议来看，土地的征用和出让是征用单位与被征用单位的事情。政府只是发挥监督、证明的作用，督促双方履行各自的责任，更多的是为了维护农民的利益。监证单位除了乡政府以外，还有相邻的单位，该协议中就涉及了当时的农业银行。农民自己购买宅基地建房子，则要简单很多，直接与村民小组协商即可，不需要经过乡政府，也不需要监证单位。当时建房的老裁缝讲述了这样的故事：

> 因为我是非农业户口，所以分田的时候就没有分到土地。我就在别人的房子旁边搭了一个斜厦子，继续做手艺。那个时候，我们家的人多，孩子也都长起来了，没有房子是不行的。我就在门前三队这边买了三块地皮，本来是 300 元/块，后来涨到了 400 元/块。这个地方原来是个塘，还要自己垫起来。大概是 1984 年买的地皮。当时，门前三队每家来一个人，到家里来吃酒，要准备好酒、菜。吃过了，就相当于是大伙儿都同意了，才让你在这里建房子，要不然是不行的。房子

> 建好以后，过几年又要了一道钱，他们说我的滴水檐太宽了，要以这个为界。后面的塘也是从门前三队买的，花了有千把块钱，建了一个小厨房，也有个场子放杂物。①

土地出让的价格及面积，由村民小组来决定。村民小组决定的方式是每家派一位代表到东家去吃酒。因为所出让土地的款项要在村民小组内均分，土地要进行重新调整。吃酒即表示同意了土地的出让及重新调整。分田到户之前，土地属于生产队，只需要请大队、生产队的干部吃顿酒即可，而不需要让普通村民参与。因为当时主要负责分田到户的是干部，与普通村民没有太大的关系。在分田到户之后，让每家每户都来吃酒则包含两层含义：一是每家每户都要来人，因为土地是以家庭为单位，要征得每户的同意；二是村民小组有协调的权力，这个集体还存在，不能因为一个人同意而同意，也不能因为一个人不同意而不同意，既有民主也有集中。这也保持了村民小组内部的公平，同等地分享利益与减少土地，而不是单由某户人家受益或蒙受损失。当时，集镇开发的力度还不是很大，出让的土地多是坑塘或者利用效率不高的旱地，基本上没有村民反对。

另外，可能还有些附加条件，让农民感觉占到了便宜。

> 卖田分了钱，喜得要死。田种一年，收不了多少东西，还累得要死。那时候，卖次地就分次钱，调整一下土地。但是，后来面积太小了，就不调整了。粮站也是占我们生产队的土地，刚开始还从我们队里抽人去扛包，后来不行了，就不要我们去了。刚开始（生产队）卖给中学田地的时候，还说要让学生到我们队参加义务劳动，厕所里的粪上到我们队

① 2013 年 7 月 14 日白村实地访谈。访谈对象：张某，合作化时期从县城下派的裁缝，78 岁。

的田里。后来，啥都没有了。[①]

现在看起来，这些附加条件已经没有什么意义，但在当时却有一定的吸引力。许多没有卖田的人很羡慕那些能够卖田的人，那些卖田的人自己也很满足。虽然有一定的附加条件，但并未出现对劳动力进行安置的条款。因为土地的占用面积不大，且在不断的调整中，平均失地面积较小；再者，这些占用的土地主要用于建造房屋而不是工厂，也没有办法帮助解决劳动力安置问题。

开始征地的时候，大约是3000元/亩，房子的进深（宽度）是10米，加上前面的8米也要自己出钱。价格由村民小组定，村委会加收20%的管理费。管理费是收买的人，不是收卖的人。数目不大，买的人也不在意。他们愿意建造房子，也愿意花这个钱。当时，定的比例高了一点儿，因为基数太低，就定的高了一点儿，其他场子也采取这个方案。小村子没有收入来源，就靠这点儿收入。修路，也要公路局交钱，有的一丁点儿土地就算了。那时，主要是调解，为了国家建设。

土地占用之后，就不要交农业税了。土地卖掉了，向政府打个报告，把基数减下来。政府占了土地之后，发个条子，叫作“抵库”。将这个条子交到乡政府，然后到财政局，再下文，减免。那个时候，占用一分地就不得了。政府都是用闲散土地来建造房子，也不是滥占滥用，要求相当严，与现在的思想意识也不同。[②]

乡镇政府确定了发展思路以后，由村民小组进行土地的出让，村委会加收一部分管理费。村民小组还承担部分规划功能。因为

① 2013年7月5日白村实地访谈。访谈对象：时某，曾任电管站站长，65岁。

② 2013年3月13日白村实地访谈。访谈对象：夏某，曾任村卫生室赤脚医生、白村党支部书记、白街道居委会主任，65岁。

乡镇政府只是提供了大致的红线范围，至于出让多少间、进空多少，则是由村民小组负责。村民小组主要考虑每间房的宽度，而对进空不太在意。因为当时房屋是按照间数进行出让，而未精确到平方。他们认为，控制好了宽度，可以多卖一间，而进空则没有太多的意义，反正临街的只有一排房子。后来，村民小组的人对某些村民又加收了一次土地款。起初，村民小组未认识到土地的价值。当土地升值之后，村民小组的人感觉到了问题所在，认为那些人占了便宜，要进行补征。至于门前的面积则没有太多的计较，土地在谁的家门前就由谁使用。若是政府将公路拓宽，进行占用，也不需要对村民进行补偿。

村委会收取 20% 的管理费，由土地买方单独缴纳，与村民小组无关，不会减少村民小组的收益，只要买方同意即可。既然他们需要购买宅基地，就不在乎这些费用。该项规则大约从 1978 年开始施行。当时，公社办集体企业，需要占用本大队的土地。大队干部认为，若是国家机关建造房子占点儿地就算了，算是支持国家建设；但是办企业就有所不同，这些企业是要赚钱的，占用了本大队的土地，就相当于减少了本集体的收入。企业要进行适当的补偿，收取 20% 的管理费。公社也同意了该项要求，就形成了这样的一条规则。如此一来，土地的收益主要集中在了村民小组和村委会两级，与乡镇政府的关系不是很大。村民小组将卖地所得作为集体收入进行统一分配。企业若是占用了良田，则重新调整土地；若占用的是旱地、菜园子，则根据村民的要求进行协商，可以重新调整土地，也可以进行适当的补偿。

当时，农民愿意出让土地，而没有引发大的问题，主要有以下三个原因。一是粮食价格偏低，种田没有太多的收益，还承担着一定的税费任务。在此情况下，土地变现既能增加农民的收入，又能减轻农业负担。这是农民愿意进行土地出让的主观原因之一，首先获得了农民个体的认可。二是将土地款项进行平均分配，土地进行重新调整，保持了小组内的公平，没有人会产生被剥夺感。在此条件下，个体与集体就保持了统一性。土地的出让基本符合全体村民的利益，不会出现大的分歧。即便是遇到了问题，也能进行内部解决。三是村民小组作为出让的主体，获得了全部的补偿。政府的职能只是负责规划和协调。它的目的还不在于获得土地收益，而是促进集镇人口的聚集和经济的发展，建设资金可以通过其他渠道获得。在此情况下，地方政府与村民小组之间就不存在矛盾，二者各得其所。地方政府促进了地方的发展，而村民小组获得了收益。

三　管理权的上收

据统计，“六五”期间（从 1980 年至 1985 年），“全国耕地净减 3680 万亩，年均减少 700 多万亩，尤其是 1985 年，这一数据史无前例地超过了 1500 万亩”。[①] 面对乱占耕地的狂潮，当时我国不仅缺乏一部专门、完整的土地管理法，而且在管理上也是城乡分立、政出多门、职责不清。为此，中共中央、国务院发布了《关于加强土地管理、制止乱占耕地的通知》，明确了迅速制定《土地法》（后改为《土地管理法》）的任务。1986 年 6 月 25 日，第六届全国人大常委会第十六次会议审议通过了该法。该法从酝酿至颁布只有短短三个多月，创下了我国立法耗时最短纪录。[②] 该法明确了乡镇政府对本行政区域范围内土地管理的职责，相应提高了补偿的标准，并允许未安置完的劳动力可以到全民所有制企业就业，也可以将农业户口转化为非农业户口，不过标准更加严格，批准的权限也进行了上收。

1988 年 4 月，第七届全国人大第一次会议通过了《宪法修正案》，删除了“禁止土地出租”的规定，增加了“土地的使用权可以依照法律的规定转让”的条款。同年，《土地管理法修订案》也做出了修改，删除了“禁止出租土地”的规定，增加了“国有土

---

① 张传玖：《守望大地 20 年——〈土地管理法〉成长备忘录》，《中国土地》2006 年第 6 期，第 4—8 页。

② 陈小君：《我国〈土地管理法〉修订：历史、原则与制度》，《政治与法律》2012 年第 5 期，第 2—13 页。

地和集体所有土地的使用权可以依法转让”“国家依法实行国有土地有偿使用制度”等重要规定。这次修订活动，推动了土地使用权制度的变革，在法律层面开始恢复国有土地的商品属性，土地资产管理逐渐步入了市场化的轨道。这就意味着伴随土地市场的建立，土地的商品属性逐渐显现出来，并且国家将土地审批的权力进行了上收。国家成立了土地管理局作为农业部的二级局，负责全国范围内的土地管理，在乡镇这个层次则设立了土地管理所。这意味着土地不再以村民小组的名义向外出售，而是要先由县政府征用，然后往外出售。乡镇征收占用土地，必须经县政府主管部门批准才能进行。

比如，1988年9月，粮站要在门前塘建设一个门市部，就通过县粮食局向上级部门打报告，说明了相关的请求。县土地管理局同意从国家建设用地指标中划出0.95亩土地，以供粮站使用。这就意味着粮站建设门市部，所使用的土地已经是国有土地而不再是集体土地。

虽然县土地管理局同意向粮站拨付0.95亩的国有土地，但它自己并没有土地，征地还需要经过乡镇政府。于是，乡镇政府还要向县土地管理局写份申请，希望批准其对土地的征收。当然，土地的征用需要经过县政府的同意，县土地管理局只是负责落实。

只有县政府同意之后，县土地管理局才能对乡镇的请求进行批复。这也说明县政府成了真正的责任主体，管理也日趋严格。与之相关的还有规划观念的加强。1992年，县政府在乡镇范围内设立了乡镇规划员，由县建设局负责管理。1995年，县建设局将村镇建设规划员移交乡镇管理，作为集体工人。与乡镇土管所合署办公。1996年，乡镇政府成立了城镇建设管理办公室，与原镇规划办合并，同时不再设立村镇建设办公室。这就意味着集镇的发展权完全上收到了乡镇政府手中，土地的出让不再由村民小组负责。《土地管理法》的颁布实施与分田到户有一定的关系，就是为了解决在土地分到户以后，政府该如何运用土地资源促进经济发展的问题。并且分田到户也为土地的征用确定了标准，所谓的十六年的补助标准来自这里。因为第一轮承包期是十五年，到期之后要进行重新调整，不能让农民有过高的收益期待。

1992 年国家在全国范围内开展了土地普查，对农民的宅基地颁发集体土地使用证，确定宅基地的四至和面积。从此以后，村民小组名义上就不再能够单独出让土地，而是必须经过乡镇政府征收，土地才能出让。或者说，农民若要获得土地必须去找政府，而不再找村民小组。政府先以一定的价格从农民的手中征收土地，比如 1.2 万元/亩，再以 1.18 万元/间的价格进行出售。在原则上，乡镇政府还尊重村委会 20% 的收益权，但实际上是否能够按时支付则要看两者之间的互动。这在账面上有所表现，但资金能否到位则视具体情况而定。此时，政府就完成了对土地一级市场供给的垄断，获得了大部分的土地增值收益，也拥有了土地定价权。

在《土地管理法》颁布后不久，乡镇范围内的居民建房也需要向土地管理局进行申报，然后获得审批。后来，申报的少了，批准的也就更少了。尤其是在 1998 年《土地管理法》经过再次修订之后，加强了对耕地的保护力度，严格限制对农田的占用，要求“占多少，补多少”，即现在所说的“占补平衡”。所以，乡镇政府就不再进行申报，而是先行占用。若上级在检查时发现了问题，则再进行补办手续，若是没有遇到问题，土地使用者也未提出相关的要求，就不再办理任何手续。这就使乡镇政府成了本区域范围内的开发主体，而不再需要向上级请示。只要是发展规划经过审批通过，土地方面基本上不会遇到很大的阻碍。虽然县政府是土地的管理主体，但对乡镇土地的征收与出让基本上不干涉，因为那时对土地要求还没有那么严格。当然，土地的出让收益也由乡镇政府支配，不需要向县政府缴纳。虽然乡镇政府在对农民的补助方面提高了标准，也表示要支持集体经济组织开发经营、兴办企业，但具体的方案并没有出台。此外，乡镇政府也删除了对农民安排就业和进行农转非的条款，补偿的最高标准也止于生活水平不受到影响。这也就暗含着农民的生活大部分要受到影响，努力的方向是让农民的生活水平不降低。

前期政府征收土地也没有太明确的计划性，用农民的话说就是“一点点儿割肉”。政府虽然提前储备了部分土地以应对不时之需，但储备非常有限。仅在居民提出对宅基地的要求时，政府才会依据相应的条件去征地。因为政府缺乏储备资金，并且当时的土地金融还未发展起来，土地不能进行贷款抵押。只有居民缴纳土地出让金之后，政府才拥有资金去征收土地。同时，政府仅征收道路沿线20米范围内的土地，至于稍向内侧的土地则不在征收的范围。因为居民主要是建设房屋居住或者作为门面房，内侧的土地不能满足这些要求。这与城镇的发展阶段有关，它是一个商业性的小城镇，而不是工业城镇。所以，政府不会在内部建设工厂，而只会建设门面房。在这个小镇上，可以看到店铺的后面就是农田，它们共存于城镇的中心。

由于本地只是小集镇，居民与农村村民的生活方式无太大差异。所以，每户居民家中都有一个小院子，建造一间小厨房，打一口水井，作淘米、洗菜、洗衣服之用。这就意味着，居民的宅基地由两部分组成：一是从政府处购买的用于建设正房的土地；二是从村民小组处购买的用于建设小院子的土地。前面的正房按照间数来出让，一间多少钱，其最终的依据还是平方。后面的小院子直接按照平方来计算，将资金交给村民小组。虽然乡镇政府将土地出让的权力进行了上收，但并没有控制所有的土地，还给村民小组留了一定的空间，缓解了一定的矛盾。

政府上收的不仅仅是土地管理权，同时还有增值收益权和发展权。收益权和发展权的不断上收，也让相关主体之间产生了分化。比如，土地的审批权和出让权上收至县政府，这就意味着县乡之间要进行博弈。同时，农村集体和县、乡镇政府之间也存在可争取的空间。集体与政府的目标取向出现了差异。同时，政府将农民个体排除在了增值利益的分享之外，仅是保障原生活水平不受到影响。三者之间的分化为随后的矛盾埋下了伏笔。也许，正是土地管理权的上收，才为政府主导地方的发展提供了平台和可能。

第三节 城镇建设的转变

改革开放后，在农村经济繁荣、乡镇企业发展的影响下，小城镇建设迎来了春天。许多农户纷纷到集镇上做生意、居住，在道路两侧建房子，带动了城镇的开发。一些企事业单位也扩大规模，建设新的营业网点，以满足人们不断增长的需要。在建设过程中，政府负责公共建设，个人出资建造自己的房屋。在公共建设过程中，政府根据实际的情况收取相关的费用，集资建城的特点非常的明显。这与以往的建设方式具有很大的不同，发生了重大转变。

一 建设道路拉框架

“拉框架”是当地干部经常挂在嘴边的话，就是要先将道路修好，再进行开发。道路是集镇的骨架，也代表着发展的思路与方向。人们也常说“要想富，先修路”，不要担心路修了没有人走，而要关心人来了没路走。修路往往成为建设的第一步。

> 1984 年，D 书记在的时候就把这条路拉开了。这是改革开放的旗帜，一拉开形象就出来了。通过白湖与县城联系起来了。从县城到白乡来就有了发展的态势，拉起了框架。原来的时候，对农田的压力比较大，受到了很大的限制，绝对不能占用农田。我国是农业大国，破坏农田以后，再恢复就不可能了。只有 D 书记在的时候敢搞，其他的人不敢搞。他是从上面下来的，在城里长大，与上面的关系好。当时，有个镇长在上海学习，他从那里学的经验，要建设小城镇。路宽是 8 米，每边是 18 至 20 米，房子加上路是 50 米，长 1 公里。原来的时候，什么都听政府的，政府说怎么办就怎么办。①

① 2013 年 3 月 13 日白村实地访谈。访谈对象：夏某，曾任村卫生室赤脚医生、白村党支部书记、白街道居委会主任，65 岁。

这条道路修建于1956年，在前三十年发展得比较缓慢，除政府机关之外，基本上无农户在旁边建造房屋。那时拉框架比较简单，即将土地出让，允许在道路两侧建造房屋，将该条路作为发展的重点。这条路上分布着乡政府、信用社、邮电局、综合厂和供销社等多个部门。对集镇发展影响最大的就是供销社。供销社总揽着商品交易，购买生活用品就必须到这里来。供销社的外面还分布着来摆小摊的农户。这里是乡镇的商业中心，人气最旺的地方。当时，集镇的道路还是土路，浇筑柏油路面则是十年后的事情了。所以，拉框架对政府来说，基本不需要成本，只是出台了一项允许在道路两侧建造房屋的政策而已。

道路建设了之后，路的两侧新建、翻建了许多房子。比如，原农具厂的房子就被重新建设，作为服装店。农具厂建设于“大跃进”时期，由于没有活儿做，大部分人都回到了各自的村里，只剩下几个走不了的人。他们多是江苏扬中人，新中国成立后没有回老家，就留在了这里。市场放开搞活以后，他们就利用农具厂的房子做起了生意，经营服装。同时，税务所、信用社、邮电局等单位也搬迁到了新址，建造了新的办公楼。1985年，税务所从老街搬迁到新街，建造了办公楼，并于四年后建造了职工宿舍楼。邮电局、农业银行和营业所（信用社）原来在一座办公楼里办公，趁集镇发展的机会，就分开了。营业所向南搬迁，农业银行则在马路的对面找了一个位置。在政府机关进行重新建设时，旁边的空地也开始被作为宅基地出售给附近的居民，鼓励他们搬迁到集镇上来居住。

该集镇的早期发展主要是沿着几条街道展开。1988年，开源路进行重新发展时，只是延伸到了中环路路口，即在集镇的最南端建设了一个加油站，往南依然是农田。1992年，集镇建设了新街。因为原来的菜市场在供销社的外面，临街而设，缺乏专门的场地。随着集镇的发展，菜市场的规模不断扩大，影响了交通。1990年，集镇在新街上专门兴建了一个农贸市场，然后就将这条新街道作为了集镇发展的重点。接着是 1994 年的 SY 公路改道，不再从集镇内部通过，而是作为外环公路。当时，要占用白村大队 30 亩的耕地，补偿标准为 3000 元/亩。负责征地工作的原村支书说，没有让乡镇政府出面，自己出钱请了几顿酒，用了不到半个月，就把乡镇政府征地的事情处理完毕。村民们基本上没有反对，一则因为这是省级项目，具有很大的权威性；二是村民没有太多的经验，认为土地被征收能够变现是件不错的事情。村民的思想是“架桥修路，行善积福”。这是个好事情，大家都会同意。这条公路开通以后，顺势也将开源路的南侧进行了开发，命名了一条新路即“中路”，南二、南七的土地也被进行了征收。1998 年，将民安路进行了改道，集镇的框架更加清晰。

2000 年左右，白镇的发展迎来了一个新阶段，主要标志是以转盘为核心的中街的建成。这就意味着，白镇摆脱了仅仅沿着主干道发展的阶段，开始对内部发展进行探寻。这条十字街主要是店铺和住房，国家机关非常少。从此以后，白镇沿着几个街道同时发展，沿着中路不断地南扩；在新 SY 公路的两侧也开始征地、卖地，建设房屋；对民安路进行了改造，两边的房子也开始建起来，并且不断被卖掉；中街的内部也在不断开发。

道路基本奠定了集镇发展的格局。道路建设由两部分构成：一是由上级部门出资建设的省道，这省去了乡镇政府很大的开支，主要有开源路、中路和 SY 公路等；二是由集镇建设的道路，主要有新街、中街、中环路和民安路等比较短的内部公路。这些道路的建设持续了大约二十年。在随后的几年中，集镇的发展就表现为沿着道路进行的房屋建设。

二　出让宅基填空格

建房子的村民可以分为两类：一是到集镇上居住、经商的其他村庄的村民，他们需要购置新宅基地进行建设；二是在道路附近的门前村民。当时，集镇从属于所在的行政村，被几个村民小组包围着。许多村民的房子原来是坐北朝南，与南北走向的公路有一定的距离。在集镇开发之后，村民们发现了临街门面房的价值，纷纷向道路靠拢，扩大自家的宅基地面积，改变房屋的朝向。这些房屋都是由村民自己出资建设的，在某种程度上也可以将集镇理解为集资建设的结果。村民建设完房屋以后，还要不断集资建设公共设施。这与龙港的发展状况很相似。“龙港不走以地生财之道，别无出路。对政策变通，把土地出让改为征收公共设施费。按照马克思的级差地租，依据地段收钱。共收地价款近千万元，人们说龙港一夜之间劫来了一个‘建设银行’。”① 除了将宅基地出让之外，带有营利性的市场、码头、仓库和电影院等则进行股份合作式建设。在城建资金中，国家投入的比例仅占5%。② 此类状况在全国各地普遍存在，只是程度稍有不同而已。向村民集资不单体现在收取低价款上，在道路亮化、美化和排水管网等建设上，也会逐步集资。因为这些刚兴起的小镇的基础设施不可能一步到位，同时还要考虑到居民的承受能力。在此情况下，建设一项工程，收取一次费用，也就成了常态。

村民自建房大致可以从分田到户算起，这在全国范围内具有一定的普遍性。分田到户以后，集体对村民的控制放松，只要村民有能力建造房子，集体就不会干涉。更为重要的是农民收入增加，具备了建房子的能力，压抑了多年的建房需求被激发出来。这个时期农村也出现了分家的高潮。在集体时期，村民从属于更大的单位，生产、分配都是由集体决定，家庭内部的矛盾相对较少。再加上整日参加劳动，因家庭矛盾而争吵的机会减少。分田到户后则发生了很大的不同，家庭成了基础的经济单位，婆媳、妯娌、兄弟之间的矛盾增多，分家成了不可避免的趋势。村民的收入增加以后，也带动了集镇商业的发展。打工经济兴起后，许

---

① 陈定模：《我与龙港——中国第一座农民城》，载周荣光主编《跨越第三步：一个温州乡镇领导干部在农村小城镇城市化实践中的思考》，新华出版社2001年版，第548—551页。

② 朱康对：《来自底层的变革——龙港城市化个案研究》，浙江人民出版社2003年版，第54页。

多人选择了外出打工，以农民工的身份出现在大城市里。也有些人不愿意打工，而是在集镇上开个小店，自己当小老板。所以，很多人在临街的地方占了或者买了一块宅基地。有的人刚来时，还买不起宅基地，就租那些临街的房子。

对此阶段的城镇发展可以从功能和成本两个角度来认识。从功能上看，小镇更多的是作为商贸中心而存在，满足人们日常生活的需要。这个功能以前就有，算是对既有功能的延续。改革开放后，这也是许多小镇复兴的第一步。因为政府机关的建设在此阶段还不会有太大的变动。既然是商贸，那就意味着产品的生产和消费均不在这里，而是在其他的地方，这里仅仅是交易的场所。在街上见到最多的也许就是店铺。这些店铺所占用的土地非常有限，不需要政府征用大面积的土地。城镇的建设成本主要是由进城的农民来承担，并且这个成本不是很大，与他们自己在村庄中建一所房子没有太大的差异。唯一的区别就是宅基地需要重新购置，而不是自己原来的宅基地。即便村民是在村庄中建造房子，他们也不一定就不需要花钱。当自家的宅基地太小不能满足需要时，他们也需要从其他村民那里购买。在村庄中建房子花多少钱，在这里也花多少钱。

在城镇发展的初期，门前村或者白村的人到这里建房子的还不是很多。这主要有以下几个原因：一是城镇还未发展起来，没有太大的吸引力；二是这两个村本来就离这里很近，其村民没有必要来这里建房子；三是来这里建房子的人大部分都是做生意的，他们将一楼作为门面，二楼或者三楼用作住宿。这批人基本上是外村人，他们来这里是为了寻求一份工作，维持自己的生计。他们在这里建造房子之后，就不再在老家建房子。这部分人主要是那些住在山里的人，他们不想出去打工，但也要有收入，所以就选择在这里建房子。村民黄某就是其中的一位：

原来，家里比较苦，只有三间房子，父母、我和妹妹各一间，弟弟睡在餐桌上。后来考虑到要结婚、分家，也要添

> 小孩子，还要有厨房，就必须盖新房子。但是，在老家建房子不划算，一是生产队的田地少，不能随便建房子；二是在家里守着那几亩田地也没有意思，到街上来还可以出出苦力，打打工，摆个小摊子，还有口饭吃。一九八几年，父亲就到街上买了生产队的地皮，建设了房子。1997 年，我花了 4 万块买了老法庭的三间瓦房。这三间房子原来是乡里的法庭，后来给了财政所，当职工宿舍。由于房屋破旧，透风漏水，没法住，（财政所）就卖给了我。2011 年我又翻建了新房，五间三层，500 多个平方，花了不到 30 万块。[①]

集镇上的宅基地大部分都是以这样的方式进行出让的。村民称当时的土地出让是政府在“一点点儿割肉”，而非一次性征收大片土地，进行规模性开发。购买宅基地时，村民要先向财政所缴纳资金、报名，然后土管所根据购买宅基地的需求，征收、测量土地。拥有了宅基地之后，居民再建造房子。对乡镇政府来说，这部分收入比较少，也缺乏稳定性。直到 2000 年，集镇还是直接或者间接地依靠这种模式发展，农贸市场的建设也可以认为是通过变相集资的方式来完成的。

1989 年，白乡在新街道建设了一个占地面积为 3.4 亩的农贸市场。当时，乡镇政府的财政状况欠佳，征地款拖欠了一段时间才完全付清。并且，为了促进集镇的发展，村委会减免了该部分征地的管理费。随着集镇的发展，原来的农贸市场已经不能满足人们的需求，需要建设新的农贸市场。此时，乡镇政府还是缺乏资金，无力兴建此项工程。于是，乡镇政府就以招商引资的方式，委托给华夏房地产公司进行开发。

2000 年，乡镇政府在 SY 公路的东侧征用了南一生产队 40 亩土地，建设农林市场。在征用土地时，村民说：“土地卖了，啥也没了，我们每家要在里面盖一个门面房。”时任镇党委书记说：

① 2013 年 7 月 21 日白镇实地访谈。访谈对象：黄某，村民，45 岁。

“镇里没有钱开发这个地盘，把它交给了开发商，你们这个一块，那个一块，就把这个市场占完了，这样搞的话，开发商还赚啥钱，他们就干不成了。不如在市场的旁边开一条巷子，你们每家每户都在这里建一个门市部，这样既靠近市场，可以做生意，也不耽误他们内部的开发。”村民们就同意了这个建议。开发商本是进行房产开发，即建设商铺以后，面向商户招租，依靠租金回收投资。但是，在开发过程中，开发商发现招租的收益太慢，而且自己也缺乏资金，还不如直接出让宅基地。这就意味着，开发商低价从政府手中获得土地，再按照市场价出让，以此来获得收益。这引起了土管所的不满，认为开发商有“越俎代庖”之嫌，颁布了相关公告，要求开发商禁止宅基地的出让。公告说，房地产公司违反了《土地管理法》第二条第二款和《国务院办公厅关于加强土地转让管理严禁炒卖土地的通知》（国办发〔1999〕39 号）第五条的规定，不得进行非法转让土地，否则将报国土部门进行依法查处。

这种建设模式的本意是要达到多方面的效果：一是政府不需要出资，完成市场的建设，促进集镇的发展；二是开发商通过收取租金来获得收益，等到合同期满后，将市场转交给政府。当然，收益最大的还是集镇的居民，生活更加方便。但是，开发商直接出让土地，则让原来的计划落空，干扰了该镇的土地市场，让土地管理部门处于尴尬的境地。此事最后也是大事化小，镇政府采取了默认的态度。这也从侧面反映了政府的窘态，自己无力开发市场，只能处于被动的状态，而让开发商按照自己的意志去采取行为。若抛开政府与开发商的关系，单就开发商的建设行为而言，则可以很清楚地看出该市场是如何兴建起来的，即依靠土地的出让筹集了建设市场的资金。这也可以看出房地产开发在这里所发挥的作用，是为公共建设筹集资金。开发商更多的是扮演组织者的角色，而真正建设的主体依然是到市场中做生意、居住的居民。即便不引进开发商，政府依然可以这样做，就像原来出让土地让居民建造房屋一样。

这样集资建房的发展方式，也不会出现太多的问题。因为土地的出让收入基本上归村民小组或者村民所有。而基础设施建设的费用则会根据实际的需要向居民收取，与村民没有太大的关系。基础建设的不断完善，也就意味着公共积累的财富不断增多。这部分财富所产生的外部效应以及所带来的后果则会让各方产生争夺。

三　社会承认的所有权

在此阶段的土地出让过程中，乡镇政府只是开具了收条，而未颁发土地证。现在看来，这些集镇居民建造的房屋均未办理土地使用证和房产证，可被视为小产权房。一是政策的原因，当时未有相关的规定或规定不能得到严格的执行；二是社会认可的有效性，居民有无相关的证件，并不影响其所有、使用和转让。所有权在很大程度上不是一种所谓的法权，而是一种社会承认、一种共识，即为相关各方所认可。这种承认是村民在长期的生活中所形成的一种习惯，这与村庄中的宅基地有相似的道理。长期以来，村民的宅基地并未颁发土地使用证和房产证，他们怎么来认识或者确认那是自己的呢？所依靠的原则无非是自己长期居住在那里，没有其他人主张类似的权利，大家都承认。主人认为那是自己的，而其他人也认为那是属于某个人的，不会存在太大的争议。在小产权房问题上，同样如此。这种承认与村庄中不同的是，它还经过了政府，相当于政府赋予其合法性。只要是政府不找自己的麻烦，就没有哪个人来找麻烦，原主人也不会认为那还是自己的土地。虽然没有证书，但这也不影响土地或房屋的交易和买卖。只要买卖双方达成协议即可，双方签订了合同，交割以后，也不需要到政府办理任何手续。因为这些房屋本来就没有这种手续。私下的房屋买卖，也会有中人的参加，作为人证存在。房屋的买卖也会形成一种新的社会共识。因为房主把房子卖掉，卖了多少钱，卖给谁，附近的居民都知晓。在熟人社会中，信息具有开放性。购房者还会通过请客的方式告知自己的亲朋好友，进行社会性的确认。也许正是这种产权意识的存在，才为小产权房的大量产生铺平了道路。

所谓的产权只是国家的承认，这与普通的社会生活没有太大的关系。有无产权的一个重要不同就是能否到银行将土地作为抵押去贷款，对于那些建造房屋用来居住的村民来说，他们借贷的机会比较少，也没有想到要用房子去做抵押。虽然产权没有获得国家的认可，但是获得了村庄社会的承认，不影响它的使用和交易。或者说农村存在一个房屋、土地交易的村庄市场。在农村中，这种状况大量发生，政府无法干涉。小产权房的存在在某种程度上也可以说是国家与集体之间的一种矛盾。因为所谓的两证齐全是国家的要求，而小产权房是集体范围内的认可。为何集体的认可要上升为国家的呢？这与乡村社会的性质有一定的关系。在作为陌生人社会的城市中，由谁来建立一种信用呢，只有通过国家。若国家承认了，就说明这个东西为真，可以进行买卖。因为那里缺乏一个发达的熟人社会，相互不知道对方的真假。而在乡土社会中就有很大的不同，相互之间即可确认与认可。国家在土地政策上坚持从严，给予地方政府的指标非常有限。这有限的指标难以满足城市发展的需要，就催生了小产权房。在有些情况下，也体现为村集体或者村民与基层政府之间的矛盾，这就是所谓的“违章建筑”。建造的房屋不符合地方规章的要求，必须进行拆除。这些房屋连地方性的合法性都没有被给予，只能面临被拆除的命运。

此时，乡镇政府有一部分土地收入，但不是太多。因为征收的土地有限，所卖的土地也仅仅是沿路两侧的，价格不是太高。这部分收入仅仅能够维持它的正常运转，而不会有太大的利润空间。或者说，乡镇政府在此时也没有太多的投入。主干道的建设主要由上级政府来完成，而自己投入最多的可能就是中街的建设，这部分是需要一定的投入。当时，乡镇政府之所以还未进入贷款发展阶段，则与农业税的收取有关。因为乡镇政府可以通过这部分收入来完成基础设施的建设。或者说，当时经营城市的理念还不是很先进。很多人不会想到在土地上“做文章”，利用价格差来完成自己的投入。大部分人应该是有多少钱就花多少钱，即便是贷款也会立即还掉。

第四节　建设资金的多元化

水、路、电是集镇基础设施建设的重要内容，在由农村集镇转化为城镇的地区表现得尤其明显。该集镇于1956年所修的公路，大部分地段还是土路，只有部分路段铺垫了砂石，多年未曾修整。居民的生活用水主要是从水塘或自家开挖的水井中汲取。集镇于1988年开挖了下水管道，1995年建设了自来水厂。公共设施、场所建设的物资和资金来源有一个逐渐变化的过程。

一　上级调拨

调拨是计划经济时期物资的主要分配方式。在改革开放的初期，许多市场还未建立，还不能自由购买，物资就延续了调拨的方式。并且，当时集镇建设的任务主要由上级主管部门来承担，乡镇政府还未成立专门的机构来负责该项事务。所以，就出现了向县政府请求，要求交通部门拨给石料维护集镇塘边公路护坡的报告。

关于要求维护集镇塘边公路护坡的报告

县政府：

乡政府门前大塘公路边，原为私人棚店所占，现已拆除。此段路面较窄，交通拥挤，路塘边距离虽不太长，但坡度较深。尤其是经常受暴雨冲洗，水土流失较大，严重影响此段公路。趁此良机，请县交通部门拨给石料一百立方（此段路边塘长25米，深4米）、水泥二吨。由我乡派员协助护坡。特报请县政府并转主管部门。敬请尽快给予支持解决为盼。

白乡人民政府

一九八六年七月十六日

这是典型的上级出物和本级出劳相结合的建设方式。当时，乡镇政府可以调动农民出义务工，但是无法获得紧缺的物资。所以，他们的要求也不是很高，只是需要一些建筑材料而已。后来，才逐渐有了向主管部门要求资金援助的请示。因为市场放开搞活之后，相应物资均可以购买，而不需要上级部门调拨。当时，他们是向主管部门而不是财政部门请示要求资金援助。这有一定的区别：向主管部门请示，则意味着集镇建设的任务由县主管部门承担，而不是乡镇政府；向财政部门请示，则资金直接拨付给乡镇政府，由乡镇政府承担。

1988 年，对该乡镇来说，是快速发展的一年。因为它成了小城镇建设的试点，要在经济发展和基础设施上提档次、上台阶。加油站的兴办、柏油路面的铺设、下水道的开挖和财政所办公楼的建设均是在该年完成。同年，乡镇还拿出 8000 元，架设了路灯。当年的财政收入比较有限，造成了一定的缺口。年终收入决算数为 340515 元，其中工商税 195353 元，农业税 144452 元，特产税 400 元，其他收入 310 元。而支出总额为 386472 元（见表 3－2）。由于财政体制的局限，在乡级财政尚未实行建立金库的情况下，仍有部分经费由县归口管理。这意味着，上级主管部门不单要负责乡镇的专项开支，还承担建设乡镇的职能。

表 3－2　1988 年财政决算支出

单位：元

项目	金额
农林水渔部门事业费	2934
工交商事业费	60000
文教卫事业费	260175
其他部门事业费	5503
行政管理费	43770
价格补贴支出	7800
其他支出	6290
合计	386472

除了财政的预算支出之外，各个乡镇还存在自有资金的收入和支出（见表3-3）。

表3-3　1988年乡镇自有资金支出

单位：元

项目	金额
文教卫事业费	76000
民政福利、社会救济费	5000
水利事业费	5000
农口干部（含村干）工资	15000
乡财政所办公楼基建补助	30000
计划生育事业费	2000
政府会议费	15000
其他支出	8000
合计	156000

从表3-2和表3-3中可以看出，其中支出最大的项目为文教卫事业费。当时乡镇承担着中小学教师工资的发放和校舍的建设、修缮等任务。这在乡镇的支出中占据了很大的比例。当年，该乡镇对多个学校的校舍进行了修缮，所以支出的数额较大。工交商事业费，这是工业、交通和商业三项支出的总和。当时，政府正在大力兴办乡镇企业，在此方面有一定的支出。再者，道路建设也是一笔不小的开支。乡镇在自有资金中还专门拿出3万元用于财政所办公楼的建设，这也是一项比较大的专项支出。

针对财政困难状况，乡镇政府认为要努力控制过热的财政资金需求，压缩财政支出，努力增加财政收入，调整财政支出结构，力争三年内在全乡范围内，无特殊情况下，不搞基本建设，集中资金支援开发性农业和乡镇企业建设。可以说，这一年的基本建设挤占了三年的费用。这也可以看出乡镇政府的资金匮乏程度。

当出现资金缺口时，乡镇政府只能向上级打报告，请求支持。

关于要求给予资金援助的报告（节选）

县交通局：

目前的集镇公路路面很不适应新形势的要求，因此，在县各级领导的关心和帮助下，已由政府牵头对集镇街道段进行新修。经测算，排水边沟长1164米，共需资金4万元左右。现在乡、单位、个人已筹集2万余元，尚有半数资金无法解决。为使此项工程得以顺利完成，今特报告贵局。请领导给予资金援助为盼。

白乡人民政府

一九八八年八月十三日

关于修建下水道要求给予资金援助的请示

县交通局：

集镇内下水道经过多方集资兴建。目前，主体工程业已完成，总计耗资3.8万元。但由于水道敞口，很快被污泥秽水淤积，风吹日晒，臭不可挡，仍严重妨碍居民正常生活。鉴于目前我乡建设项目较多，财力不足，整个上盖浇制工程约需2.9万元。上期工程费用尚未付清。为此，我们在竭力自筹的基础上，请贵局援助资金1.5万元。

白乡人民政府

一九八九年三月二十日

这两个报告涉及的应为同一件事情，主要是修建集镇的下水道。这也是该集镇历史上第一次修建专用下水道。原来，居民的污水直接排放到街道上，满是泥泞，对交通及人们的生活产生了很大影响。在第一个报告中，主要是通过向乡政府工作人员、乡镇企业以及集镇居民进行集资，获得了部分资金。但是，还不能完全满足工程的需要，乡镇政府于是就向县交通局打报告，请求资金支持。当年在未获得上级有关部门支持的情况下，乡镇政府自己想办法完成了下水道的前期建设。由于施工队伍未对下水管道的顶部进行密封，工程效果不佳，需要进一步的建设。在资金缺乏的情况下，乡镇政府只能不断地向相关部门申请资金。

关于新建财政所办公楼要求解决短缺资金的报告

县财政局：

我乡财政所办公楼经过近一年的营建现已竣工并即将交付使用，该楼建筑费合计6万元。由于我乡今年投资项目较多（主要有全乡学校危房改造、集镇下水道建设、加油站等），资金十分困难。目前，经多方筹集，竭尽全力，仍短缺3万余元，现靠自身解决确无能为力。特请示贵局，请予拨款3万余元，解决我乡财政所短缺建筑费用为盼。

白乡人民政府

一九八八年十一月五日

这个报告主要是因为修建财政所办公楼，希望得到资金支持。对当时的乡镇政府来说，财政所也算是新设机构，需要新的办公地点。财政所属于财政局的派出机构，所以要向主管部门申请资金。当然，财政所办公楼并非只属于财政所一家单位。乡镇的某些办公室也设在了这里，财政所的会议室也由乡镇政府长期使用。

虽然不断地向上级申请资金是上下级之间博弈的一种方式，也是下级的一种策略选择，但从侧面也能反映出乡镇政府在资金方面所面临的窘境。它并非事事均向上级申请资金，而是在必需的资金面临缺口的情况下，才会去申请。

二　人民城市人民建

当时，除了向上级政府及主管部门申请资金支持的方式之外，还有一种资金筹集方式，那就是向群众集资。1983 年 2 月 16 日，《人民日报》发表了《依靠群众自己动手谋福利》的社论，把“人民城市人民建”提到了指导思想的高度，并在头版头条刊登了潍坊市的先进事迹。此文一出，各地掀起了向群众集资的高潮，并将其扩展到多个领域。还有人对这一思想进行了阐述，认为它体现了党和政府相信群众、依靠群众的优良传统，体现了“为民之举靠人民”的指导原则，体现了集中人民智慧和力量搞好城市建设的正确途径。[①] 在城镇发展的初期，向群众集资具有一定的合理性。因为政府缺乏城市建设的资金，无力承担城建的职能。并且，城镇规划的意识不强烈。随着城镇的发展，政府才将各项基础设施建设进行了逐步完善。集资的对象主要是城镇的居民，即基础设施的受益者。

关于征收配套设施费的通知

为了进一步搞好我镇基础设施建设，修好新街道水泥路面，本着“人民城镇人民建，建好城镇为人民”的原则，经镇政府研究决定，新街道两侧建房户，每户每间缴纳配套设施费300元。

白镇人民政府

一九九五年三月三十日

诸如此类的通知，经常出现在集镇的大街小巷，并发放到居民的手中。在1992年以前，居民在购买宅基地时，将资金交给村民小组和村委会，而未交给乡镇政府。村民小组所获得的也只是青苗的补偿，即土地的损失。所以，它们并不承担基础设施建设。即便是后来，由乡镇政府负责土地的出让之后，所收取的资金也不是很多。集资不只表现在基础设施建设方面，公共事业的兴办也需要群众集资，且集资的对象也比较广泛。

集资项目的增多、数额的加大，使农民负担逐渐加重，造成了严重的“三农”问题。

从当时的情况来看，资金的主要来源有三个：一是政府的财

① 包宗华：《中国城市化道路与城市建设》，中国城市出版社1995年版，第213—214页。

政资金；二是向单位、个人的收费及集资；三是土地的出让金。在资金的构成中，集资的部分逐渐减少，而通过土地收取的则逐渐增多，即将基础设施的配套费用作为单独款项来征收，或者将其与土地出让金合并，一同征收。土地价格之所以不断上升，除了资源逐渐稀缺之外，还与政府在土地上所进行的投入有关。基础设施建设的项目越来越多，资金运用量也越来越大。

政府在进行土地出让之前，就要先将土地征收上来，然后进行基础设施建设，最后才能出让，实现资金的回收。这就意味着政府要垫付土地征收和基础设施建设的资金。资金筹措方式与农民、居民的关系不断发生变动。在调拨的情况下，资金筹措与具体的农民或者居民没有关系，政府先通过组织系统将资源集中起来，然后进行分配。后来，当地方承担起发展的责任以后，土地筹措才逐步转向居民和农民。也可以认为这是权力的下放，即将统筹的权力赋予地方，而不再需要经过更高层次的统筹。因此这些资金的表现方式也在不断发生变化，由原来的直接缴纳，逐渐转向通过土地进行筹措。在土地由村民小组进行出让的情况下，居民所支付的仅仅是青苗补偿，而基础设施建设的费用则是在后期逐步缴纳。同时，农民所缴纳的税费向集镇集中。在管理权上收之后，土地出让的价格逐渐提高；同时集资或者随着建设的进行而收缴的费用逐渐减少。土地出让逐渐成为资金主要筹措方式。除了上述的资金来源外，乡镇政府还向银信系统进行贷款，以满足发展的需要。

当然，集镇建设的资金也包括政府向银信部门的贷款。比如，1999 年，因为财政的压力，乡镇政府即向信用社申请贷款 50 万元，其中 30 万元用于集镇建设，20 万元用于支付教师职工及机关干部工资。

当资金出现困难时，乡镇政府就会向银行、信用社进行贷款。虽然乡镇政府还会向县政府及主管部门申请资金援助，但所占的比例已经逐渐缩小。大部分的责任还是需要由他们自己来承担。这也意味着，县主管部门不再承担乡镇集镇建设的责任，而由乡镇政府独自负责。同时，乡镇政府也在积极制定优惠政策吸引各地开发商。将集镇内新开辟的街道或黄金路段，交给开发商统一开发，或政府与开发商共同开发。土地储备的意识也在不断增强，这均是发展集镇，而又要应对资金不足的举措。

2001 年，该乡镇按照“投资开发—销售（转让）—发展”的方式和“以房养路，路房结合”的原则，对集镇内四条道路进行了征地、拆迁和建设工作。整个项目投资 1500 万元，其中自有资金 500 万元，贷款 1000 万元。贷款的金额超过了乡镇财政的自有资金量，这也意味着乡镇政府形成了对贷款的依赖，集镇建设的模式发生了改变。虽然乡镇政府的贷款规模比较大，但是还未积累起太大的风险。因为大面积的征地还未发生，集镇开发的力度还比较小，土地从征收到出让的间隔时间也比较短。况且，集镇居民的房屋还是以自建房为主，商业住房开发的模式刚刚显露。仅在农贸市场的建设中，部分商铺由建筑商完成之后，出让给了在此做生意的居民。

从上述的材料中，可以看出集镇建设的资金来源由单一逐渐走向多元，由主要依靠上级部门的调拨转向社会集资、融资。集镇建设的权力也在不断下放，乡镇政府成了完全的行为主体，这也预示着集镇向城镇的跨越。它不再从属于农村，而是成了农村的中心或引领者。资金筹措的方式也在发生变动，逐渐向土地进行集中。虽然农民缴纳的税费也是来自土地的产出，但与通过土地出让获得的款项有明显的不同。

从 20 世纪 80 年代至 2000 年左右，在发展的过程中，乡镇政府也征用了不少的土地，但基本上保持了平稳，这与发展方式、资金筹措方式和利益分配方式有关。第一，村民小组是直接的土地出让主体，乡镇政府只是承担规划、协调的职能，而不涉及资金的分配。同时，农民也有让土地变现的观念。村民小组内的平均分配也保证了公平。这就让三者的利益和目标达成了一致，并未出现断裂。后来，随着土地管理权的不断上收，乡镇政府成了土地出让的主体，这就让乡镇政府与集体之间出现了讨价还价的空间。第二，城镇建设的资金主要依靠集资完成，未包含在土地出让金和基础设施配套费中。这也大大减少了集体的想象空间。因为这些集资款项全部用于建设，并未产生剩余。另外，这部分款项的收取与土地没有直接的关系，不会导致集体的剥夺感。随着基础设施的不断完善，集镇范围内积累了大量的公共财富，为以后的财富分配埋下了争论的种子。第三，乡镇企业归属乡镇政府管理，所获收益也全部用于集镇建设，并未产生外溢效应。集体的积累用于了集体的发展。乡镇政权的改革之所以可以平稳进行，主要是因为其负责管理集体资产的职能没有改变。将集体的积累用于集体的建设，并不会产生太大的分歧。这也与行政区划并未变动有关，公共财政的受益对象即是原集体成员。也许正是这种个体、集体和地方政府的协调才保证了稳定和发展。可是，随着乡镇企业改革、农村税费体制改革的进行和城镇建设方式的转变，资金来源也呈现了由多元化向土地集中的趋势。

第四章 以地生财：城镇化的资金筹措机制

通过第三章的阐述可知，由于发展方式的转变，城镇建设资金的筹措逐步由内部积累转向了以土地为手段的外部集聚，这也意味着城镇发展逐渐由积累支持转向了投资拉动。就城镇而言，投资、建设在先，人的入住在后，中间存在一定的空档期。政府作为城镇化的主要推动力量，承担着公共建设的繁重任务，在资源、资金匮乏的情况下，只能运用手中最为重要的资源——土地进行融资，当土地作为抵押物使用时，由土地财政催生出土地金融也就成了必然。

钱纳里和塞尔奎因曾概括了工业化与城市化关系的一般变动模式：工业化的演进导致产业结构的调整，带动了城市化程度的提高。[①] 杨治、杜朝晖也认为，城市化是工业化的必然结果，工业化是城市化的必要条件。[②] 这两种观点均将工业化视为因，城市化视为果，认为是工业化的发展带动了城市化。确实，城市化与工业化关系紧密，但孰为因孰为果却是个复杂的问题。当下，城镇化更多的是受到工业化的倒逼，即地方政府为完成发展任务，必须建设各类工业园区进行招商引资。在建设工业园区的前期，面对所需大量投资，政府只有依靠商服用地和住宅用地进行筹资，而当所建工业园区取得成效后，再通过获得的税收偿还贷款。当

① 郭克莎：《工业化与城市化关系的经济学分析》，《中国社会科学》2002 年第 2 期，第 45 页。

② 杨治、杜朝晖：《经济结构的进化与城市化》，《中国人民大学学报》2000 年第 6 期，第 82—88 页。

然，工业化发展能够带动就业、提高收入水平，使人口在城镇聚居。从这个角度来讲，似乎是城镇化的先期进行为工业化筹集资金，然后工业化再进行反哺，倒逼的色彩非常浓厚，而不是通常意义上的工业化在先、城镇化在后，或者二者同步发展。

第一节 工业发展的倒逼

乡镇企业改革以后，地方政府逐步退出了对企业的直接经营，所承担的任务由原来的兴办企业转向建设工业园区，并提供各种基础设施和服务，但其在经济发展中所起积极作用的本质并未改变，而是发展方式发生了变化。地方政府为经济发展想尽各种办法，并争相开列出各种优惠条件，吸引企业入驻。虽然发展的方式变了，但是发展的动力、激励机制并没有变，有人将这套体制称为“锦标赛体制”。[①] 其中暗含了三种关系的存在：一是平级之间的相互竞争；二是上级不断给下级施加压力；三是上级还要为下级创造条件，帮助其完成任务。从这个层次上说，上下级之间是“利益共同体”。

一 任务与考核

所谓“压力型体制”，指的是一级政治组织（县、乡）为实现经济赶超，完成上级下达的各项指标而采取的数量化分解的管理方式和物质化的评价体系，[②] 即上级将任务层层分解下来，并不断进行考核，以此来完成所制定的发展目标。当这种来自科层制层级间的压力与激励性的动力联系起来时，就产生了“晋升锦标赛”模式，是上级政府为多个下级政府部门的行政长官设计的一种晋升竞赛，优胜者获得晋升，而竞赛标准由上级政府决定，可以是

① 周飞舟：《锦标赛体制》，《社会学研究》2009 年第 3 期，第 54 页。

② 荣敬本等：《从压力型体制向民主合作体制的转变：县乡两级政治体制改革》，中央编译出版社 1998 年版，第 4 页。

GDP 增长率，也可以是其他可度量的指标。[①] 这两种说法都有一定的道理，但侧重点有所不同。压力说主要描述的是上下级之间的关系，解释一般性的任务为何能够完成，在这种框架下，上级处于优势地位，可以保证意志的贯彻执行。锦标赛说则是为了说明下级动力的来源，为何上级为下级设定了考核目标以后，下级会不断通过竞争以达到上级的考核目标要求，主要从激励的角度来解释上级如何调动下级的积极性。

上述两种说法在政府运作中均存在，并以组合方式推动和促进着地方的发展。例如，南县制定了关于乡镇经济运行的考核评价办法，经济指标均采用速度对比，将各项经济指标按速度高低赋予 1、0.95、0.9、0.85、0.8、0.75、0.7、0.65、0.6、0.55 等距系数，再按照各项指标权重分别计算得分，汇总后得出各单位总得分。其中，财政收入速度、规模以上工业增加速度和固定资产投资速度各占 20%，工业固定资产投资速度占 10%，统计基层基础占 30%。另外，规模工业企业数作为特别加分项，每增加一个企业能得到 0.2 分的加分。在这种情况下，各乡镇均在速度上下功夫，并不断向上攀升。这种考核还有一定的惩罚措施，排名最后的乡镇，主要负责人列席县政府常务会议并做专题汇报。也正是这样一种压力型的考核体制，让下级感到了巨大的压力。此外，由于统计基层基础（原来的统计值）在此考核评价体系中所占比重最大，经济状况比较好的乡镇占有一定的优势，但也会产生“鞭打快牛”的效果。当然，在考核过程中，乡镇政府也可通过变动数字来完成实际考核，结果是：若此次考核增长较慢，则得分较少，名次上不去；若将速度报上去后，基数增大，下次考核还必须有更高的增长，数字滚动越来越大。乡镇政府因此处在了两难境地，这也是在统计过程中出现弄虚作假现象的原因之一。

当然，乡镇政府为了完成原来的任务，可能会虚报企业的产

---

① 周黎安：《中国地方官员的晋升锦标赛模式研究》，《经济研究》2007 年第 7 期，第 36—49 页。

值。一方面是纯粹虚报，将数据任意增大；另一方面则是将未来要实现的生产总值预报。它向县有关部门要求核减数据的原因有三个：一是粮油公司倒闭，所产生的数值瞬间消失，要平均分摊到其他企业；二是饲料企业的外迁，让数据的统计单位发生了转移；三是近年来上马的企业比较少，没有办法消化这么庞大的数据。这些都会影响到该乡镇在全县的排名，也为后续发展带来了压力。

除了考核机制外，县政府还要将具体的任务进行分解，督促每个乡镇进行落实。在县人代会后，县政府会将《政府工作报告》中提出的任务进行详细分解，落实到具体的单位和个人，并签订相关责任书。比如，2013 年，白镇园区的任务是内资 5.5 亿元，外资 500 万美元，新签项目 25 个，新开工 12 个，新投产 6 个。考虑到有关部门引荐部分项目到该区，所以，该镇自行完成投资签约的项目不少于任务数的 40%，自行完成开工数、投产数不少于所在园区任务数的 70%。该县根据本地的实际，进行了功能区的划分，南部以旅游度假区建设为主，立足于山林竹木，发展生态型产业，不再发展污染严重、能耗大的工业企业；北部则根据矿产资源丰富的特点，设立工业园区，发展工业。作为全县工业发展的主战场之一，白镇的考核任务也就侧重在了招商引资和工业建设方面。

对于下达的各种任务，县政府不单有最终考核机制，在执行过程中还设立了相应的组织保障机制，即成立项目推进责任制管理工作领导小组，进行专门的督导、检查，并由相关领导和部门及时跟进。县政府则成立了项目管理办公室，对各个乡镇的任务完成情况进行统计、协调。项目推进责任制管理工作领导小组每季度都要将项目完成情况进行通报，包括项目任务、按序时进度完成目标任务、未完成节点目标任务、任务的责任人等。对重点项目则推进实行“3+1”工作法①，由项目联系领导和项目调度领

① “3”是责任人、时间表、路线图，所有项目倒排工期，由谁解决、怎么解决一目了然；“1”是调度会，有问题不在会议室开会，到现场蹲点解决，现场调度生产力。

导按月调度和督办，县委、县政府按季度集中调度。所谓的调度即县领导主持召开现场会，相关责任人及部门均要参加，陈述负责工作的进展情况。

这些项目下达到乡镇以后，则是实行包保责任制。将县、镇两级确定的年度重点产业项目、基础工程和重点工作纳入考核范围，制定详细的年度重点项目安排计划表。每个重点项目确定一名镇领导牵头联系，作为该项目建设的责任领导，负责对项目进行全面统筹管理，对上牵头做好各方面的衔接和争取工作，对下组织责任单位及工作人员落实项目建设工作，并根据需要召开项目调度会议，确保项目顺利推进。

对重点项目建设过程实行三项制度。一是实行主要责任单位和协同单位联系制度。责任单位具体负责抓任务落实，协同单位根据责任单位的工作要求和部署，及时做好协助工作，保证项目顺利实施。二是实行联席会议制度。重点项目建设中需要镇党委、政府集中研究解决的问题，由镇重点项目服务中心统一汇总后，提请镇党委、政府召开重点项目建设联席会议。三是实行工作交办制度。重点项目建设联席会议批准后，可对主要责任单位进行项目建设工作任务交办，明确交办内容、质量要求和完成时限，由镇项目服务中心统一进行交办。

项目服务中心按月对项目的建设进度、工作落实、存在问题等情况进行统计、分析和汇总，向镇党政主要领导汇报，向各项目责任领导和主要责任单位通报。党政主要领导根据项目建设进度、项目建设节点不定期对重点项目推进情况督查调度，并对重点项目相关审批手续办理情况进行督办。

对招商引资和重点项目建设情况还要实行奖惩。每位党政领导负责签约的招商项目不少于2个，对联系的重点项目按照项目序时完成进度或完成节点，经项目建设领导小组或上级相关部门检查验收后，兑现奖惩，并纳入年终干部个人考核。政府为保证这些任务的完成，下达了相关的任务，并设立了相应的组织和考核体制来保证任务的完成。

二　奖励与扶持

（一）政府内部的奖励

招商引资不单是一项重要的政治任务，被纳入考核体系中，还与具体的物质激励措施相挂钩，以便调动工作人员的积极性。具体的激励措施可分为三个层次，分别针对个人、单位以及企业。个人以直接奖励为主，标准由各乡镇负责制定；乡镇层面的奖励除针对班子和相关领导个人外，还与考核和政绩相挂钩；对企业来说，则是在政策上提供优惠，降低其成本。

对乡镇的考核办法则主要由县政府来制定。该办法主要适用于乡镇班子，对其进行整体的考核。这种方式，不单是考核，还是一种激励。对乡镇的奖励措施主要是以奖代补、综合先进奖、利用外资先进奖、重大项目奖和岗位责任制考核奖等。凡全面完成当年招商引资目标任务的，由县财政配套资金对各乡镇和县直单位招商工作经费予以以奖代补。开工、投产项目奖补标准依据发改委批准立项的投资规模及固定资产实际到位而定。外资折算比率以年终外汇牌价为准。其中，落户在“两区两园”的生产性项目，投资1000万元以上（外资100万美元以上）项目开工奖励0.5万元，竣工投产奖励1万元；投资3000万元以上（300万美元以上）项目开工奖励1万元，竣工投产奖励2万元；投资5000万元以上（500万美元以上）项目开工奖励2万元，竣工投产奖励4万元；投资亿元以上（1000万美元以上）项目开工奖励3万元，竣工投产奖励8万元。落户在县域内，投资总额3000万元以上的现代服务业、现代农业项目，开工建设的奖励1万元，投产、营业、运行的奖励2万元。对引进异地商业银行在南县设立分支机构的，每引进一家给予引荐单位（引荐人）5万元奖励；对引进县外资本在南县组建独立法人银行机构的，给予引荐单位每家银行10万元的重大项目奖励。

综合先进奖就是在完成当年目标任务的前提下，对乡镇和县直单位引进的项目，按项目数、投资规模、项目质量等进行综合评优，设一、二、三等奖，分别奖励20万元、15万元、10万元。对当年引进外资成效突出的单位，给予奖励5万元。对当年引进外资3000万美元以上、内资5亿元以上，投产后两年内税收可达4000万元，世界500强、中国50强企业母公司直接投资的总规模1亿元以上的生产性项目，给予引荐单位每个项目10万元的重大项目奖励。对完成当年目标任务的乡镇和县直单位，在“兴乡强镇”和年度岗位责任制目标管理考核中加分；未完成任务的单位，在年度岗位责任制目标管理考核中扣分并在全县通报批评；无任务的单位既不加分也不扣分，但当年有实绩的，也进行相应的奖励。

县政府还明确规定了这些资金的分配方式，以提高主要责任人的积极性。获奖单位党政“一把手”所得奖金不少于奖金总额的10%；分管招商领导和招商一线人员所得奖金之和不少于奖金总额的20%。县政府希望各乡镇和县直有关单位，紧紧围绕招商引资的目标任务，设立专门机构，选调精干人员，扎实做好招商项目的联系引进、洽谈服务和实绩上报、目标考核工作。对于那些未完成任务的单位，其主要责任人需向县委、县政府做出书面说明。这是一种很严厉的惩罚措施。当然，对于那些有重要贡献的客商，也要给予特别奖励。

（二）对企业的扶持

招商引资工作各地都在推行，上文所提及的只是政府内部运作的逻辑，即通过考核不断施加压力，并进行相应的奖励来完成任务。但对于企业来说，他们关注的是盈利和利润最大化，地方政府必须具有一定的吸引力，他们才会前来投资。而地方政府对企业的扶持政策，主要体现在土地、财税和金融三大方面。

土地方面的扶持主要表现在以下几方面。对产业转移项目，实行土地优先预审、优先报批、优先供地。其中，工业用地按全国同类区域工业用地最低价格实行招拍挂，并按项目建设进度、投资强度、投资规模、财税贡献等给予奖励。对固定资产投资3000万美元或3亿元人民币以上的鼓励类产业转移重大项目用地计划指标进行单列。其中，对机械制造、信息电子和高新技术产业项目用地指标予以优先安排、重点保证。对于本地急需的企业，可以在土地方面提供极大的优惠以及指标的优先办理。

对于那些大型项目，地方政府还会进行财税方面的扶持。比如，对固定资产投资300万美元或3000万元（进入乡镇工业集中区的项目为100万美元或1000万元，集群式产业的单个项目固定资产投资额按集群组团式计）以上的非矿产资源开发类项目和非县政府控制布（局）点类项目的工业项目，自投产之日起，其缴纳的增值税、企业所得税的地方分成部分，实行“前2年全额扶持、后3年减半扶持”。

对固定资产投资300万美元或3000万元以上的现代农业项目，在享受“前2年全额扶持、后3年减半扶持”期满后，对其申报缴纳的增值税、企业所得税的地方分成每年新增部分，再减半扶持3年。对固定资产投资500万美元或5000万元以上（不含土地）的旅游项目，自开业之日起，2年内企业缴纳的营业税全额扶持，企业所得税地方分成部分实行“前2年全额扶持、后3年减半扶持”。

对年营业额1000万元以上或年纳税额100万元以上的分拨、配送或采购类物流企业、专业物流服务类企业以及专业运输企业，自申请核准年度起，其缴纳的营业税、企业所得税的地方分成部分，实行“前5年减半扶持”。对注册资本500万美元或5000万元以上的大型分拨、配送或采购类物流企业，自申请核准年度起，其缴纳的营业税、企业所得税的地方分成部分，实行“前3年全额扶持、后2年减半扶持”。

对固定资产投资100万美元或1000万元以上的公共事业性项目，自投产之日起，其缴纳的增值税、企业所得税的地方分成部分实行“前2年全额扶持、后3年减半扶持”。对落户省级经济开发区的企业，自实际供地之日起，两年内缴纳的土地使用税实行减半扶持。

上述的扶持政策主要由地方财政落实。所谓的“扶持”，指的是针对某些科目，按时间和比例限制减免企业税收。当企业按相关规定缴税后，财政部门再将扶持金额返还给企业。企业刚投产几年内，税收少，但地方政府亦要对其进行税收减免，这段时间被称为“孵化期”，不管是否能够从蛋变成鸡，政府都要有大量投入。有些企业将地方政府的优惠政策用尽后，会选择到其他的地方去，继续被“孵化”。此时，政府就需要“嫁接”新的企业，以免造成土地的浪费。因此，招商引资工作的社会效益远高于经济效益、财政效益，对上级来说，数字的滚动比财政收入的增长更重要。

除对一般性企业进行扶持外，该县还重点支持金融机构的发展。比如，对新引进的各类金融机构，给予一次性资金补助，新购建的自用办公房房产税按归属 3 年内由财政全额奖励企业；缴纳的营业税和企业所得税地方分成部分，实行“前 2 年全额扶持、后 3 年减半扶持”。鼓励金融机构对投资企业在开设人民币、外币银行结算账户等方面，实行全方位优质的金融服务；鼓励银行业金融机构改进对投资企业的资信评估制度，对优质客户开辟“绿色通道”，提供优质服务。积极探索对鼓励类产业转移企业提供商标知识产权和股权出资的质押贷款。支持企业在境内外上市融资。对首次成功上市、注册地设在南县且募集资金 70% 以上用于南县发展的企业，县政府给予上市费用 10% 的补贴，并根据不同板块（沪市主板，深市主板、中小企业板、创业板，境外上市等）和首发股票募集资金额，给予其法定代表人一次性奖励。在对企业因上市而补缴的税费，省及以下留成部分奖补原企业股东。该县支持金融类企业的发展主要有两个原因：一是该类企业可以带来税收，具有与其他工业企业相同的效果；二是该类企业为服务类企业，还可以为工业企业提供资金支持，可以更好地吸引工业企业的投资。因此，支持金融类企业的发展，可以收到多重效果，企业在发展过程中的融资问题能够在本地解决，这也是政府服务的一项重要内容。

当然，除了上述几项扶持政策以外，该县对企业还要提供水电气方面的优质服务。比如，对用电容量100千伏安及以上的商业零售企业，暂缓实行峰谷分时电价。对省级开发区内新建的鼓励类生产性项目履行合同约定，且年缴纳增值税和企业所得税1000万元以上的工业企业，用气、用水、用电分别补贴0.3元/立方米、0.2元/吨、0.1元/度，但不超过企业当年对当地可支配财力贡献总额（扣除地方已经在本年度提供的各种形式的财政扶持），补贴年限为5年。

另外，该县还鼓励企业引才引智，鼓励企业与高校、科研院所合作建立研发中心，鼓励引进高层次人才。企业引进专业技术人才和工业企业高管人员（含董事长、副董事长、总经理、副总经理、总工程师、总会计师等），年薪（工资）纳税的地方财政所得部分全额奖励给本人。

尽管有上述的各种考核和奖励办法，但工业园区的建设最终还是一个经济问题，需要政府在土地供给和资金筹措上将工作进行落实。若没有资金的支持来保证工业园区的先期建设，所谓的考核和奖励办法只能是一纸空文。

三　土地与资金

白工业园区建设的主体是乡镇，但是县政府会提供相关的政策以及资金支持。工业园区建设的最大难题是资金瓶颈，因为这些农业型乡镇，税源较少，财力有限。县政府的主要支持政策如下：

> 1. 县政府每年预算安排一定数额的建设引导奖励资金，采用以奖代补的办法，鼓励乡镇加快集中区基础设施建设。对新建的工业集中区，县财政调度部分资金（每个工业集中区50万元），用于基础建设投入，3年后归还。
>
> 2. 允许乡镇安排适当数量综合用地，进入土地交易中心实行招拍挂出让，收益全额用于所在乡镇工业集中区基础设施建设。

3. 整合向上争取的各类项目，特别是水、电、路等基础设施建设资金，集中投向工业集中区。

4. 对乡镇工业集中区发展提供金融支持，将入园企业作为县中小企业担保贷款支持的重点。

在支持政策中，第一项就是给予直接的资金支持。当然，这种支持并不是无偿的，而是要在工业园区见到成效以后进行归还，县政府所给予的只是启动资金。第二项则是将土地的出让收入全部返还给乡镇，用于基础设施建设。在一般情况下，县政府是土地出让的主体，所有土地需要经过县土地交易中心进行出让。出让的资金也是归属县财政。至于县乡之间如何进行分配，则要视二者的情况而定。该县为了鼓励乡镇工业园区的发展，将全部的收益均归乡镇。土地的出让收入是乡镇基础设施建设资金的重要来源。另外，就是向上级争取项目，然后进行整合。这项资金具有很大的不确定性。为了吸引企业的入驻，对其也要进行相应的金融支持。调查显示，中小企业要占到安徽省开发区企业的90%，普遍存在融资难问题，主要表现是渠道少、成本高、无抵押物、金融配套服务体系欠缺。① 工业园区能否见成效的关键就在于入驻企业的多少，以及效益如何。对地方政府来说，并不是能招来企业就算万事大吉，还要扶上马，送一程。将工业园区内的企业作为扶持的重点，一方面是为了促进工业园区的发展，另一方面也是为了鼓励企业向工业园区的集中。

虽然资金的来源可以解决，但还涉及另一个重要问题，即土地指标问题。为保护粮食安全，国家制定了严格的耕地保护制度，要求“占补平衡”，各地为了发展，也要在此方面进行平衡。南县在国有建设用地供应计划中，优先保障重点建设项目和基础设施建设项目用地需要，合理确定城镇村庄建设新增用地。落实国家

---

① 安徽省财政厅课题组：《县域工业园区建设与工业发展的相关问题研究》，载《2012 安徽财政年鉴》，安徽人民出版社 2012 年版，第 540 页。

产业政策，优先保障鼓励类项目用地需求，支持有利于结构调整的项目建设用地。对不符合国家产业政策、发展规划和市场准入标准的项目，不予供地。

县国有土地供应的主要对象是工业园区，这是建设的核心。土地供应量非常的有限，控制在157.17公顷（2357.55亩）之内，而工矿仓储用地仅为77.25公顷（1158.75亩）。该用地指标是全县的用地指标，但基本上不能满足需要，一个工业园区的用地规模就有可能要超过这些指标。

在某年度，乡镇政府已经完成了相关工作，向县政府写了份请示。从请示中可以得到以下几点信息。一是在本年度该工业园区完成了1800亩的征地，平整了1000亩，进行开工建设的土地可能会达到500亩，而本年度给予该乡镇的国有土地指标不会超过200亩。即便是县政府对工业园区进行倾斜，也存在大量的违规用地。二是工业用地的成本在5万元/亩左右，不会比该价格低太多。所以，大部分企业所拿到土地的价格只是土地征收、平整的成本价，不会比这个高出多少。虽然政府不再参与企业的经营，但在为企业提供廉价的基础设施建设方面的角色和作用没有变。三是乡镇政府的自筹资金在5000万元以上，远超过了当年的可支配财力。这意味着乡镇政府通过融资渠道进行融资，而不是依靠既有的收入支付工程款。或者说，乡镇政府已经形成了新的欠债。

可是在土地指标有限的情况下，镇里又要建设工业园区和集镇，只能先建后批，或根据情况进行优先解决。土地的相关手续先占后补的情况比较多，违规用地现象大量存在。征地是由乡镇政府来完成的，只要资金允许、农民同意，即可将土地征收过来。至于何时开发、怎么开发，则按照规划来实行，并且规划也可以进行调整、修编。只要征收的主体同意进行开发，即可进行。对企业不需办理的手续，上级的主管部门也不会进行检查，对土地的占用、用途的改变，也就不会存在太大的问题，以至于后来的报批成了形式，只在文件上做了简单体现。

在没有用地计划的情况下，乡镇政府希望县政府先解决用地指标，以缓解自身的资金压力。县政府不单为乡镇提供国有土地的使用计划，还向它们下达增减挂钩的任务。乡镇每年要完成一定数量的土地复垦计划，经验收合格后，县政府再向乡镇拨付土地使用计划。一般情况下，土地复垦的前期费用由乡镇政府支付，在验收合格后，县政府再进行补偿或奖补。由于当年县政府用地指标紧张，乡镇政府在没有指标的情况下，就进行了出让，让开发商先行开发，再补办手续。当国土资源部的卫片执法发现并要求整改后，为应付主管部门检查，开发商雇用劳动力在平整好的土地上移栽油菜，等相关手续办下来后，再进行开发。

地方政府极大地推动了工业园区的建设，为其提供基础设施和各种优惠政策支持。这些积极措施主要包括土地、税收和金融等方面，极大地降低了企业的成本。如果说工业园区占用了大量的土地，造成了资源的浪费，责任在于地方政府不顾实际的超前发展；而工业园区发挥了经济发展的载体作用，推动了经济的发展，地方政府则功不可没。发展是地方政府的任务，土地则被作为推动发展的工具。

从上述的分析中可以看出，县政府、乡镇政府和企业作为当仁不让的主体参与了工业园区的建设。县政府会通过考核和激励措施，让乡镇政府完成为其制定的任务，乡镇政府会提出自己的发展规划、困难和请求，县政府则会根据实际的情况给予政策、资金方面的支持。同样，政府也会为企业提供支持。在工业园区建设完毕，取得效益之后，一部分利润由企业获得；另一部分则通过财税系统转化为公共收入，而与农村集体或者农民没有了关系。在征地完成之后，农民就与土地丧失了联系，不再能够直接分享发展的效益和成果。

第二节　商住用地的出让

在关于“以地生财”的假定中，似乎认为所有的住宅用地土地均可以升值，产生财富。其实不然，能够升值的主要是商住用地和商服用地，但这两种土地的面积也非常有限，只能在特定的地段，有较好的区位条件才会出现。

一 住宅用地的出让

因国有住宅土地出让而进行的商业开发即通常所说的房地产开发。这些土地出让的价格最高，经常产生“地王”，最能吸引人们的注意。许多人会将这类土地的出让价格当成一般的土地出让价格，并与政府产生争执，认为自己吃了大亏，政府赚了很多钱。事实并非如此。这类地块非常少，只是个别，而不会大范围出现。再者，就在这些“地王”的旁边，政府已经做了大量的铺垫性工作，只是未引起人们的注意而已。

白镇的房地产开发主要集中在政务新区，政府新办公楼附近。2005 年末，第二轮的区划调整后，该镇干部人数倍增，集中了 5 个乡镇的干部。但是办公楼系原白乡 20 世纪 80 年代的办公用房，陈旧老化，拥挤不堪，已远远不能满足办公的要求。为改善办公条件，以适应现实需要，该镇计划建设一栋新办公楼。在选址的过程中，乡镇政府曾经有东扩、南下的打算，但最终还是选择了向西南发展。因为此位置处于开发区和集镇的中间地段，可以将两块区域连接起来。并且这里多数是荒地，选址在这里不占用耕地面积，既节约了土地，又比较容易被报批。再者，此处为空地，便于进行规划，也可以带动一个区域的发展。在选址确定后，于 2007 年 8 月 10 日，该镇举行了政务新区开工典礼。整个政务新区以政府办公楼为中心，集中了该镇商住房开发、机关建设和文化娱乐中心。在政府办公楼的后方则是 ZF 项目安置区和林业站、林业派出所、烟叶管理公司和电力分公司等办公机构。西侧是 3#地，南侧是 1#地、2#地和健身文化广场，这里成了人们休闲、娱乐的中心。再往南则是 4#地以及新开设的西式快餐店。

新区选址征地 260 亩，由于政府财力有限，由某企业代为支付。在政府新址确定之后，城镇建设的重心也就转移到了这里。2007 年 6 月，该镇将 1#地国有土地使用权进行了出让。出让面积约 18.3 亩，成交单价为 51.5 万元/亩，总价款为 942.45 万元。在该地块建设了白镇置业广场。这是该镇采用招拍挂方式出让的第一块国有土地。

同年 11 月，该镇将 2#地的国有土地使用权也进行了出让，面积为 7.62 亩，价格为 102 万元/亩，总价为 777.24 万元。2#地是目前该镇单价最高的一块土地。这两块土地的出让均与 ZF 项目的入驻有关。当时，人们都以为会迎来白镇的快速发展，所以，信心十足地将土地价格抬了上去。但是，在开发过程中，事实并非人们所想象的那样，而是比预期要差很多。后来的土地出让价格逐渐回归正常价位。2010 年，该镇出让位于政府办公楼西侧的 3#地，价格为 43 万元/亩，面积为 18 亩，总价则为 774 万元。2011 年，该镇准备将 4#地（面积为 15.8 亩），以 50 万元/亩的价格进行出让，结果因为价格过高而流标。这块地本身也有一定的问题，一方面是因为此处原有条沟渠，需要进行回填，要花费一定的资金；另一方面是附近的空地已经建好，发展的空间不是很大。开发商一般希望能拿到一些开阔性的土地，这样可以进行连续的开发，保证自己获利。若是单独开发一块土地，则成本相对较高。这也说明，人们的预期已经大大下降，不能承受如此高的地价。7#地的价格则有了一定的回升，因为该地块处于主干道的旁边，地势平整、开阔，所以拍卖的价格比较高。面积约为 28.6 亩，单价为 53 万元/亩，价格为 1515.92 万元。截至 2013 年 6 月，该镇经过招拍挂程序出让的国有土地面积为 72.52 亩，获得土地出让收入共计 4009.61 万元。除去成本和相关的契税外，政府的实际收入只有 3500 万元。对于政府来说，土地出让收入往往具有极大的不稳定性，因为不能确定土地何时能够出让，并且出让的价格也不太确定，所以达不到预期目标的事件也时有发生。

在政务新区的旁边有一个 ZF 项目的安置小区。它的用地指标获得了批准。ZF 项目动迁了 239 户居民，建设了三个安置小区。有两个安置小区建在了原来村庄的旁边，因为有些农户的田地未被全部征收，他们还需要种田。土地全部被征收的安置小区则建设在了镇区。该小区占地面积 2.4266 公顷，临街门面房 164 间，内部宅基地 67 个。该小区名义上是划拨，不需要居民缴纳费用，实则不然。安置小区的房子分为两种：临街的商品房和不临街的房屋。临街的商品房第一间的价格是 6 万元，第二间是 8 万元，也就是说，若只要一间是 6 万元，两间则是 14 万元，每户最多可选择两间。不临街的房屋则是按照征地的成本价向建房户收取。搬迁户也同意了这种解决方案。他们认为自己原来的房屋、土地已经进行了评估和赔偿，购买新的宅基地，缴纳一定的费用也合情合理。农民在取得宅基地之后，按照规划自行建设，道路、水电管网则由政府负责。该安置小区的建设具有多重功能：一是解决了搬迁居民的安置问题；二是促进了集镇的发展，增加了常住人口；三是降低了开发的成本。该小区的建设并非由政府出资，而是依靠内部的循环，完成了资金的运用，这是难能可贵之处。虽然安置小区建设也遗留了部分问题，不断有人去上访，尤其是购买门面房的居民，还未获得预期收益，但整体上保持了平稳，随着集镇的发展，这些问题会不断地得到解决。

当然，还有部分土地未经招拍挂程序就进行了开发，即所谓的小产权房建设。

该镇有两块土地由于靠近 1#地和 3#地，未经过预审就直接出售给开发商进行了小产权房建设。后来，对土地的执法要求越来越严，政府只得不断上报。由于开发区的前期建设需要大量的投资，而镇政府又缺乏资金，所以只能先行出让土地，预先获得资金。占用土地的面积和速度，远远超过土地复垦的面积和速度。所以，指标短缺是常态，即便是公共建设也是如此。

ZF 项目安置区始建于 2011 年，两年后才将相关的手续办下来，尤其是土地指标的获得。所以，建设远远快于法定程序的审核与批准。虽然安置小区建设了，但是土地的指标还未解决。在全国的大部分地区，政府的办公用地性质还是集体土地，而不是国有土地。这也是地方政府与国家土地部门进行博弈的一种方式。因为土地指标有限，而公共用地不能变现，这对地方政府来说是不划算的事情。即便是国土检查涉及了该块土地，一般情况下，也不会要求严格的整改。因为主管部门不能否认地方政府的合法性，地方政府的做法虽有瑕疵，但还不构成重大的错误。

除了上述国有土地通过招拍挂的方式出让之外，还有一种国有土地的处理方式，即政府单位原办公地的出让和建设。这些土地属于政府的固定资产，可以将其依法处理，比如财政所的办公楼即是按照这种方式来处理的。财政所办公楼建于20世纪80年代，由乡镇自筹3万元、县财政划拨3万元完成。在政务新区建成之后，财政所建设了新办公楼，于是将原来的土地进行了转让。

该块土地被转让之后，用于房地产开发，新建了一栋四层高的商住楼。临街的地方作为门面出售，而高层则作为住房出售。虽然政府搬到了新区，但是旧有的办公楼并没有浪费。由于这类办公用地和建设均是由原乡政府负责，与县财政局没有太大的关系。在将旧办公楼出让之后，又用这笔资金在政务新区建造了新的财政办公楼。政府在此方面并无太多的收益，只是做了一个平衡账。这些办公楼不只是转让给开发商进行开发，还会出让给居民，让其进行联合建房。黄某的房子即是其中的一例。

> 镇上原来有个老食品站，污染太严重，猪粪弄得到处都是。老百姓的反应很大，就要求（食品站）搬迁。那个站长是我们村的，要进行拍卖，我们七家人联合买下来的。我们七家都是亲戚，有我、大哥、堂弟、老表、老表的姑父和两个小姨妹。他们看到我们到街上来了，也想到街上来，但是没有地方。那个地方大概有2000平方米。在前面建了七间门面房，一家一间。在后面建了九套房子，一家一套，剩下的两套卖给亲戚了，大家都经常在一起，也不赚钱。前后的地皮花了40万块，城建费有10多万块。剩下的也是大伙儿摊的，老表是搞工程的，他比较懂这个，就让他看着办。①

① 2013年7月21日白村实地访谈。访谈对象：黄某，村民，45岁。

政府在建设政务新区之后，要将办公地点进行搬迁，旧的办公用房就要出让，进行房地产开发。该案例属于典型的居民联合开发。这些房屋主要是用来居住，而不是用来投资。所以，有无房产证不是一个很重要的问题。由居民联合开发建房供自己居住的还是少数，在调查过程中仅有此一例。更多的是联合进行商业开发，将住房进行出售。由于建设的房屋供自己居住，所以联合开发也就算不上投资，而是一种集资行为。联合开发的形式替代了居民的个体建房。在集镇范围内，除了建设比较早的安置小区外，新建住房中，以个体形式进行建设的住房基本不再有，商业开发占据了主导地位。

二　曲折的商服用地建设

将商住用地出让之后，政府可以获得稳定的收入。但对于开发商而言，则面临一定的风险。商住房的开发并不如人们所想象的那样可以一本万利，做到稳赚不赔，而是充满不确定性，尤其在集镇经济发展不足、超前开发的情况下，表现得尤为明显。商服用地也面临类似的状况。

（一）一波三折的农贸市场

如上章所述，由 HX 房地产公司开发的农贸市场在建设完毕之后，事情还远未结束，接下来还有故事。起初，开发商与工商所进行联合管理，依靠收取管理费维持农贸市场的运转。但效果并不好，于是开发商就贴出了告示，计划将摊位一次性出售。但最后只有两个人购买了摊位。后来，当其他人又想去买的时候，镇上的强势人物周氏兄弟告诉大家，他们已经将摊位全部购买了下来。若要想在这里做生意，就必须从他们那里承租。周氏兄弟以 50 万元的价格向 HX 房地产公司购买了 40 年的市场经营权。前三年，他们即可将本钱收回，后面的几年就是净赚。他们还可以从流动摊贩那里收取一些管理费。从中可以看出，农贸市场的管理权也进行了出让，由某些强势人物承包了。从建设到管理，政府基本上没有投入太多的精力，就完成了农贸市场的开发。当然，政府也失去了一些东西，比如对某些土地的收益，有可能是永久性失去。价值较高的商服用地，并非都可以转化为政府的收入，还要视其性质和开发的情况而定。

2006 年，白镇建立了一个政务新区，相当于该集镇的新区，作为开发的重点区域。后来白镇又在政务新区的旁边建设了一个居住区，但人气不旺。政府希望在这里建设一个农林市场，凭借其人气将这块区域带动起来。农林市场占地面积为 4500 平方米，投资金额为 3000 万元，由郑某进行开发。

郑某希望老农贸市场的商贩们都搬到农林市场去。于是，他从周氏兄弟的手中购买了 48 个摊位的经营权，又以 9 万元/个的价格购买了其他两个摊位的经营权，由此整个老农贸市场的经营权都转到了郑某的手中。这样，他就可以让这些摊贩转移到自己的农林市场。将这些摊贩转移到农林市场以后，郑某就可以通过出租摊位将自己的投资收回，或者说可以先带活农林市场。老农贸市场的摊贩并不愿意搬迁至农林市场，郑某就不断地请这些摊贩喝酒，联络感情，让他们支持自己的工作。

这些摊贩搬迁之后，购买门面房的经营者就有了意见。他们之所以在这里购买门面房是因为其靠近农贸市场，人流量比较大，可以让居民顺便到自己的店铺里购物。农贸市场搬走之后，他们的客户就会少很多。于是，他们到县政府上访，反对农贸市场的搬迁。为了让摊贩搬迁过去，郑某找了一些混混，连夜将这里的摊位全部砸毁。后来，那些门面房购买者到县政府上访，要求面见县长。县政府就责令乡镇政府妥善处理此事。于是，乡镇政府连夜将摊位修复之后，又将那些摊贩搬迁了回来。最后，乡镇政府居中调停，确定老农贸市场还有 8 年的承包经营期，到期之后摊贩全部搬迁至农林市场。

这两个市场的案例显示了政府在开发超前于经济发展的情况下所面临的窘态。在第一个农贸市场开发中，政府缺乏资金，就必须由开发商来开发。政府在这项开发活动中只是收取了基本的土地费用，而未获得增值利益。或者说，政府的目的就是将农贸市场建立起来，撑一下门面，至于怎么建、以后怎么管，则不是其主要考虑的问题。农林市场就在政务新区的里面，靠近拆迁户的安置小区。政府对这里有相对完善的规划，准备将这里建设成新的小区，农林市场就是其中的一部分。在居民还未入住的情况下，农林市场就先建了起来。若是居民能够前来，那么这个市场就能很好地运转；若是不能来，则会面临一定的问题，成为一个空投资。这个投资的成本显然是由开发商来承担，当然若是成功，开发商将获得更多的收益。

与此相关的还有农林市场外围搬迁安置户的门面房问题。搬迁户若在安置小区的内部建房子，则不需要缴纳任何的费用，直接建造房子即可；若在道路的外侧，靠近农林市场的位置建房子，则要缴纳6万元钱。有些人认为，在外面建设一个门面就可以自己做生意，有一部分收入，就选择了后一个方案。可当下的事实并不如他们所想，而是门可罗雀，没有任何的效益，门面只是空在那里。这些人就有了很大的意见，纷纷找到政府，要求退钱，结果是不了了之。这些均是投资行为超前所造成的小问题。这些城镇的发展就是一个投资的过程，政府在投资，农民也在投资，均想着能够赚一笔钱。但是，这种面向未来的投资充满风险。若真如他们想象的那样，集镇的规模不断扩大，人们的消费能力不断增长，则不会出现太大的问题；若是投资失败，则会引起一系列不良的反应。政府的投资是建设基础设施和公共设施，将土地批给开发商，让其建设楼盘，并且以低价向企业提供土地，进行工业园区的建设。而农民的投资则是自己提前买一套房子或者门面，用作将来的出租。政府的投资是向银行贷款或者通过土地的出让获得一部分收入，而农民的投资则是向自己的亲戚朋友借款，或者通过按揭的方式向银行贷款。

两个市场的建设时间相距不长，但方式有明显的差异。老农贸市场名义上是进行招商引资式的开发，但由于各种条件不成熟，实质上还是以集资的方式完成，只是由开发商替代政府来组织。农林市场则是典型的商业开发，先由开发商进行建设，然后通过经营回收投资、获得利润。城镇建设的主体逐渐由居民转向了企业，资金的筹措方式也随之发生了改变。居民建房多是依靠自己多年的积蓄，而企业则是向银行贷款或采取其他方式融资。

（二）难产的停车场项目

原来，集镇的机动车辆乱停乱放，严重影响了交通，给居民的生活带来了极大的不便。为了解决这一问题，完善集镇的配套基础设施，乡镇政府决定采取招商引资的方式进行建设，与开发商签订了相应的协议。

该宗地的出让价格比同期的商住房土地的价格要低，主要原因有两个：一是停车场要占用一部分面积，基本上不产生效益；二是开发商自己出资完成停车场的建设，需要预留一定的利润空间，为其提供回旋的余地。合同规定商住楼的占地面积不超过25%，而在实际的执行过程中却超出了该比例。在建设过程中，开发商也没有垫付太多的资金，而是与建筑商进行联合。双方约定，由建筑商垫资建设，然后以房屋的形式进行偿还。建筑商也认为这是一个可行的解决方案。他们也可以与材料供应商进行商议，以房屋抵偿材料款。所以，建筑商直接支付的只是工人的工资，而建筑材料则可以赊购。材料供应商也不担心建筑商亏欠，因为那里有房屋存在。若建筑商无法结清该款项，就可以通过房屋来抵偿。现在集镇上的房屋一般能够卖出去，而且价位比较高。所有的材料赊购都要等房子出售之后再偿还，也意味着房屋的出售发挥着重要的作用，当这一步无法实现时，就会出现资金链条的断裂。目前，由于这块土地的价格比较低，其他开发商产生了不满情绪。

停车场项目的开发，以房屋能够出售为前提，以获得土地进行开发为先决条件，看似非常简单的房屋建设，内部却充满复杂的关系，相互之间环环相扣。相关各方都将房屋视为一种投资，他们计算的不是当下的利益，而是面向未来。比如，建筑商在材料款上若能立即付清，则会有部分优惠；若是将来付款，进行赊购，那其与材料供应商之间就不再只是单纯的购买关系。材料供应商将其视为一种投资，他们要计算在赊购期间的利息，相当于将资金存放在银行中。这些成本均会加总到房子上，由购买者承担。

该项目实施了好多年，但进展非常缓慢，一个重要的原因是开发商缺乏资金，他只是获得了土地，而没有资金。他想做个只赚不赔的买卖，那就是让建筑商来垫资建设。在起初的阶段，建筑商认为此生意可以做，于是就进行了建设，可是实际的开发过程并不如他们所想，房子不能及时销售出去，自己的资金不能收回。所以，停车场的建筑商换了好几拨，工程还没有结束。该停车场的开发性质有些模糊，它不纯粹是房地产的开发，而是借助房地产的开发来完成停车场的建设，与农贸市场的性质有些类似。

为了集镇的发展，政府需要建设停车场。但是，政府缺乏资金，只能采取招商引资的方式。商人前来投资是为了赢利，而不是为了提供公共服务。所以，必须为其提供可以赢利的项目。在停车场效益不确定的情况下，最佳的方式是进行房地产开发。从根本上说，这也是变相进行土地融资。这与上述的农贸市场的案例有相通之处，即政府出让部分土地让开发商进行开发，完成某些公共设施的建设。所谓的 BT 或 BOT 模式，只不过是政府在缺乏资金，而又需要完成某项建设之时，所采取的一种手段。它在本质上是一种融资行为。政府出让的是土地的使用权、开发权以及部分管理权。从这些案例中，我们可以很清晰地看出土地在其中发挥的作用。若政府没有土地，缺乏可以赢利的手段，则无法完成融资的任务。

从上述的材料中可以看出，住房用地可以获得较高的收益，而商服用地的收益则存在较大的不确定性。但是住房用地并不会一直处于高位运行状态，有时也会面临需求不旺的局面。当出现这种情况时，政府就需要考虑土地出让的时间节点。在此情况下，土地储备就成了十分必要的应对方式。政府可以先行征地，但不进行开发和出让。但是，这些储备用地并不会闲置而不发挥任何作用。地方可以通过政府搭建的融资平台，向银信部门进行抵押贷款，获得城市建设资金，在合适的时间，再将土地赎回、出让，获得出让金，偿还贷款。这样既为发展筹集了资金，又未对土地的使用造成影响。

第三节　融资平台的运作

一　融资平台的含义

当下，融资平台成了地方发展获得资金的重要渠道。地方政府之所以能够大面积投资，是因为其能从融资平台上获得资金。土地是融资平台能够运作的重要媒介。它不仅成为地方政府财政收入的重要来源，也成为撬动银行资金、城市基础设施及房地产投融资的重要工具。[①] 市政公共基础设施固定资产建设资金主要有以下几种来源渠道：预算内资金（包括城市地方财政拨款及城市建设专项资金）、银行贷款（包括地方财政专项资金安排的贷款）、债券（包括由银行代理国家专业投资公司发行的重点企业债券和基本建设债券）、外资（包括外商直接投资、对外借款及外商其他投资）、自筹资金（包括中央各部门、各级地方和企业、事业单位的自由资金）及其他资金来源（包括社会集资、个人资金、无偿捐赠的资金及其他单位拨入的资金）。1999 年，顺德市政投入的资金中，对应的上述几种来源渠道的比例分别为 11.95%、24.62%、3.85%、4.74%、40.95% 和 13.89%，主要是自筹资金和银行贷款，两项共占 65.57%，预算内资金不到 12%。[②] 地方政府最经常性的抵押物就是土地。

随着金融业的改革以及地方政府对资金的需求，土地财政逐渐演化为土地金融，即政府把征收来的土地，到银行抵押或质押

① 蒋省三、刘守英、李青：《土地制度改革与国民经济成长》，《管理世界》2007 年第 9 期，第 1—9 页。

② 邓伟根：《城市化革命：中国小城镇建设的国情报告》，中国社会科学出版社 2004 年版，第 72 页。

贷款。它是政府直接负债经营，用未来收益逐步偿还，建立在企业或个人信用基础上的透支。[①] 这就积累了很大的金融风险，也推动了政府对土地的储备。[②] 在中国目前土地供应由政府控制、土地开发利用资金大量来源于国有商业银行信贷的制度约束下，政府失灵与金融风险两方面问题叠加，进一步加大了潜在的金融风险和经济波动。[③] 有人认为，改革开放后，地方政府发起了三次大规模的“圈地运动”，分别是1984年实行财政分级承包之后的“以地兴企”、1994年分税制以后的“以地生财”和1998—2003年银行市场化改革完成后的“以地套现”。高增长建立在高投资与高负债的基础之上。[④]

其实，土地金融也是一个比较宽泛的概念，没有准确的定义，将其放在地方融资平台中似乎更好理解。20世纪80年代末出现的“贷款修路、收费还贷”的政策，可以认为是地方融资平台的前身。在1994年分税制实行以后，各地纷纷成立类似于建设开发领导小组办公室的机构，统一规划和领导市政设施建设，可以认为是对融资平台的探索。1997年亚洲金融危机爆发后，中央允许地方政府通过变通手法进行对外融资以扩大投资规模。中央还对审批通过的基建项目给予一定的财政支持，以要求地方政府安排配套资金。地方政府为了缓解资金压力，纷纷成立投融资平台，以进行融资。2008年以后，地方融资平台数量和融资规模则呈现了爆炸式增长的态势。[⑤]

---

① 黄小虎：《我国土地制度与土地政策的走向——从土地财政和土地金融说起》，《中国税务》2012年第4期，第58—59页。

② 刘守英、蒋省三：《土地融资与财政和金融风险——来自东部一个发达地区的个案》，《中国土地科学》2005年第5期，第3—9页。

③ 丰雷、李莉、黄晓宇：《土地金融对中国宏观经济的影响》，《中国土地科学》2010年第12期，第3—9页。

④ 温铁军：《征地与农村治理问题》，《华中科技大学学报》（社会科学版）2009年第1期，第1—3页。

⑤ 许安拓：《地方融资平台风险：总量可控 局地凸显》，《中央财经大学学报》2011年第10期，第7—12页。

2008 年下半年以来，为应对金融危机的挑战，我国政府相继推出了一系列以“保增长、扩内需、调结构”为主要目的的财政、金融和产业救市政策。中央考虑到加速推进城市化是反危机的重要手段之一，允许地方建设融资平台。[①] 2009 年，中国人民银行与银监会联合发文：支持有条件的地方政府组建投融资平台，发行企业债、中期票据等融资工具，拓宽中央政府投资项目的配套资金融资渠道。[②] 这被视为对地方融资平台发展的肯定和鼓励。所以，地方融资平台就成了自实施积极财政政策和适度宽松的货币政策以来，最为活跃、引人注目、最值得关注的融资主体。[③]

对地方融资平台，国务院、财政部、中国人民银行和银监会等分别做出定义。国务院的定义为：由地方政府及其部门和机构等通过财政拨款或注入土地、股权等资产设立，承担政府投资项目融资功能，并拥有独立法人资格的经济实体。[④] 该定义明确了兴办主体、资金来源、承担的职能和所属性质等内容。财政部的定义与国务院的相差不大，只是列出了平台的种类，包括各类综合性投资公司以及行业性投资公司。综合性投资公司，有建设投资公司、建设开发公司、投资开发公司、投资控股公司、投资发展公司、投资集团公司、国有资产运营公司、国有资本经营管理中心等；行业性投资公司，有交通投资公司。[⑤] 中国人民银行则更多的是从资金的流动上进行界定，即资金、资产从哪里来，该如何进行偿还等问题。所以，它认为地方融资平台是由各级政府出资设立，通过划拨土地、股权、规费、国债等资产或者以财政补贴、政府担保作为还款承诺，包装起来的一个资产和现金流均可达到

---

① 周小川：《在“清华金融高端讲坛”的演讲》，2011 年 4 月 18 日。

② 《关于进一步加强信贷结构调整，促进国民经济平稳较快发展的指导意见》（2009 年 3 月 23 日）。

③ 巴曙松：《地方政府投融资平台的发展及其风险评估》，《西南金融》2009 年第 9 期，第 9—10 页。

④ 《关于加强地方政府融资平台公司管理有关问题的通知》（2010 年 6 月 10 日）。

⑤ 王国刚：《关于“地方政府融资平台债务”的冷思考》，《财贸经济》2012 年第 9 期，第 14—21 页。

融资标准的，政府实际控制的企事业、机关法人。[①] 银监会的定义更倾向于从金融的角度来认识，它认为地方融资平台是由地方政府出资设立，授权进行公共基础设施类项目的建设开发、经营管理和对外融资活动，主要以经营收入、公共设施收费和财政资金等为还款来源的企事业法人机构。[②]

尽管上述定义略有差异，但均揭示了其本质特性。地方融资平台是由政府出资成立并承担还款责任，主要目的是进行公共基础设施的建设。虽然这些公司由政府成立，并受政府的控制，但在性质上却倾向于独立的法人机构。有人对这种融资方式进行了高度评价，认为作为投融资体制改革的产物，融资平台是我国投融资领域的重大机制创新，满足了经济建设快速发展的资金需求，弥补了地方政府财力不足的缺陷，大大推进了我国的城市化和工业化进程。[③]

地方融资平台的成功运行与银行有紧密的关系。银行则提出了“开发性金融”来与地方融资平台相呼应。开发性金融的一个重要的运行机制就是将银行的融资优势与政府的组织协调优势相结合，通过组织增信，把政府的力量化为市场的力量。最核心的是通过融资推动社会各方共建市场、信用、制度，为发展提供根本的动力。[④] 其核心机制就是土地财政 + 政府性投资公司（融资平台） + 政策性银行打捆贷款的组合。地方政府成立政府性投资公司，以财政性资金注入、国有资产注资、土地作价入股、财政拨款以及赋予特许经营权等方式进行扶持，代行投融资职能，成为融资平台和载体。国家开发银行及国有商业银行对地方政府进

---

① 任新建：《地方政府投融资平台机制创新》，《科学发展》2012 年第 4 期，第 33—43 页。

② 上海国有资本运营研究院课题组：《上海地方政府投融资平台投融资机制创新研究》，《上海行政学院学报》2012 年第 3 期，第 59—70 页。

③ 高坚：《关于地方经济发展的融资机制问题》，《中国金融》2010 年第 12 期，第 11—13 页。

④ 陈元：《开发性金融与中国城市化发展》，《经济研究》2010 年第 7 期，第 4—14 页。

行大额授信，发放打捆贷款，在地方政府承诺、地方人大同意纳入地方财政预算确保还本付息的前提下，银行与地方政府才建立起金融合作关系。[①] 地方政府通过以土地财政为支撑，搭建地方融资平台筹集资金，一度成为城镇化建设融资的主要模式和资金来源。[②] 从上述的运作机制中可以看出，土地财政在其中起着重要作用，更为本质地来说是土地在其中发挥基础性作用。它是地方政府资产、资源的主要来源，是城镇化稳步推进的基石。

根据安徽省财政厅对地方政府融资状况的调查，融资平台公司成了政府债务的主要举借主体，占债务总余额的66.3%。银行贷款则是债务的主要来源，占总债务余额的73.6%。这些资金有相当一部分投向了市政建设等公共设施，约占政府债务融资资金份额的44.5%。在偿还过程中，土地出让金所占的比重较大。[③] 融资平台公司多为城市开发公司、城市建设公司和信托公司等。这些公司大部分由原来的国资委或者国有企业转化而来，在公司资产中土地占据很大的一部分。城市的许多建设都是通过这些投资公司进行，而不再由财政直接承担。在国有资产雄厚的人城市，这种表现尤为明显。比如，政府以一定的资产成立数个国投公司，然后让这些公司轮流承担相应的任务。当某个公司出现了负债，或者运行不佳时，政府就会向其拨一部分资产或者土地，让其休养生息一段时间，让其他的公司承担重要的任务。等过一段时间，该公司的资产转为良好时，再让其承担任务，让其他的公司休养生息。这种运作方式被称为“拨改投”，不同于原来的拨改贷或者引入私人资本的市场机制。所以，从地方政府的财政预算和决算中，这部分投资已经看不到了，被转移到了公司的账目上。同时，

① 国家发改委宏观经济研究院课题组：《地方政府融资研究》，《宏观经济研究》2010年第6期。

② 刘尚希：《我国城镇化对财政体制的“五大挑战”及对策思路》，《地方财政研究》2012年第4期，第4—10页。

③ 安徽省财政厅课题组：《安徽省地方融资平台运行状况调查》，载《2012安徽财政年鉴》，第488页。

造成的负债也不需要政府直接承担。

地方融资平台在各地政府建立以后，为地方的发展提供了强大的资金支持，也让政府加强了对金融业的依赖和干预。这与原来依靠集资发展的模式具有极大的不同。政府不再需要与群众互动，以从农民或居民那里收取税费、资金，而是直接利用经济手段参与金融活动。

二　政府对金融的干预

地方的发展主要有两方面的投资：一是地方政府的基础设施投资；二是企业的生产经营性投资。县政府在向乡镇政府下达任务和目标的同时，也要做好服务工作，帮助乡镇完成任务。资金不足是各级政府所面临的最大问题。在金融体制改革以后，地方政府对银行的控制力度有减小的趋势，不能直接干预金融机构的存贷款行为，但是可以制定相关的考核办法，通过财政性资金的存贷来对其施加影响。这种考核办法如同对待下级的乡镇政府一样。比如，将各金融机构的财政性资金与其月均贷款余额、贷款增幅、新增存贷比、融资指导计划完成情况等相挂钩，每半年按百分比考核，考核结果作为调整各金融机构之间财政性存款额度的依据，每半年调整一次。虽然政府不能决定银行负责人职位的升降问题，但是可以直接影响银行的效益。这样做也是为了地方的发展，增加贷款。原则是强化放贷激励，降低融资成本。其具体细则如下：

> 贷款余额最大的金融机构计满分20分，其余按贷款余额比例计算得分，无新增贷款不得分；贷款增幅最大为30分，其余按比例折算，无新增贷款不得分；以上一期末新增存贷比为基数，基本分为25分，超过基数一个百分点加1分，最多加5分；每少1个百分点扣1分，最多扣5分；完成计划的得基本分10分，在此基础上每增加5%加1分，下降5%扣1分，最多5分。在全年融资指导计划中，计划指导最多的金融

机构计满分15分，其他按比例折算。

另外，还有加分项目：新增政府性投资项目贷款最大比例机构计满分20分，其余按比例折算，无新增者不得分；与政府性贷款利率水平相挂钩，政府性投资项目贷款以基准利率上浮10%为参照点，每下浮1%加1分。得分最高的三名为调入单位，最低的三名为调出单位，比例为年末财政性存款余额的50%、40%和30%。

这种考核办法明显体现出“锦标赛”的特征，不是按照绝对量来计算，而是按照速度。只有速度最快的才能得到最多的加分项。要想拿到第一名很难，要想保持第一名会更难。在这种考核办法下，对地方政府贷款越多的单位，越能获得更多的存款，从而产生一定的利润。这也就要求银行不断地增加对地方政府的贷款，同时吸纳其存款。存贷率也是金融机构内部进行考核的一项重要指标，它们要想完成任务，也必须依赖地方政府的存款。

县政府为推动本地金融业健康快速发展，更好地服务地方经济，促进经济、金融良性互动，也采取了相关的措施，并在多个方面提供支持和帮助。

县政府出台了加强金融工作的意见，主要内容有以下几方面。一是对金融机构的存贷款量制定了目标，要求不低于15%。活跃的金融活动可以反映本地的经济发展状况。二是发展金融租赁、信托和小额信贷公司，这些金融机构的服务对象主要是中小企业或者各乡镇政府，为它们的发展提供资金保障。三是乡镇融资平台先行一步，就意味着这些金融机构要向乡镇倾斜，为其提供贷款。乡镇进行贷款多是为了兴建工业园区、加强基础设施建设，为招商引资服务。四是做大做强国有资产投资经营公司，争取成立证券营业部。国有资产投资经营公司在有的地方是国资委的下属企业，在有的地方则是“两块牌子、一套人马”。它的职能本应是负责国有资产的经营，做好保值、增值工作，但现在更多地投入了融资的活动中，成了县政府的“第二财政局”。大量的建设资金不再由财政局筹集，而是通过国投公司。成立证券营业部则是为了发行地方债券，为建设募集资金，同时也在推动企业的债券融资。五是要推动担保行业协会的组织的发展。这些担保服务公司主要是对政府、公司的资产进行评估，为其向金融部门的贷款提供依据。这类公司一般具有政府背景，目前，该县最大的诚信担保公司即是如此。在担保公司评估的资产中，最重要的一块就是土地。已经办理国有土地使用证书的地块可以直接作为抵押贷款的依据。而这些评估的多是还未办理相关手续，但已经被政府征用或者出让给企业使用的土地。

在政策扶持中，政府最常用的办法即是以奖代补，不向其直接发放补贴、补助，而是对其进行奖励。虽然“奖”与“补”只是两个不同的方式，目的相同，但所代表的意义却不相同。“补”是针对弱者，只有对那些弱势、贫困、能力差的单位、群体和个人才会去补助，说明受助对象在某方面的欠缺。而“奖”则是针对强者、优秀者，这是对单位、群体或个人的认可，只有足够优秀才能获得奖励。而奖的标准也是按照名次，奖励走在最前面的人或单位。当然，对于那些新增的项目、组织、分支机构和营业点等，政府都要进行相应的奖励，也鼓励进行创新。

为了加强领导，县政府在金融办的基础上专门成立了金融工作领导小组，对相关单位进行协调。该领导机构对相关的事务可以特事特办，并一路大开绿灯。另外，县政府在每个季度都要组织银企对接会，促进银行与县政府相关部门、企业的合作。县政府的投入主要是用于基础设施建设，而企业的投入则是用于发展、挖潜。政府融资项目由开发区管委会、国投中心、城市建设指挥部、旅游局和交通运输局组织申报；企业融资项目由各乡镇人民政府、开发区管委会、经信委和农委组织申报。

金融机构虽然保持着名义上的独立，但受到地方政府的影响极大，这也体现了地方政府的发展冲动。发展金融业也是促进经济增长的重要保障，这是发展市场经济的必然。当金融平台被搭建好以后，它又是如何发挥作用的呢？

三　融资过程中的乡镇

2006 年，南县还未成立融资平台，所有的资金都要从财政的口子经过。白镇政务新区的规划已经做好，乡镇政府准备对其进行开发，但缺乏前期的启动资金，几近哀求地希望县政府给予帮助。这笔资金不是用于建设，而是用于征地。只有先将土地进行征收，然后才可以出让，获得一定的资金。土地的整块开发与原来的向居民出让宅基地还有所不同。向居民出让宅基地可以先收钱，再征地，或者边收款边征地。只有卖出一块宅基地才可以保证工作的继续。而现在，则要将土地全部征收之后，办理了相关手续才能出让，中间有一定的时间差。为了更好地促进当地的发展，乡镇政府选择了先进行商住房的综合开发，然后进行工业园区的建设。

在县政府给予一定的帮助下，乡镇政府拿到了该宗地，完成了征地和规划工作。在这块土地的征收过程中，县政府的补助资金并未满足相应工作的需要。所以，乡镇政府还向企业进行了借款，在土地出让之后进行归还，或者向其直接出让土地，用于小产权房建设。从县政府的政策支持以及乡镇政府的请示中可以看出，土地出让收入的用途以及基础设施建设资金的来源，二者紧密相关。除了土地的直接出让外，政府还可以依靠贷款进行发展。虽然县政府鼓励向金融机构贷款，但还是需要地方政府有一定的抵押。而对地方政府来说，最大的抵押物就是土地。

在遇到资金难题时，乡镇政府除了希望得到县财政的支持外，更多的是利用本镇的土地进行融资。省道 SY 公路要进行改道，前期的征地成本以及相关的建设需要乡镇政府支付。但是，乡镇政府缺乏资金，只好利用土地进行融资。该公路的设计路面宽度为 70 米，但是乡镇政府在进行土地征收时，将道路两侧各加宽了 100 米，即按照 270 米的规划进行征收。道路沿线 200 米范围内的土地作为储备，以融得发展的资金。乡镇政府利用省级大型工程征地的机会打了擦边球。如果只是按照道路的占用进行征地，那么乡镇政府将没有任何的收入，所面临的矛盾也并不会有丝毫的减少，土地征收的补偿费就没有着落。在土地证书颁发下来以后，政府即可将其作为抵押物，进行贷款，然后进行土地的报批。等有企业需要该土地时，再用土地的出让收入，将土地证书赎回。这就是土地储备的意义。若无这块土地，政府将得不到资金，发展也就成了一句空话。当然，这也需要县政府的大力支持。

虽然地方融资平台的设立有助于推动乡镇的建设，但也存在一定的问题。各地的融资平台公司中，普遍存在有效资产单一、现金流偏低、对土地依赖严重等问题。虽然公司的账面资产较大，但这些公司的有效资产主要是土地，多数被较高的评估价格注入，实际变现能力受到经济发展和宏观政策的影响大。在土地拍卖过程中，流拍或以低价成交的方式时有发生。并且，投资的基础设施建设为公益性项目，缺少经营性收益，投资回报率低。在资产评估时，往往就高不就低，与实际的价值有一定的差距。从土地收储预算报告中，就可以看出问题的所在。

在土地收储预算报告中，政府的预测比较乐观，实际的收入则达不到相应的水平。比如，工业用地的价格只是按照县政府出台的参考标准，而不是操作中的价格。该价格主要是为了便于企业贷款而设的标准，有偏高的成分。再者，商业用地的出让价格，也是特殊情况下的最高价格，仅出现过一次，后来的出让价格回落，并且差距还很大。乡镇政府通过融资平台所获得的资金，主要用于基础设施建设，形成了大量的优质资产，促进了经济发展和民生改善。基础设施建设多属于公共品，无直接的收入来源用于该项债务的偿还。在一般情况下，这些投资应该是公共支出的一部分，由公共财政承担。公共财政的资金也是来源于企业的税收，这与工业园区的建设有关。所以，基础设施的偿还资金主要包括两部分：一是土地出让的收入；二是企业缴纳的相关税收。如果这两部分不足以承担偿还职能的话，就会为地方政府形成新的债务。在重政绩考核、轻债务考核，重资金投入、轻效益评价的情况下，地方政府往往有很强的投资冲动，使政府债务不断攀升。

许多人将上述对土地进行征收、储备、出让，并将收入用于公共基础设施建设，促进城市发展的行为称为“经营城市”。经营城市，简单说就是城市资源资本化的过程。它以社会和经济效益最大化为目标，把政府的各种资源和存量资产转化为可以增值的活化资本。经营城市的理念是舶来品，兴起于20世纪70年代的西方国家，主要由“城市管理”演化而来。这种思想将城市作为企业，追求效益的最大化，对城市的建设与投资不再盲目，而是考虑到成本与收益。经营城市的思想在国内起始于20世纪80年代，操作比较成功的非大连莫属，其他各地也都有不同的探索。比如，20世纪80年代中后期经济学界专家与学者提出了“城市基础设施建设的经营与管理”“城市土地有偿使用”等观点。90年代，国内一些城市出现了“以路带房”、“基础设施建设带动旧城改造”、“市政设施专营权有期限转让”和“发行城市债券”等做法。这些都可以视为经营城市的探索与实践。经营城市的核心就是要解决城市建设的资金来源问题，即如何为城市的发展融资。经营城市的做法当然以目前城市的资源为基础，将其盘活，实现资本化。如果此假设成立的话，那就需要探讨土地出让金的性质，该如何认识它？

许多人将土地出让金视为地租。在中国，土地出让的是50年或70年的使用权，而不是所有权。即到了规定期限后，原则上政府还要将土地的使用权收回，进行新一轮的出让，而不是由某一方永久使用。在此情况下，土地财政就可以视为融资而非收益。[①] 土地不仅是空间的存在，而且是时间的存在。如果将土地的地租分为绝对地租和级差地租的话，那就只是重视了土地的空间存在，而未揭示其时间性。为何会产生级差地租，就是因为在某块土地上富集了某些元素，造成了其稀缺性，因竞争而抬高了其价格。接下来要问的是这些要素由什么来决定，很大一部分原因是随着

① 赵燕菁：《土地财政：历史、逻辑与抉择》，三农中国网，http://www.snzg.cn/article/2013/1011/article_35348.html。

公共投资的增多，某块生地变成了交通便利、人流量大的熟地，带动了土地的升值。因为公共投资来源于公共财政，所以这部分的收入也应该归公共所有。

如果将土地财政视为一种融资手段的话，那么也就意味着，土地出让金不仅包括现在的级差地租，而且包括对未来的投资。因为这些资金是用于基础设施建设的，基础设施建设的效用要在未来才会发挥出来，需要现在为未来买单。在此条件下，房地产就成了一种投资，而不是单纯的居住。这种投资与整个经济的发展紧密相关，若整体经济增长，那么房地产就会不断升值，这样才能保证资金的不断回收。在此情况下，房屋作为投资品，只会增值而不会贬值。如果是城市的建设过度超前，造成大量的浪费，那就是另外的一种情况。

从经营城市理念的发展中也可以看出政府投资方式所发生的变化。从20世纪80年代中期至90年代初，我国以建立举债机制为重点，不断扩大政府的投资规模。所以，政府向银行的借债比较多，也形成了一定的呆账、坏账，影响了经济的正常运行。90年代中后期，以土地批租为主，挖掘资源性资金。与此相关的还有大量的企业改制，国有、集体资产的转让。在这种情况下，政府只是单纯地依靠出让资产获得收入，渠道单一，且不能提高融资能力。2000年以后，则主要以资产运行为重点，扩大社会融资。政府不再单单出让资产，同时还经营资产，将增值的收益留在了内部，投入公共建设，而不是将开发权全部交给社会，让私人资本获得更大的增值空间。并且，这种方式也允许社会资本的进入，可以盘活闲散资金，提高融资能力。

这种国投体制的优势就在于直接将公共增值的部分用于了公共建设，同时也保证了公共建设的进行，而不需要大规模的借债，造成沉重的公共财政负担。市场发挥决定性的作用，就意味着市场只是一个平台，民营资本可以在其中发挥作用，国有资本也可以发挥作用，两者均是以效率为目标。民营资本所获得利润多数被其所有者占有，而不会将其作为公共投资。但是，国有资本所获得利润则不同，可以直接将其作为公共投资的来源。在某些领域，政府不能刻意地让某种资本进入或退出，而要进行综合考量。城市建设主要是由国投公司或者城投公司运作，财政只是向其提供帮助，而不再全部负责。这有助于将两者的关系相对分清楚。政府的财政来自目前的税收，主要保工资、保运转，而不再负责公共建设。公共建设则由专门的公司运作，收入和支出自成系统。当然，公共财政也要对其给予适当的补贴。政府形成一定的负债也可以理解，因为它的投资面向未来，那么收益也要在未来收取，而不是在当下，不是依靠积攒的过去来获得未来的收益。

若对城市建设资金的筹集进行历时性分析，可以发现其与金融的关系越来越密切，且风险性越来越高。以前，政府主要依靠对居民、农民的筹资筹劳来完成集镇的建设，不会形成大面积的欠债。这种筹资表现在两个方面：一是修建某项工程时进行集资；二是将土地分块的出让。这种出让与当下的招拍挂有所不同。居民的出资为多年的积蓄，很少有银行的贷款。这就意味着，工程完成之后，各方均不会形成贷款。现在则发生了很大的改变，政府加强了在各个方面的融资。金融需要产生利息，要求政府的工业园区建设必须取得实效，不然将无法偿还该部分的利息。这就由消费过去变成了消费未来。政府要为未来承担一定的责任，而不仅仅考虑当下。

从政府对融资平台的运作来看，会因更多地涉及金融业而弱化与原集体和农民的关系。第一，地方政府的发展需要通盘考虑，其规划、建设的范围已经远远超过了最大的集体即原来的人民公社。随着乡镇企业的改革，企业的布局也发生了很大的变化，不可能在原来的范围内发展企业，并将收益留在内部。在此情况下，地方政府与集体的重合面就变得非常小。第二，在发展过程中，政府已经成了独立运作、承担风险和享受利益的主体。在开发过程中，各种城投、城建公司代替政府进行资金的筹措，完成资金的融通。这些公共项目的收益期比较长，在前期主要是负债经营。在此情况下，这种责任只能由政府承担，而可能分摊到集体的每个成员身上。当然，所获收益也会纳入公共财政，进行下一轮的投资，与集体的关系不是很大。这种投资行为具有一定的风险性，受到整体发展环境的制约。有投入不一定有回报。第三，在融资的条件下，政府及其相关公司与金融部门展开密切的互动，而不需要再与农民或居民打交道。这与原来的集资阶段有很大的不同。在集资阶段，政府必须通过收取各种税费来为发展筹措资金。农民或居民还可以利用这样的机会进行“反制”，让政府帮助他们解决问题或困难，完成治理的目标。当下，这种治理模式已经消失，政府只需要算好平衡账，能够运用手中的资源获得资金即可。在获得最为重要的土地资源时，政府也需要和农民展开博弈，但基本上是一次性互动。土地征收完毕之后，双方基本上不再发生关系。

第五章　地利共享：城镇化的利益分配机制

本章的地利共享主要是从资金的使用及结果上进行说明，即通过土地聚集的资金是否运用到了公共建设或者公共服务方面，提高了当地的整体经济水平和居民福利。按照国家土地分类标准，城镇范围内的非农用地主要由商服用地、住宅用地、工矿仓储用地、交通运输用地和公共管理与公共服务用地组成。从目前来看，能够立即获得收益的是商服用地和住宅用地。工矿仓储用地在短期内不会获得过高的收益，多向企业以成本价出让。即便获得了收益，其也是通过税收形式纳入公共财政，而不会在土地出让金中体现出来。所以，工业园区的先期建设需要地方政府进行大量投资。交通运输用地和公共管理与公共服务用地则不会产生直接的经济效益，现在多沿用划拨的方式进行公共建设或交由相应部门使用。但是，这些土地在征收过程中由政府支付了与其他土地相同的成本，并不会因其作为公共利益的需要而减少任何的成本。在建设过程中，政府将前两部分作为收入支付后三项成本，既获得了平衡，又促进了城镇的发展，在增加公共利益的同时，也实现了地利共享。

第一节　工业园区的打造

工业园区是地方经济发展的重要载体。国内较早的工业园区建设，可追溯至20世纪80年代中期。昆山经济开发区是其中的代表之一。由于昆山相邻县市乡镇企业发展较好，而该县发展相对缓慢，建设开发区也实属无奈之举。他们希望由当地提供场地，吸引上海、三线地区和外资的入驻，提出了“东依上海，西托三线，内联乡村，面向全国，走向世界”的口号。在工业园区初建之时，资金是个大问题，他们采取了“三个一点”的做法：开发区收一点、银行贷一点和地方筹一点。[①] 该开发区纯粹是地方自己进行的建设，未得到上级支持。当时，还有点“偷偷摸摸”，担心会被叫停。开发区收一点，当然就是指向企业收取一定的管理费，这个主要来自土地的使用；银行贷一点，就是指贷款，在80年代这是地方发展重要的资金来源；地方筹一点，则是指将其他乡镇企业的收入进行集中，不再进行其他的建设，主要投到开发区的建设上。在昆山开发区进行建设的同时，上海的松江地区也进行了相应的试点。但是当昆山呈现一片生机时，松江依然是一片农田。有人对此总结为，关键是昆山县政府在协调经济工作上有较大的权力，说话算数，能变通的就变通，能放宽的就放宽。[②] 这就是说昆山县政府在某些方面敢闯敢干，能够调动各方面的资源。1992年，邓小平“南方谈话”以后，掀起了一股开发区热，各地纷纷要求建立开发区。当时，国家计委只保留了一定规模以上开发区的审批权，小规模开发区的审批权下放给了地方。仅1992、1993年两年，全国就占掉了73万公顷土地。[③] 开发区建设成功者有之，失败者也不在少数。当然，在工业园区建设上，最成功的当数中新合作的苏州工业园区。

工业园区的建设，意味着改变了原来的乡镇企业分散布局的局面，要在更高的层次上进行集中。这也表示政府主动转变角色，不再直接办企业，而是要进行服务。企业的集中，也在某种程度上预示着乡镇企业的发展模式要改变。最明显的就是乡镇政府从“以地兴企”转变到了“以地生财”。起初，乡镇政府在集体的土

---

① 费孝通：《从小城镇到开发区》，江苏人民出版社1999年版，第252页。

② 桑静山：《上海乡镇企业发展研究》，上海财经大学出版社1997年版，第78页。

③ 周怀龙：《乘风破浪正当时——新中国60年土地市场发展回眸》，《中国国土资源报》2009年11月2日。

地上办起了企业，将相关的成本压到了最低，并为企业的发展绞尽脑汁，提供各种便利。后来，随着工业园区的建设，乡镇政府发现不需要办企业，依靠土地出让就可以获得收益，这让地方政府兴办集体企业的积极性大大降低。当然，这也与工业园区的建设有一定的关系。原来的企业可以分布在某乡镇、某村乃至某村民小组的范围内，由其直接兴办。工业园区的建设则要有相对集中性，不再从属于某集体。或者说，工业园区虽在集体的物理空间内，但在收益上却与集体没有直接关系。工业园区内的企业大多是招商引资而来，不再是本地兴办的集体企业。地方政府能否在工业园区的出让上获利，也很难确定。在大部分的情况下，它们“入不敷出”，做亏本买卖。因为政府要完成征地和基础设施建设工作，但土地的出让价格等于或低于成本价。

一　白湖工业园区的由来

2000 年以后，原来的乡镇企业均倒闭或走上了转制的道路，乡镇的经济发展出现了困境。农村税费改革也让乡镇的财政收入大减，转变发展模式成了摆在乡镇面前的一个重要问题。许多地方将招商引资、兴办工业园区作为发展的突破口。

南县的招商引资工作开展得比较早。2002 年 7 月，开始设立县工业开发区、乡镇工业集中区，将招商引资作为中心工作之一，任务层层分解。当时，各乡镇也没有眉目，不清楚该如何开展这项工作，就把任务分解到了各个村。在前三年，招商引资工作只是停留在口头上，实际进展不是很大。截至 2005 年，年产值 1500 万元以上的规模企业，全镇只有三家。这三家均是由本地人兴办的涉农企业，即和顺饲料厂、民乐米业有限公司和兴隆油脂厂。90 年代，为了发展农村经济，增加农民收入，部分村民开始自建养殖场。随着规模的扩大，外地的饲料供应已经无法满足本地的需求，于是他们就兴办了和顺饲料厂。民乐米业有限公司则是由原来的乡镇精米厂发展而来，在企业改制以后，理顺了关系，扩大了规模，取得了不错的效益。兴隆油脂厂主要从事油菜籽的收购与加工，是本地人与外地人联合兴办的企业，属招商引资范围。除这三家企业外，其他的就是几个轮窑厂。经济发展可谓是乏善可陈。

2006年，白镇的招商引资工作有了一个不错的成绩，那就是引进了一个外资制衣厂到工业园区。

> 2006年初，乡镇合并，正在组建新班子。县里要求招商工作不能丢，在新班子未组成之前，就把这项工作抓起来。当时，书记定了，就找我谈话，让我去抓。县里成立了招商小分队，我们也与企业密切接触。我们有丰富的劳动力资源，民风淳朴，领导重视。3月13日，还是正月，就与韩国厂签订了协议。老板是江苏吴江人，有7个亿的资产，他的老婆是韩国人，所以就当成了外资企业来引进。那时的土地不紧张，只要想占用就占用。县里的要求比较强烈，开绿灯，占农田办企业不算违规。发达地区走在政策之前，已经占用了。①

由于该企业为劳动密集型企业，为了便于工人上下班，就选址在了集镇范围内，白湖的旁边。于是，该镇就诞生了白湖工业集中区。这个园区是分散性的，主要分散在镇区的西部和北部。当年，政府征地500亩，完成了起步区的建设。有3家本地涉农企业入驻。2007年，ZF项目的入驻，对工业园区的发展所产生的影响可谓“巨大”。借此机会，工业园区明确了功能定位，将机械制造业作为重点产业来抓。2010年底，为贯彻县政府提出的“两区两园联动发展、错位发展”的发展战略，白湖工业集中区更名为县经济开发区（省级）东区。规划利用面积为12平方公里，建成区面积为2平方公里。同年，白湖工业园区还开辟了矿产品加工的

---

① 2013年7月25日下午白镇政府办公室的实地访谈。访谈对象：赵某，招商办主任，46岁。

郑庄园区，企业发展到了65家。其中，年产值在500万元以上的有12家，除了上述的3家企业外，又增加了9家。它们分别为1家建材厂、1家材料厂、2家服饰企业和5家矿业企业。工业产值达到25亿元，工业用工大致为6000人。2012年时，年产值在500万元以上的企业达到17家，增加了2家矿产企业和3家花炮厂。花炮厂原来是被淘汰的高危行业，矿产企业也是被控制的，后来逐渐放开。矿产、花炮的毛利润在50%以上，农产品10%不到，服装类为35%。全镇的企业就业人数约为8600人。2012年税收入库1300万元，占2012年度全镇税收总额的18.5%。截至2013年6月，白镇已累计征地2411.6亩，供地1234亩，各项基础设施投资投入8341万元，主要是拆迁、“三通一平”。截至2012年6月，累计签约入园项目58个，16家企业建成投产，在建企业6家。

二　招商引资的步骤

招商引资是地方政府的中心工作，某位主管领导说了如下的心得：

> 对企业的了解一般有三步：第一步是感性认识，“望、看、查、谈”，这个是通过与投资人的接触，就能感觉出来这个企业怎么样；第二步是理性认识，编制项目书，看他们的机械设备、固定资产、产值、利润等情况，有几个逻辑关系是死的，达不到对应的值，就没有办法开工、生产；第三步是汇报给领导，进行研究、部署，了解环保、能耗等情况。
>
> 基本谈好以后，县里有个项目预审会，有政府办、发改委、国税局、地税局、环保局、经信委和供电局七个部门对其进行论证，相关专家评审。这个通过以后，基本上就不存在问题了。预审会有纪要，凭这个到发改委（项目审核的主管部门）去立项，到工商局进行名称核准，产品要符合国家的政策要求，还要进行环评、能评（能耗评估）、土地预审（土地局，允许使用这块土地）。2011年以前就没有土地预审

> 这个程序，只要镇里同意就行了，基本农田不能用，只要符合规划就可以。文件报批完了，就到工地上去实践了。当然还有城建、消防等部门的一些审批。这些程序走完大概需要六个月。[①]

招商引资工作以乡镇政府为主体，由招商分局具体负责。招商基本有两种形式：一是前往企业密集的地区召开推介会，主动上门请人来投资；二是企业主有投资愿望，登门咨询。双方达成初步投资意向后，就可以向县级相关部门汇报，要求召开项目预审会。由与企业有业务联系的主要部门对企业进行预审。预审会上项目通过预审之后，基本上可以确定项目的入驻。政府最关心的是企业的规模、产值以及税收，而企业最关注的则是税收的优惠政策以及土地的价格、国有土地证何时发放等问题。当国有土地证发放之后，企业可以凭借其到银行抵押贷款。评估价格为9万元/亩，可以贷款70%，即6.3万元。若企业已经获得政府的供地，但还未办理国有土地证，也可通过担保公司的评估，向银行或者信贷公司贷款。该土地具有地方合法性，与国有土地有同等的效力，只是在数额上有所不同。所以，在评估价格不变的情况下，企业尽量压低供地价格，依靠土地抵押所获得的贷款即可补偿土地款。据相关人员介绍，政府征用土地的最大利用率只能达到70%。因为要扣除基础设施建设的占用面积，还有部分边角地无法有效利用。出让给企业的价格一般为成本价，4万—5万元/亩。这个价格也是企业可以向银行贷款的价格，两者基本上持平。

县政府要求所招商的企业固定资产投资为100万元/亩，税收为10万元/亩，但基本上达不到该标准。政府对外宣传的调子很高，实际数据却没有那么大。企业总投资额为500万元是个关键性节点。本地的企业实际投资量基本在500万元左右，用地规模在

① 2013年7月25日下午白镇政府办公室的实地访谈。访谈对象：赵某，招商办主任，46岁。

10—20 亩。在此情况下，投资的强度低于 50 万元/亩，只能达到要求的一半。他们说："明星企业来了也养不起，招过来也养不活。"因为基础设施建设不到位，不能满足企业的需求，所以规划要超前，发展要实际。

企业决定在工业园区进行投资后，要与地方政府签订"项目投资协议"。在协议中双方要约定项目投资概算、项目经济效益预测、经营期限、用地性质及年限、土地价格及出让方式和项目保证金等内容。

在土地方面，一般所指的只是政府出让的国有土地的价格以及方式。在实际的用地过程中，由于土地指标的限制，企业并不能将所有的土地都变更为国有土地。所以，企业还要与政府签订补充协议，具体商定土地的价格。

当补充协议签订之后，乡镇就可以向企业进行供地，开工建设。当然，取得国有土地指标还需要一定的时间。在本地，国有土地的指标多是根据土地的复垦置换来确定的。由于企业的占地面积较大，而土地指标有限，所以，企业只能分批进行申报，逐步解决土地问题。当申请获得批准以后，企业就需要按照国家规定的工业用地出让价格，向财政部门缴纳土地出让金。因为企业已经向乡镇政府缴纳了土地出让金，所以还需要县政府申请返还。

企业缴纳土地出让金的 88% 将被返还，12% 则由县财政进行集中。这就意味着，企业获得国有土地的实际价格为向乡镇财政缴纳的土地出让金与县政府规定的土地出让金的 12% 之和。在本地，向县财政缴纳 7680 元/亩，企业即可获得国有土地指标。这对企业来说，土地的成本非常的低。而县财政集中的这部分还会返还给乡镇政府，用于基础设施建设。

从实际的操作来看，企业所获得土地的价格基本上低于成本价。这也是中国的制造业可以生产廉价工业品的原因之一，土地的成本基本上可以忽略不计。但是，乡镇政府要承担很多的责任，不仅要完成征地工作，而且要做好基础设施的建设，为企业的入驻做好准备。

三　园区企业的效益

白镇工业园区的建设尚处于起步阶段，已有一定的规模，但效益还不太显著。在园区落户的企业，从固定资产总额构成看，生产用机械设备占固定资产总额的比值少；从产品成本要素上看，劳务成本所占的比值大；企业的税收贡献低，科技含量低。这些企业可以分为以下几类：生态类4家，服装类4家，建材类3家，食品类2家，制造类2家，机电类2家。生态类企业主要从事林木的种植与加工，具有一定的季节性，大多要享受补贴，税收贡献较少；服装类企业的就业人数最多，税收的贡献也比较大，是本地的支柱性产业；建材类企业中，有一家刚投产，产值还无法计算，另外两家效益则属于一般；食品类企业中一家刚投产，另一家为定点屠宰厂；制造类企业中一家处于停产状态，另一家则效益较好；机电类企业则是刚投产，效益未显现出来。所以，这17家企业中，能够产生效益的只有6家。

以服装行业为例，在镇区范围内从业者有近2000人，以女工为主。这些服装厂也可以简单地分为两类。第一类是比较成规模的大厂，如大运、宏业、宝盛和鸿鑫。这类企业主要接外贸订单，受市场的波动影响较大，企业的利润也处在变化之中。若能够接上品牌大单则有利润，反之则利润微薄。对按月拿工资的工人来说，影响则不是很大。这类企业主要是做流水，对技术要求不是很高，工作时间比较固定。

大运服饰有限公司是2006年5月通过招商引资引入的首家外资（韩国）服装企业，坐落于白湖工业园区内，总投资300万美元，征用土地总面积59.82亩。2012年，又征用了19.8亩土地，建筑面积16400平方米。该厂属于来料加工型企业，不能直接出口，要通过总厂或者其他厂。总公司根据客户的要求进行统一采购，本企业则是根据总公司的要求进行加工，年生产量在100万件左右。

> 该企业现在有工人1300人，高峰时会达到1500人。当地人占到89%（本镇为83.4%），外地人大约为11%（外省外县）。工人工资为2300元/月。产品主要销往欧美市场，属中高档产品；在国内不销售。该厂的年加工费为5000万元，工资在3500万元左右，用水、用电也要200万元。2012年上缴税收大约为800万元，国税中的增值税有600多万元，地税中的营业税有100万元左右。该企业在本镇乃至全县都是纳税大户。此外，企业还要给职工缴纳保险，只要能够保本就可以。①

该企业是工业园区中效益最好的企业，税收常年排在前列。由于工业园区的企业多是劳动密集型的加工厂，所以利润率不太高，带动效应不明显。这些企业除了延长劳动时间外，并无其他增加产值的办法。

> 工人早上七点半或者八点开始上班，晚上到九点才下班。特殊行业没有办法，不比机器生产的工厂，机器一开就没有事情了。手工业一个要人多，另一个就要尽量延长时间。要想让服装行业生存，就不能严格控制时间。
>
> 刚建厂时，只有十几个人，本厂只是加工，整个安徽也是如此，全部是来料加工，厂多一点儿也没有什么好处。上海、江苏的人口流动性大、不稳定，不容易招收工人，其他地方的人也不会到这里来，所以多数是本地人。本厂的优势是稳定，常年有活儿做，中间不休息。工资水平比较高，为3200元/月，上次104人，一个月的工资开了34万元。企业有扩大规模的打算，但是这里的工人不太稳定，大部分人还是外出务工。工人年龄是18岁到45岁，过了这个年龄，眼力

① 2013年4月27日大运服饰有限公司实地访谈。访谈对象：王某，公司负责人，52岁。

> 就跟不上了。我们的要求比较高，做好服装，必须如此。我们也只是赚一点儿劳务费，自己开发成本太大，不合算。
>
> 占地面积是5亩，集体土地，租用期是30年。宁愿出租厂房，也不愿意购买土地。现在的税收比较重，购买了土地，要交各种税收。地税要交4万元，增值税要交100万元，机器零部件的磨损是5万元/月，工资要开300多万元，每年的产值也就是480万元到520万元之间。开头几年，在产业刚刚转移的时候，还有一定的优势，现在不行了。要是去年或者前年开，早就倒掉了。现在的市场非常疲软。2009年以前，有大大小小的服装厂百十家，现在大部分都倒掉了，工人都出去了。现在，利润薄，各个方面卡得也比较紧。这和江苏、浙江（的企业）不一样，它们是“无忧无虑地长大”。①

该企业的效益在四个服装厂中处于第二位，还有一定的利润，其他的两家则处于停停开开的状态，不太稳定。某个企业因为效益问题，在三年内曾三易其主。第二类则是服装作坊。这类作坊是织里镇童装的加工点，主要是来料加工。作坊的规模在20人至60人之间，利润、工资基本固定。在作坊工作的为熟练工人，主要做成件，基本不做流水。他们工作相对自由，可以照顾到家庭。作坊分明显的淡旺季，每年要休息3—4个月。工资一般为一年分两次结清，老板以个人信誉担保，存在拖欠工资的可能。

> 自己不是老板，只产不销，只是代班，赚取一点儿加工费，不足10%。为了方便，我们这里都是成家的妇女。流水的工资高，他们都是出口的；我们是内销的，每件的利润在0.5元至0.7元之间。我们方便，省得出远门。成件的工资是

① 2013年4月28日宏业服饰有限公司的访谈。访谈对象：钱某，公司负责人，45岁。

160—200 元/天，流水的工资是 100 元/天。一般的能够达到 200 元/天，高的可以到 250 元/天左右。（成件的工作）不捆人，流水的必须在那里。这些（工人）都是在织里做过的，出不去，每个礼拜休息一天。上半年是从正月到四月底，下半年则是从七月到腊月。一般是上半年结一次工资，下半年结一次，老板都是老关系，都比较信任。上半年是端午节（结算），下半年是春节（结算）。做生意都是赊销，把东西卖出去才能给钱。我们没有执照，没有房产证、土地证，也不能抵押贷款，只是向朋友、亲戚借一点儿，过去就行了。工人们也知道我们没有现金，就尽量少支。

我们这里只是半成品，属于初加工，没有刷洗，也有很多的部分没有做好。有时缝纫线都买不到，你的活儿少了，其他的配套设施跟不上，形成不了规模。

现在有工人 26 个，原来有 30 个，她们对这个款式做不来，就不来了。每件衣服的加工费是 7 元，给工人是 5 元，生活开支每件摊上 0.5—0.7 元，机器保养、线摊上 0.5—0.6 元，电费、运输费再摊上 0.7 元，每件的成本在 1.5—1.7 元，所以，我们只能赚 0.5 元/件。每个工人每天也只能赚 15—20 元。①

此类小作坊未达到纳税的要求，没有直接的税收贡献，所以，政府的管理也不是很严格。一般是老板在自家的房子里办加工厂，也有的是在集镇上租房子做加工点。因为，集镇上的人口相对集中，交通便利，能够招收到工人。而在村子中，作坊不能扩大规模，会面临招工难的问题。服装加工是本地就业人数最多的支柱性行业，在集镇范围内可以看到许多加工点。虽然就业人数最多，但是产值并不高，除了两个大厂之外，其他的基本上没有直接的

① 2013 年 5 月 10 日天盈制衣厂的实地访谈。访谈对象：段某，制衣厂负责人，48 岁。

税收贡献。这也说明，本地的工业发展还处于比较低的水平，还停留在劳动密集型的阶段。

生态类企业也算是本地的重要产业，效益和服装行业比起来则要差很多。比如，兴建于2006年的青山竹木为入驻工业园区的第一家企业。现有工人30人，年龄均在40岁以上，无年轻人。该企业的效益不佳，每年开工时间不足半年。2012年该企业仅生产了4个月，有8个月都处于停工状态。企业主要生产合成木板，用作建筑工地的模板。原材料主要来自外地，要经过切削、粘贴、压缩和晾晒之后，才能成为制成品。企业占地面积为26亩，但基本上没有税收。与其情况类似的还有从事竹笋加工的润泽生态。该公司的生产也具有季节性，只在春笋长出来时，才进行加工、生产，平时多处于歇业状态。由于润泽生态是农业型企业，多靠国家的补贴生存。公司在这里只是一个名目，更多的是在山场里承包土地，进行林木的经营。所以，生态类企业多是从事林木、苗木和花木种植，没有太多的经济效益。

朝阳材料为年产15000吨接技改性聚烯烃项目，项目总投资为3500万元。2007年建设，2008年完成，2009年3月投产，占地面积为2万平方米（30亩），工人有60个，一线工人有40人。工人工资为2830元/月，包吃住，三班倒。营业额200万元/月，国税、地税加起来约有70万元/年。其中，土地使用税为2.5万元/季度，房产税为3万元/年，增值税为3万—4万元/月（不缴纳营业税），印花税、城市维护建设税和教育费附加为6000元/月，根据销售收入来缴纳，企业所得税是20万元/年。从该企业的税收缴纳上看，实际的土地税收额为2万元/亩。工人的工资能够达到200万元/年，电费是300万元/年。这是工业园区内，除服装厂外，生产比较稳定、效益较好、税收贡献比较大的企业。其他的企业则是效益不佳，在此不做过多的阐述。

所以，当地的干部对招商引资的认识如下：

现在的招商、工业园区的建设，是望梅止渴，起到提神的作用。就像当年的曹操一样，说前面的梅子熟了，很好吃，很解渴，实际上没有，但是士兵都很有精神。我们这个也是，必须有东西在那儿，让大家看到前途，看到希望。①

这就意味着，不管工业园区的效益如何，必须将这项工作进行下去。工业园区的发展也需要一定的时间和大量的前期投入。一般情况下，刚开始的企业多是本地的，以农业型企业和劳动密集型企业为主。这类企业的占地面积大、基础设施投入高，但是效益较差。工业园区的建设形式意义远大于内容，它成了衡量地方经济的重要指标。培育产业集群需要有一定的基础，而这项工作只能由各个地方自己完成。

该镇的工业园区建设还处于初级阶段，呈现以下几点特征。第一，本地的涉农企业占据了一定的分量，外地的招商引资企业逐渐增多。工业园区在兴建初期，还没有太多的吸引力，只有本地的企业入驻。本地是农业型地区，所以，入驻工业园区的一般是农业型企业。本地建设工业园区是为了承接发达地区的外溢，吸引发达地区的商人来这里投资。那些被挤压出来的，也是比较低端、利润微薄的企业。产业群的培育需要一个过程，不可能在短时间内就发展起来。第二，入驻企业以劳动密集型或者资源密集型为主，缺乏技术密集型或资金密集型企业。本地的劳动密集型企业多为服装厂，而资源密集型企业多为矿产品加工厂。除了土地的价格较低之外，本地所拥有的资源就是劳动力和矿产。这与 80 年代的乡镇企业的发展有相似之处，基本上建立在本地某些丰富自然资源的基础之上，若无这些资源，本地的经济发展还要缓慢一些。劳动、资源密集型企业是见效比较快的企业，不需要过多的投入，只要开动机器即可获得收益。这只能作为工业发展的起步，而不可能长期维持。第三，资金投入量大，但是效益不

① 2013 年 7 月 26 日白镇政府办公室的实地访谈。访谈对象：张某，招商办工作人员，40 岁。

明显。工业园区前期投入的资金均是由政府负担，资金投入量非常大。入驻工业园区的企业性质也就决定了其效益较差，产值和税收的贡献较小，总体来看，起色不大。只有等发展到一定的程度，工业园区才能达到人们的要求，呈现所希望的局面。

第二节　公管与公服用地的建设

除了上述的工矿用地外，交通用地、公共管理和公共服务用地基本上不产生直接的收益。但是占用土地的成本依然需要政府承担，并负责建设。这也是一项较大的开支和投资。

一　公管用地的划拨与建设

对于交通用地、公共管理和公共服务用地依然沿用了划拨的方式。政府将集体用地经征收转变为国有土地之后，再经政府及相关部门的批准划拨给相关的单位和部门使用。在此情况下，这些土地就成了国有资产的重要组成部分，相应的部门要做好保值和增值工作。

安置小区是为拆迁后的农民而建，与一般的商住房不同，不需要直接出让，而采取划拨方式。医院和幼儿园面向的对象为全镇范围内的居民，用地性质为公共服务用地。社区办公用地则属于公共管理用地。政府需要对这些土地进行划拨，而非向相关单位收取相应的费用。政府将这些土地划拨给相应的单位之后，建设则与使用单位的经济能力以及资产的所属和处理方式相关。中心幼儿园则由教育部门进行全额拨付建设，社区办公楼则由使用主体自行建设。同时，乡镇政府还要适当承担县级派出机构的建设。

乡镇政府还承担了对部分派出机构的建设，这些资产的所有权归乡镇政府所有，派出机构仅有使用权。从相关的文件中可以约略地推测出，为何地方政府积极推动新区建设，这些建设又是如何进行的。只有在建设新区时，政府才可以征收大片的土地，进行商住房的开发，获得一定的收益。在建设时，政府会成为先行者，在新区建设办公大楼，然后将大量的公共投资投向这里，迅速将生地变成熟地。这种建设不仅是一座楼的建设，而且预示着城市发展、投资方向的变化。为何这些熟地可以较高的价格进行出让，因为这里富集着优质的公共基础设施。所以，并不是城市中所有的土地都可以拍卖出比较高的价钱，而只有部分优良地段才有可能。这些地段之所以拥有很高的价值，是因为开发商在这个地段的周围已经进行了密集的投资。开发之后，人们的生活更加便利。从某种程度上说，土地的价格不仅是在支付着绝对地租，也在支付着代表公共投入多少的级差地租。级差地租的产生很大一部分是由公共投入的多少决定的。

二　以租代征的公共服务用地

除了上述的公共管理与公共服务的划拨用地之外，还有大量的以租代征的公共管理和公共服务用地。在土地指标趋紧的情况下，乡镇政府为了筹集更多的资金，就将获得的土地指标向商业、住房用地倾斜。而公共管理和公共服务用地则采用以租代征的方式，先进行建设，然后报批。乡镇卫生院康复中心所获得的划拨用地只是其实际用地的一部分，还有一部分租用土地。对于这部分土地，乡镇卫生院需要与农民签订协议。

在租赁期间，如果村民认为价格合适，可以随时将土地转让给医院，即出让土地。届时，只需要政府作为中间人即可。医院的用地本来应该由政府进行解决，但是政府在资金上面临一定难题，只能让医院自己负责。而医院不能一次性支付征地的款项；同时，村民也认为土地补偿的价格太低，不同意政府的征收。以租代征似乎找到了二者的平衡点，让双方都比较满意，既保护了农民的利益，也未影响到公共建设的进行。但是，这却与国家的法律规定相悖，突破了耕地保护红线。

采用以租代征方式进行建设的还不止医院一家，白镇中心小学亦是如此。1995 年，原白镇小学、门前小学合并，成立了白镇中心小学，迁址新建了占地面积为 30 亩的校园。后来，由于要修建操场及进行校园门前的绿化，白镇中心小学就租用了附近居民的土地，而没有进行征用。

这部分土地的用途是建设停车场和教师宿舍，已经将耕地转化成了建设用地，但未经上级主管部门的审批。土地的承包权还是归农户所有，但是使用权已经转移给了白镇中心小学。同时，协议还规定，若政府对这块土地进行征收，那么土地补偿款归农户所有，白镇中心小学目前只有使用权和优先租用权。并且还有附加性协议，就是优先录用农户的子女为临时工。该土地的用途虽未经上级主管部门的审批，但是租用却得到了镇政府、镇土地主管部门及村委会的同意。政府对土地用途方式的变更该如何行使权力呢，似乎不太明确，这也暗含了上级与下级之间的博弈。国土资源执法监察时，对公共管理和公共服务的违规用地，在处理上会与商住房用地有所不同。所以，从某种程度上说，大量的政府用地均为违规用地。以租代征虽说是违规行为，但是有其存在的合理性，在实践过程中大量发生。这就让法律处于两难的境地，内含一定的矛盾。

从城镇的建设来看，所谓高价出让的土地也并不是太多，只是个别。大多数情况下，政府只能拆东墙、补西墙。即便是政府在某些土地的出让方面获得了收入，但是它还需要进行基础设施建设和开发区建设。一方面，公共服务用地本应由政府负责征收与划拨，但政府为了降低城市建设的成本而采取了不太合规的以租代征方式，在很大程度上不是政府不希望征收，而是征地款太高，政府有一定的资金压力。另一方面，土地指标控制严格，政府希望优先开发商住房，以获得较高的出让金。在此情况下，政府的发展就与失地农民个人没有太大的关系，也与失地的集体没有关系。土地的升值从何而来是个复杂问题。许多农民认为是自己的土地升值，理应将所有的补偿归农民个体或者农村集体。但政府却认为这是政府长期投资的结果，也是政府筹措资金的方式，要用来偿还因建设而导致的负债，或者进行下一阶段的投资。土地的增值还可以细分为投资性增值、供求性增值和用途性增值等。

也有人认为这些部分应该“归公”，因为它们是由于社会的需求和需要而产生的，与具体的个人无关。由于这些认识上的不统一，产生争论和纠纷在所难免。

第三节　财税体制中的地利共享

农村税费改革后，白镇的发展方式、财税体制和集镇建设模式等都发生了一定变化。乡镇政府不再能够向农民收粮派款，也不再向居民集资，工商业的税收就成了最主要的财政收入来源。由于本地是农业型乡镇，工业基础薄弱，还面临筹资建设工业园区的任务。同时，土地审批日趋严格，国有土地的开发也逐步规范化。在这种情况下，集镇建设的资金来源有哪些？它们又用在了何处？

一　财政体制简介

2005—2012 年白镇财政收入状况如表 5－1 所示。

表 5－1　2005—2012 年白镇财政收入状况

单位：万元

年份	国税	地税	非税收	财政收入	可支配财力
2005	363. 5	520	378. 2	1261. 7	952. 5
2006	531	714	586	1831	1311. 2
2007	870	930	1101	2901	2445
2008	1314. 8	1209. 6	1692. 7	4217. 1	3207. 1
2009	1700	1450	1890	5040	3470
2010	2802	2200. 5	—	5002. 5	2375. 6
2011	4005. 8	2701. 8	—	6707. 6	2994
2012	5517. 6	3556	—	9073. 6	3715. 2

资料来源：根据白镇政府工作报告整理。

2009 年，南县的财政体制发生了一定的变动，实行“划分收支范围、确定收支基数、超收累进集中、统筹协调发展”的管理办法。

财政收入为国税收入和地税收入的简单相加，非税收收入不再列入财政收入。乡镇税收收入主要包括所属企事业单位或个人等缴纳的增值税（25%部分）、所得税（25%部分）、资源税（50%部分）、营业税、城市维护建设税、房产税、印花税、城镇土地使用税、土地增值税、其他收入及罚没收入等。南县以各乡镇近三年的地方收入完成实绩为基础，进行综合测算，列入收入基数。

根据事权与财权相统一的原则，乡镇财政主要承担乡镇机关运转经费以及本级各项事业所需的支出，具体包括：一般公共服务支出、国防支出、公共安全支出、教育支出、科学技术支出、文化体育与传媒支出、社会保障和就业支出、医疗卫生支出、环境保护支出、城乡社区事务支出、农林水事务支出、交通运输支出、工业商业金融等事务支出、其他支出等。

关于乡镇的财政收支体系，可以简单地理解为，乡镇国税、地税和其他收入征收完毕之后，向县级财政进行集中。然后，县财政再根据此管理办法进行下拨。人员经费的数额相对固定，不会有太大的变化。超收累进集中部分的变化较大，超收越多，被集中的比例越高。同时，乡镇还可以利用有关的奖励政策，向上级申请更多的资金。所以，可支配财力约占财政收入的40%，即意味着县乡财政的分成为6:4。根据当前的国税与地税的贡献率测算，白镇获得的税收返还为2000万元左右。在可支配收入中，剩余的1700万元则来自非税收收入部分。

在支出表（见表5－2）中，农水、文体和教育基本上属于专项支出。虽然有些支出进行了归口管理或者经由专项经费拨付，但还是需要地方进行一定的配套，或者进行专门的支持。因为并非所有的项目均能申请到资金支持。在村级经济困难的情况下，只能由乡镇政府来承担相应责任。社区支出项目主要是由乡镇政府向村“两委”拨付的办公费用以及村干部的工资及相应的补助。福利、社保则是对困难户特殊的照顾，这是一项重要的民生工程，力度逐渐加大，形成了刚性，不能减少。公共服务支出主要是政府的办公费用。以2012年的一般公共服务支出为例，其中：人大会议及人大代表工作事务支出 70 万元；政府机关及相关机构事务支出 875.1 万元；税务事务支出 144.1 万元；人口与计划生育事务支出 88.2 万元；党团体事务支出 237 万元；发展和改革事务支出 36.3 万元。人大事务支出为每年的人大会的筹备与召开提供资金支持。政府机关的费用中，工资及相应补贴为 600 万—700 万元。税务支出则主要是对企业的退税扶持，由乡镇财政支出。计划生育作为日常性、专项工作，需要有专门的资金进行支持。专项类支出则主要是指村村通工程。随着新农村建设的推行，中央加大了在此方面的投入，地方政府专门设立了农路办负责该项工作，所以这部分所占的份额也比较大。

表 5－2 2005 年以来财政支出状况①

单位：万元

年份	农水	文体	部门事业费		福利	行管	城建		专项	其他	合计
2005	66.5	39.9	78.1		13.7	589.6	147.5		177.1	281	1393.4
2006	149	87	121		57	686	251		250	437	2038
年份	农水	文体	教育	社区	社保	公服	园区	新区	专项	其他	
2007	203	33	46	81	27	954	152	271	301	77	2145
2008	265	95.2	32	148.4	30.2	1006.6	300	500	851.9	40.8	3270.1
2009	320	150	150	100	160	1000	360	220	880	100	3440
2010	312	92	93	320.6	—	1558	—	—	—	—	2375.6
2011	335	95	108	400	—	1938	—	—	—	—	2876
2012	317.7	111.8	200	1635	—	1450.7	—	—	—	—	3715.2

资料来源：根据白镇政府工作报告整理。

① 农水支出包括三部分——农业、水利和林业；文体支出包括文化、体育和传媒（或广播）；社区支出主要是指对集镇范围内的管理性支出，2011 年后，将开发区的部分支出也计算在社区之内；福利、社保是指社会保障和就业支出，前后用词有变动；行管指行政管理，公服指公共服务，该类别指政府的办公费用；城市建设支出在 2010 年后，主要由开发公司负责，不在财政支出中专门列出；专项支出中的主要部分为村村通工程，2010 年后被合并在了社区事务中；其他支出指一些不确定性支出，2010 年后被合并在了公共服务的支出类别之中。

2010年以前，可以很明显地看出工业园区和政务新区的建设支出在总支出中的比重。这是除政府办公支出外，支出最大的一部分。2010年以后，政府将其合并在了社区建设之中，不再显示其具体数额。更为重要的是，此后的建设主要由开发公司商独立操作，而不作为政府的一项支出。但实际上开发商还是以政府的资源、资金和资产为基础，进行贷款和融资。政府的正常开支在2500万元左右，这就意味着工业园区的投资基本上不能依靠税收收入，而必须依靠非税收收入或者银行贷款。乡镇财政的目标始终是保工资、保运转、保民生、促发展。从20世纪80年代开始，乡镇的财政报告中始终包含“保工资、保运转、促发展”，“保民生”则是2006年之后出现的新词语。工作人员的工资要放在首位，只有这样才能稳定人心，保证政府部门的正常运转。而发展则是“保”之外的“促”，需要开辟新的财源。

二　国税与地税的构成

乡镇的国税收入主要是增值税、消费税、企业所得税和车辆购置税等税种。以2012年为例，增值税大约为4500万元，所占的比重最大。本地的所得税主要来自服装行业和矿石开采及加工行业。八家服装厂的税收贡献在800万元左右（大运服饰达到400万元）。矿石开采的税收在700万元左右，下游企业的税收在2200万元以上，这两项有约3000万元的税额。还有就是一些商贸型企业及零星门市，每年的税收在700万元左右。工业园区的其他工业型企业在前两年基本上没有税收贡献。一个工业型企业要真正见到效益，需要三年到四年。工业型企业前两年要进行基础设施建设、试运行，不能正常投入生产，原料和机器设备可以抵扣。到2015年，这些企业才能有较大的税收贡献。

增值税是属地缴纳，企业所得税则要总公司和分公司分成。本地的企业所得税在1000万元左右。消费税主要是烟厂和酒厂，本地没有此类企业。只有三家花炮厂，每年的税收额在30万元左右。它们均属于国家限制类企业。车辆购置税由县局管理，一般是市局负责，由于南县是省管县的试点县，所以就由县局来负责收缴。烟草公司、银行的税收也是由市局管理。增值税的分成比例是中央75%，县得25%，省级不提留；企业所得税的分成比例是中央得50%，省级提25%，县级剩余25%。总体来讲，县级可以得到整体的25%。县和乡的分成一般是6:4，乡镇可以得到总体的10%。

> 原来，这里没有国有土地，就是招商也没有企业进来。本地的企业就是农业型的，没有什么效益。竹木加工，这个名字取得就不好，竹子是可以的，每年都会长；木材是国家禁止的，不能大面积砍伐，这个企业是季节性生产。粮食加工企业也赚不了多少钱，都是国家免征税收或者补贴的。买回来100斤稻子，除去米糠、人工工资、电费、水费，能打多少斤米呢，最后还得你（政府）补贴给它钱。
>
> 饲料厂的增值税是免征的，就交一些企业所得税。从2002年暴发禽流感以来，这个企业就没赚什么钱。禽流感都从N1H1发展到N7H9了，都发展多少代了，喂鸡子的能赚到钱吗。所有的饲料都是赊购的，养鸡户也承认欠饲料厂的钱，但是鸡子都死了，没有钱还，不能把死鸡子都拉过来吧。①

所以，本地的国税收入的迅速增长与招商引资有很大的关系。尤其是在2006年以后，增长的绝对值逐渐加大。当年，第一家服装厂入驻，规模还比较小，税收的贡献不大。后来，服装厂规模扩大，税收的贡献也逐渐增大。2010年，白镇开设了矿产品加工园区，相关企业的税收逐渐增多。所以，从国税收入的情况来看，劳动密集型产业和矿产资源加工业是主要的税收来源，工业型企业的效益并不高，园区建设的效益还未显现出来。对地方财政来说，最重要的不是国税收入，而是地税收入。

---

① 2013年7月12日上午白镇国税分局的访谈。访谈对象：吕某，国税分局工作人员，38岁。

地税系统主要负责征收营业税、个人所得税、土地增值税、城市维护建设税、资源税、房产税、土地使用税、印花税、企业所得税和教育费附加以及社保基金的征收管理。本乡镇范围内有纳税人1122户，其中企业180家，个体工商户942户。个体达到起征点的为52户，地税纯管户为14户，国地税共管户为38户。未达到起征点的纳税户为890户，全年企业固定税源有1800万元左右。地税纳税户汇总情况见表5－3。

表5－3　地税纳税户汇总

单位：户，万元

纳税额	户数	入库税款
1万元以下	88	15.64
1万—3万元	24	43.4
3万—5万元	7	27.42
5万—10万元	11	72.50
10万—50万元	17	437.43
50万—100万元	3	213.8
100万—500万元	1	195.12
500万元以上	1	777.41
合计	152	1782.72

资料来源：根据地税分局工作报告整理。

地税主要税源以矿产品及其加工制造业、建筑业为主。随着区域经济的不断发展，特别是ZF公司试车场开工建设后，税收收入连年攀升。当然还有农业，本镇范围内有骨干农业产业化企业5家。

从地税的收入结构（见表5－4）来看，营业税和土地使用税是主要税种，两者之和占60%以上。增长最快的则是房产税，这意味着本地房地产业的发展已经达到了一定的成效。近年来，随着国有土地的开发不断加快，政府对于两证齐全的房产开始征缴房产税。至于营业税中何种行业、哪个企业所占的比例最大，还需进行具体分析。

表 5－4　地税收入结构

单位：万元,%

	营业税	土地使用税	资源税	企业所得税	个人所得税	城市维护建设税	房产税	印花税	土地增值税	教育费附加
2011 年	1309.68	393.7	252.2	94.5	287.7	156.3	33.1	50.2	87.3	94.8
比重	47.46	14.3	18.3	3.4	10.4	5.7	1.2	1.8	3.2	3.4
2012 年	1438.79	836.1	380.09	142.5	328.8	196.3	87.5	50	48.3	117.2
比重	39.67	23.74	10.5	4.0	9.1	5.4	2.4	1.4	1.3	3.2
增长率	9.86	112.37	50.7	50.8	14.3	25.6	164.4	－0.4	－44.7	23.6

注：比重按四舍五入计算，可能稍有偏差。

资料来源：根据地税分局工作报告整理。

如表 5－5 所示，在营业税中，纳税的大户是 ZF 项目，要占本税种的 50% 以上。ZF 项目所涉及的多为大型企业，管理规范，便于税收的征缴与稽查。它们不但做出了很大的贡献，也便于工作的开展。这也是地方政府在招商引资过程中，倾向于“大高外”项目的原因之一。这些项目能够带来综合性的经济、社会效益。在土地使用税中，ZF 项目的贡献更大，在 85% 以上。这是因为，该项目是本地的重点项目，在土地审批上具有优先性，向该企业进行了倾斜。再者，该企业的占地面积最大，也应该缴纳如此数额的税款。2012 年，实现一次性税收 1844.4 万元，占全年收入的 50.9%。其中 ZF 项目入库 1330 万元，占 72.1%。

表 5－5　营业税、土地使用税缴纳状况

单位：万元

年份	类别	ZF 项目	一般企业	零星门市	合计
2011	营业税	710.5	249	350.18	1309.68
	土地使用税	312.89	80.81		393.7
2012	营业税	864.36	140.61	433.82	1438.79
	土地使用税	714.14	121.96		836.1

资料来源：根据地税分局工作报告整理。

在资源类企业中，则主要是矿山企业，以本地的天然矿山为依托（见表5－6）。这些发展模式不可持续，并且受经济的影响较大。虽然这两年来，该乡镇的地税收入保持了持续较快增长态势，但增长幅度远远超出了固有税源的实际增长弹性范围，一次性税源比重较大，影响了税源的可持续增长。从经济行业上看，该特点体现得更加明显。

表5－6　资源税缴纳状况

单位：万元

年份	矿山企业	零星门市	砖瓦企业	合计
2011	198.9	39.6	13.7	252.2
2012	289.04	63.17	28.88	381.09

资料来源：根据地税分局工作报告整理。

从表5－7中可以看出，采矿业、制造业、建筑业税收收入的上涨带动了第二产业税收增长。建筑业2011年实现税收894.3万元，占税收收入的32.4%；2012年实现税收1373.2万元，占税收收入的37.9%，同比增长53.6%，增收478.9万元。制造业2011年实现税收332万元，占税收收入的12%；2012年实现税收444.8万元，占税收收入的12.3%，同比增长34%，增收112.8万元。采矿业2011年实现税收267.9万元，占税收收入的9.7%；2012年实现税收369.7万元，占税收收入的10.2%，同比增长38%，增收101.8万元。

表5－7　2012年分产业与上年同期相比增减比例

单位：万元，%

项目	2011年	2012年	同期比增减	增减比
税收收入合计	2674	3462.1	867.2	31.4
一、第一产业	17.0	24.8	7.8	45.9
二、第二产业	1494.3	2188.0	693.7	46.4
（一）采矿业	267.9	369.7	101.8	38.0

续表

项目	2011 年	2012 年	同期比增减	增减比
（二）制造业	332.0	444.8	112.8	34.0
（三）电力、燃气及水的生产和供应业	0.3	0.2	-0.1	-33.3
（四）建筑业	894.3	1373.2	478.9	53.6
三、第三产业	1162.7	1249.3	86.6	7.4
（一）交通运输、仓储及邮政业	31.1	36.5	5.4	17.4
（二）信息传输、计算机服务和软件业				
（三）批发和零售业	126.7	11.2	-115.5	-91.2
（四）住宿和餐饮业	56.5	56.2	-0.3	-0.5
（五）金融业	3.0	6.1	3.1	103.3
（六）房地产业	267.0	188.4	-78.6	-29.4
（七）租赁和商务服务业	678.5	950.6	272.1	40.1
（八）居民服务和其他服务业				
（九）文化、体育和娱乐业		0.3		

资料来源：根据地税分局工作报告整理。

从国民经济行业分析地税收入，主要收入来自第二产业中的采矿业、制造业、建筑业以及第三产业中的租赁和商务服务业，然而这几种收入中除了租赁和商务服务业的税源相对稳定外，其他行业的可变因素大，如采矿业及制造业中的浮选、矿石加工企业受经营环境及市场行情的影响，生产和经营一直不稳定；建筑业的税源主要来自 ZF 公司的项目建设，随着 2012 年 10 月工程完工投入使用，辖区内的税源将大大减少。

经预测，2013 年白镇的税收情况不容乐观。工业园区有税企业 15 户，2012 年实现税收收入仅 208.2 万元（包括 ZF 公司内三产企业以及大运服饰有限公司入库税收 103 万元），在一年内很难有大的增长。在郑庄园区，入驻的矿石加工企业有 8 家，2012 年试生产企业仅有 3 家，实现税收仅 0.1 万元。因受上游企业生产经营及产品价格影响，生产正常化存在一个磨合过程。矿石加工企业中，2012 年生产经营的有 6 家，除罗汉山硅灰石矿较正常外，其他 5 家企业或多或少不能正常化生产，两家企业已经停产，一家断断续续维持。因此，2012 年矿石加工企业未能完成年初的预测税收。2013 年税收情况也处于待定状态。农林产品制造、加工企业有税户共 15 家，2012 年实现税收 100 万元，企业生产情况基本稳定，税收贡献不会太大。其他企业包括饮食、花炮、建材、商贸等类型，其特点是户数多，比重小。2012 年有税户为 34 户，实现税收收入 100 万元，其受市场影响较小。

2013 年，本地实际税收只有 2500 万元，按照县政府下达的 4020 万元计划，差额为 1520 万元。现有税收与计划差距太大，但是地方税务部门还是需要尽力去完成。一是兴乡强镇的需要，较高的财税收入是重要体现；二是在全县乃至全省范围内争先进位和考核指标的需要，财政收入是硬指标，只有税收收入上去了，才能获得较好的名次；三是自身发展的需要，正常运转和扩大投资都需要财政资金作保障。所以，2013 年要完成以上目标，必须在三个方面下功夫：一是土地使用税扩容，对某些企业占用而未申报的面积进行核查；二是对小产权交易中的建筑业、房地产业税收进行专项检查；三是吸引商贸、劳务和建筑安装企业在本地设立公司。商贸、劳务和建筑安装企业不需要太长的孵化期，只要能够运营即可产生税收，见效比较快。

三　非税收收入的来源及用途

2009 年以后，财政收入体制发生了一定的变化，非税收收入不再列入财政预决算报告中，而是单独列出。2010 年非税收收入完成合计 3040 万元，2011 年非税收收入完成合计约 4001 万元。其中，专项资金收入为 1308.74 万元，补助收入为 195.33 万元；工业区集中款为 817.6 万元，产权转让收入为 1450.08 万元；集中收入为 187.12 万元，其他为 42.04 万元。工业区集中款即工业区土地的出让收入，由入驻的企业缴纳；产权转让则主要是集镇范围内的土地及房产转让，主要是土地；专项资金收入中很大一部分为城建费和资源转让费，这三项费用高达3576万元。这部分资金的用途主要有三个：一是由县政府进行集中，所占比例较少，该乡镇属于重点打造的工业乡镇，大部分资金会被留用；二是作为专项资金划拨给开发商使用；三是作为乡镇的专项资金使用。

2010年9月前，政府债务为58万元，于2011年9月全部偿还。2010年末，政府出台规定禁止新增债务。2011年5月，为筹措工业园区建设资金，搭建融资平台，成立了开发区开发有限公司，挂靠县国投公司。开发商于5月开始向机关、村组干部、干部家属以及部分拆迁户进行集资。2011年开发商共吸收资金3327万元（含30户拆迁户539万元）。2012年1—8月开发商吸收972万元。2012年9月，开发商共吸收资金4299万元，占当年预计可支配财力（3212万元）的134%。综合回报率为12%，2012年开发商应支付利息约为400万元，占当年可支配财力的12.5%。2011年开发商实际支付利息为510万元，在支付利息的同时还面临归还本金的压力，财务风险较高。另外，由于开发商未建工程管理台账，无法测量应付工程款等潜在债务规模。在建工程的应付款项还未计算在内。

向个人融资在地方发展中属于风险比较大的一类。乡镇政府采取这样的方式也属于无奈之举，这在中西部欠发达的地区普遍发生。一是本地的工业企业效益不高，不能获得大量的税收，只能开辟其他的渠道；二是城镇发展的水平较低，商住用地的价格不高，无法从银行获得大量的贷款。这些个人集资主要来自干部和拆迁户。对干部而言，这可以说是一项政治任务，也可以说是经济福利。在集资的前期，干部必须带头完成集资任务，否则会影响工作。若发展势头良好，他们可以将集资款全部收回，则是一项经济福利。因为集资的利息比银行高，而且具有一定的灵活性。政府通过向拆迁户集资则是希望将支付的征地款进行回收，这样可以极大地缓解资金压力，保证土地抵押贷款利用的最大化。

镇开发公司成立后，除向个人融资4299万元之外，缺乏其他融资渠道，加之政府财力有限，建设资金日益紧张。2011 年 9 月公开招标的 1900 万元的建设大道，约定工期为 260 天，但由于资金、征地等原因，现在仅完成序时进度的 40%。另外，由于用地指标紧张，工业园区的发展也受到了影响。仅靠关停轮窑厂、土地置换的指标，远远不能满足工业发展的需要。经统计，2010 年以来乡镇政府仅为 7 家企业办理了 125.7 亩的土地使用证。大量的企业用地还未办理用地手续，属于违规用地。所以，乡镇政府的非税收收入直接对接工业园区建设。

从乡镇政府的窘况可见，既缺乏资金，也缺乏用地指标。在缺乏资金的情况下，乡镇政府还无法向银行贷款，只能采取民间融资的办法。而民间融资具有很大的风险，容易影响社会稳定。若要保证社会的稳定，地方政府只能寄希望于开发区的效益，希望这些企业能够发展起来，带来税收。政府的投资超前或者腐败问题的发生，可能导致投资失败。当居民无法将自己的集资款收回时，经济问题就会演变为社会问题，乃至政治问题。当上级不断下达发展的任务时，也在接受风险的负反馈。对地方政府来说，将风险保持在可控范围之内，是与发展同等重要的任务。

在城镇的开发过程中，农民也获得了相应的征地款，该部分补偿在整个资金使用中占据多大的比例则不易确定。若将此款项与土地的用途相联系则存在极大的偏颇之处。在工业用地上，农民基本上获得了政府所能给予的最大补偿；在商住用地上，农民获得的补偿价格和政府的出让价格则有很大的差距。所以，在征地的问题上，农民应该获得的补偿不能仅运用补偿额的绝对值来进行测量。不可否认，在土地的出让变现中，农民在短时间内获得了比较高的收益。但若不对增值收益分配方式进行改变，农民在将这部分资金用完之后，则会陷入生活、工作无任何保障的境地。所以，如何保障农民能够共享发展的成果则是一个比较复杂、关涉长期的问题。

安徽省财政厅调查显示，2010 年全省土地出让收益 = 1104.5 亿元（土地出让收入）- 450.0 亿元（征地和拆迁补偿支出）-

42.4 亿元（土地开发支出）-3.1 亿元（农业土地开发性支出）-3.3 亿元（补助被征地农民社会保障支出）-3.1 亿元（保持被征地农民原有生活水平补贴支出）-7.2 亿元（土地出让业务费支出）-39.2 亿元（新增建设用地土地有偿使用费支出）-21.2 亿元（破产或改制国有企业职工安置支出）=535 亿元。再扣除财政部和安徽省相关文件规定的三个 10%、一个 5% 和总收入 4%—8% 的法定提取，土地出让的可支配收入会更少，为 312.9 亿—357.1 亿元，不足土地出让总收益的 1/3。① 而当年全省的城市建设、农村基础设施以及其他支出三项就达 437.4 亿元，可支配收入不足以支付三项支出。从上述统计中可以看出，农民所获补偿占土地出让金总额的比重不足 1/3，中央、省所提取的相关费用也在 1/3 左右，剩余给地方政府所使用的也仅有 1/3。上述调查主要针对的是已经进行招拍挂的国有土地的出让。因为土地性质和用途的不同，各地在具体的实践中会稍有差异。

从表 5-8 中可以看出，由于土地性质和用途的不同，其征收和平整的成本也有很大的差异。所以，对某些土地征收与出让价格的比较，不能仅从某一个地块来衡量，而要从全局来看。

表 5-8 2012 年土地收储价格

项目	土地征收（亩）		拆迁安置（平方米）	土地平整（平方米）	合计（万元）	均值（万元/亩）
	水田	村庄建设用地				
1#地	179	25	12335.8	375000	3186.27	14.16
2#地	23.1	8.43	3869	45000	843.95	26.77
3#地	81.33	—	—	11000	655.32	8.05
单价	4 万元/亩	2 万元/亩	1#地 1050 元/平方米 2#地 1550/平方米	30 元/平方米	—	—

① 《2012 安徽财政年鉴》，安徽人民出版社，第 470 页。

续表

项目	土地征收（亩）		拆迁安置（平方米）	土地平整（平方米）	合计（万元）	均值（万元/亩）
	水田	村庄建设用地				
合计（万元）	1133.72	66.86	1894.96	1293	—	—

将这些土地储备之后，政府即对其出让进行了规划，工业用地、商业用地分别为179亩和112.86亩，相应的单价也为6.4万元/亩和102万元/亩。照此计算，工业用地的收益为1145.6万元，商业用地的收益为11511.72万元。在调查过程中发现，商业用地单价为102万元/亩的仅为人们对形势估计过于乐观情况下出现的一宗地。当地合理的价位应该在50万元左右。所以，这批土地收储的总收益应为6788.6万元，比原来计划的要少很多。同时，在出让之后，征地补偿费要占到将近50%。上述内容只是政府的一项计划储备，表5-9和表5-10反映的是其当年在土地征收与平整方面的支出情况。

除上述的土地征用和“三通一平”的费用外，还有房屋拆迁的费用。本年度拆迁面积为16204.88平方米，补偿金额为1994.95万元。本年度政府在这两方面共花费12421.58万元，平均每亩地的费用为10.80万元。所以，在工业用地方面，政府的批租价格往往等于或低于土地的成本价格。当然，在建设的过程中，并非仅由工业园区使用的主干道路也包括在内。同时，这些资金也并非全部由乡镇政府承担，还有部分财政拨款，但数额有限。在工业化发展的前期，政府需要进行先期的投资，然后通过发展，聚集企业和人口，带动相应的消费，通过税收或者其他方式进行回馈和填补。若只有土地的城镇化，而无人的城镇化，城镇化的发展会走进死胡同，而丧失可持续发展的可能性。既要土地城镇化快于人的城镇化，又要让人的城镇化跟上土地城镇化的步伐，二者不可偏废。

表 5－9　2012 年土地征用明细

	水田	旱地	荒地	水塘	林地	其他	合计
面积(亩)	208	271	132	156	325	58	1150
土地、劳力安置补偿(元)	6601920	6639500	2376000	3276000	9262500	870000	29025920
青苗补偿(元)	166400	216639	39600	234000	812500	11600	1480739

表 5－10　“三通一平”费用明细

道路		供排水		土地平整		强弱电		合计
面积(平方米)	金额(元)	长度(米)	金额(元)	面积(亩)	金额(元)	长度(米)	金额(元)	金额(元)
159612	62463542	4902	4289250	631	3786000	4902	3431400	73970192

尽管乡镇的财政能力有限，但发展步伐并未减慢。基础设施类项目在短期内并不能获得回报，长期来看也无法获得直接回报，而是通过产业的发展获得税收。从 2012 年镇的重点项目来看，需要镇政府投入的有 6300 万元，而政府的全年财政收入才有 6707 万元，可支配财力为 4000 万元左右。其中，保工资和运转需要 2500 万元左右，而政府仅有 1500 万元可用于建设的资金。大面积的资金缺乏已经成为不争的事实。所以，对于这些工程，政府要么不去做，要么进行大规模的借贷。在很多地方都可以看到，工程刚开了个头，就放在那里，一等就是好几年。起初，不得不开工，而等开工之后，地方政府又没有足够的财力进行下去，只能搁置。从这些报告中，也可以理解为何地方政府有巨额的欠债。这有一定的必然性，是因为发展模式的变化在发挥基础性作用。20 世纪 80 年代乡镇企业主要是在社队企业积累的基础上进行缓慢的发展，并且不需要政府为乡镇企业的发展提供专门的基础设施。而工业园区的建设则是在基本毫无基础的条件下，平地起高楼。这种发展方式，以政府的先期投资为前提，在后期的发展中才会逐渐见到效益。这种投资能否见到效益，有何种程度的回报，充满不确定性。许多地方政府存在盲目投资的冲动，许多形象工程也造成资源的浪费，让地方财政背上了沉重的负担。在新的发展条件下，地方政府对金融的依赖程度大大增加，风险也不断增大。

从该镇的财税情况来看，目前乡镇政府处于投资、负债阶段，并没有太多的收入。这意味着在征地过程中，政府存在尽量压低征地款的可能。而且其对于未来的收入预期则存在极大的不确定性。若工业园区能够招来优质企业，改变产业结构，则会获得可观的回报。反之，则会造成土地资源的浪费，成为一场新“圈地运动”。土地城镇化也许是城镇化的第一步，还需要实现人的城镇化。这是一步极其重要的跨越，但并非在所有的地区都能够实现。

农业税费改革、撤乡并镇之后，乡镇的范围大大扩展，已经超过了原来最高的一级集体。在大多数地区，这个最高级的集体已经不存在或者说无法实现了。当下，提及最多的是村、村民小组这两个集体。而政府的发展与这两个集体的发展目标存在极大的差异。因为政府的发展要在全区、全集镇进行谋划，发展的成果要投入公共财政。由于功能区的划分日益明确，这些土地的用途、升值空间不同，更需要政府的整体布局。所以，政府不可能将升值高的部分对集体让利更多，对公共建设用地部分不给予补偿。更为重要的是，农民只能获得一次性补偿，而与土地日后的发展、增值无关。这就造成了政府和农民二者之间长久的分歧和矛盾。

第六章　城镇化实践机制的内在张力

尽管以地生财的资金筹措手段和地利共享的利益分配方式作为组合促进了城镇化的发展，但其内在张力也引发了诸多的问题和矛盾。有人认为土地问题已成为农民抗争的焦点。[①] 在这种冲突中，控告方是农民或者村级组织，而被告方则是征地工作的直接实施者即乡镇政府。其实，这种冲突并非仅发生在农民、村级组织与政府之间，而是三者内部均有可能发生，农民相互之间也会出现类似的状况。这种冲突虽由于土地的征收而产生，但原因并不仅是征地，而是综合性的治理问题。在这种冲突中，农民的动机是什么，是为个体谋利还是维护集体的利益？乡镇政府在多大程度上构成了对农民的损害，又在多大程度上受到了“刁民”的刁难？在存在公地悲剧的同时，是否还存在反公地悲剧？对上述问题的理解和回答可谓是众说纷纭。

针对当前出现的各种问题，许多人提出了解决方案。势力最为强劲的当数以产权理论为依托的私有化方案，认为其是一剂包治百病的良药。殊不知，实践中所发生的矛盾与纠纷远比人们想象的要复杂得多。个体与政府、集体之间的冲突与博弈既有激烈的对抗，也有柔性的纠缠；既有农民对权利、正义的伸张，也有利用各种手段为自己谋利的狡黠，复杂而微妙。

① 于建嵘：《土地问题已成为农民维权抗争的焦点——关于当前我国农村社会形势的一项专题调研》，《调研世界》2005 年第 3 期，第 22 页。

第一节　征地拆迁中的矛盾与纠纷

不知从何时起，上访成了农民维护自身利益的一种手段。尤其是在征地过程中，上访的频度和强度都在不断增加。[①] 农民上访的原因之一是获得了较低的补偿，利益受到了损害，需要通过上访来进行维护。近年来，上访的目的、性质和方式在不断发生变化。以前农民多是为了维护集体的权益而上访，而当下更多的则是为个人谋利。集体逐渐退居次要地位，无数的个体成了争取利益的主体，矛盾此起彼伏，让地方政府疲于应付。

一　为集体而上访

老赵是当地有名的上访户。他有名是因为曾到北京上访，并且取得了成功，基本达到了目的。他的成功在于既维护了集体的权益，又未形成与地方政府的对抗。他未发展成为上访专业户，成为政府重点关注的对象。

> 1997 年，乡政府办轮窑厂烧砖，占了我们 28 亩半地，就给了两万五。那田都分到户了，又进行了统一调整，钱也是大伙儿分的。征地之前，政府把村民小组长喊过去吃了顿饭，他们代表村民签的字，村民都不知道这些事儿。政府也穷，没有什么钱，就给那么多，不愿意要拉倒。老百姓的鼻子都被捏着，同意也得同意，不同意也得同意。钱我也拿了，我不拿别人都给我用了，我也没有办法。
>
> 我在家里没有事儿，就喜欢看书。当时，《土地法》已经颁布了，我就拿着看，又想了想这事儿，感觉不对，给的钱太少了，应该再给点儿。到律师那里去咨询，他说，村民小

① 王华华、陈国治：《我国城市化中土地征收引发的群体性事件防控研究》，《求实》2011 年第 10 期，第 64 页。

组长只能代表个人，不能代表村民，这个合同无效，可以再找政府谈谈。到政府里去，工作人员态度不好。当时，我们气坏了，非把这个事情搞成不行。

官司赢了，省里管了。他们不给我们钱，让我们搞个公益项目。我们村离村部有三公里，用电不方便，电扇都转不动。我们就让他们架线过去。

这个事儿干得值，但是担风险，我们也怕，晚上睡觉都睡不踏实。我们走的都很秘密，任何人都没有讲，老婆也不知道，回来了他们也不知道。要不然他们会拦我们，现在不允许拦了，拦是错误的。①

从上述的案例中可以看出，村民不是为自己上访，而是作为代表，为了村民小组进行上访。村民上访的理由很充分，地方政府占用村民的土地，补偿太少，对村民的权益构成了损害。该村民的上访行动得到了全体村民的支持，每家每户都要出资金，并且帮助上访的代表耕种田地。上访的结果则是政府以承建公益项目的名义对村民小组集体进行补偿，而上访的个人没有得到什么好处。这也说明，上访的目的是维护集体的利益，而不是个人的利益。土地征收受损的是所有的村民，上访受益的也是所有的村民。他们始终作为一个统一体而存在，并未产生分化。在此体现的是乡镇政府与村民小组集体的矛盾，而不是与个人之间的利益纷争。乡镇政府延续了可以无偿、低价征用农村土地的观点；农民却不再这样理解，认为政府与自己的集体属于两个不同的单位，所办企业的收益无法直接分享给他们，而企业占用的却是本村民小组的土地。

土地的占用发生在第二轮土地确权之前，村民的集体意识还比较强烈，未产生对土地私有化的想象。集体意识比较强的原因有以下几点：一是人民公社体制影响的遗留，让人们认为土地是

① 2013 年 6 月 21 日白镇实地访谈。访谈对象：赵某，农民，55 岁。

国家的，而不是个人的；二是农业税费的征收，也让农民建立明确的责任意识，知道这些土地属于谁，自己该尽什么样的义务；三是土地的不断调整、均分，也体现了集体权力的存在，不会让村民与土地发生长久的固定关系。这些均体现并维持了集体的存在。再者，大部分村民还需要依靠田地，外出人口较少，还未产生分化。土地面积的减少，对每个农户来说，都是严重受损的事情，这也促成了他们的集体行动。

当然，上访的成功也与代表的努力有关。在当时的情况下，28 亩半土地赔偿 2.5 万元，于情、于理、于法都站不住脚。村民在此方面具有极大的合法性。并且，村民上访既未干扰政府的运作，也不涉及其他的问题，如给政府乱扣帽子，而是针对土地的补偿过低这一具体的问题。《土地管理法》的颁布一方面为政府低价征收土地提供了法律依据，另一方面也成了农民维护自身权益的重要保障。若无相关法律的规定，村民也不知道政府的行为是否合法，自己应该通过什么样的途径来获取补偿。法律的作用在该事件中发挥了积极的作用，维护了村民的利益，阻止了地方政府对村民利益的侵害。《土地管理法》要求对征用土地的赔偿额不超过前三年平均单产的 30 倍，似乎确定了最高限度，对地方政府有利。但从农民的角度来看，则是提供了一个确定的可以要求自己利益的标准，让农民更加理直气壮地主张自己的权利。

二　为谁而访

十年后，该村民小组又遭遇了征地和拆迁，所面临的状况和处理方式与原来有了很大不同。此次拆迁共涉及 22 个村民小组，6 个村民小组全部搬迁，16 个村民小组部分搬迁。对农民的补偿主要由房屋和土地两部分组成。村民的房屋经过评估之后，补偿给农户个人。而土地则有两种不同的补偿方式：全部搬迁的村民小组多采取均分的方式，而部分搬迁的农户则是“个人卖，个人得”。水田的补偿标准为 1.8 万元/亩，旱地为 1 万元/亩。采取均分方式的村民组，补偿金额平均为10万元/人。按照承包田地面积计算的则补偿金额不等。

县政府成立了征地、拆迁项目指挥部，镇、村干部组成工作组，每个村民小组还要选出5名左右的村民代表进行协助。村民代表主要由老干部、老党员以及生产队中比较有威望的人组成。这部分人可谓是村庄中的精英，熟悉村庄的大事小情，也能讲出一番道理来。村民代表主要是协助政府量田和做群众的思想工作，发挥沟通村民与政府的桥梁作用。他们帮助政府做了很多的工作。这次，老赵就站到了政府的一边。

> 这次我又反向政府（站到政府那边）了，政府派人去做了我的工作。这个项目对我们地方的发展有好处，“人随王法草随风”，这是个大趋势。祖祖辈辈都在田里扒，几辈子了也没搞出什么东西来。不开发也没有这么多东西。中国是个农业大国，要从农业走向工业。“出门看天，进门看脸。”领导们接待也客气，泡茶、递烟。合作是没有坏处的。党委书记也知道，表扬过我，领导表扬一句也是可以的。我讲解法律、法规，劝老百姓不要扛了，这是有好处的，两者都要兼顾。在镇上建设的房子不断升值，在村里建的房子也就那个样子了，没有什么前途，这边干什么都方便。到这边来建房子，延迟了我们的工期，给了一些补偿，这个是给个人的，心里有数。家里的其他问题也解决了一下。个人的问题可以找政府解决，为了组织的问题不值得，我们这一代也要不了那么多钱。①

这次的征迁与上次的土地占用有所不同。这是县里的重点项目，工作力度非常大，个人无法进行对抗。政府对补偿的标准进行了公示，相对公平。虽然补偿标准有点儿低，但也可以接受。

① 2013年6月21日白镇实地访谈。访谈对象：赵某，农民，55岁。

村民之间也产生了一定的分化。有些人已经不希望在村庄中居住，收入也不再以农业为主，期待城镇生活。他们成了该项目的支持者。政府对村民也进行了分而治之的策略，先团结了一批精英分子，不让他们唱反调，转而支持政府的工作。村民也对大的形势有了清醒的认识，认为继续与政府唱反调没有太大的意义，都有了自己的打算。

村民的分化构成了此次征迁的背景。第一，村民的经济来源与生活态度产生了分化。农业收入在村民的家庭收入中退居次要地位，部分农民希望到镇上生活。所以，他们盼着拆迁，可以降低自己进城的成本。第二，补偿的主体是个体的村民，而不是集体。这就使个体成了争取利益的主体。尽管他们还呼喊着“为农民争取利益”的口号，但更多的是为自己。第三，个体农民提出的理由、要求补偿的重点不同，也使政府无法统一满足。这也为政府的分而治之提供了很大空间。

当然，也有村民对此事表示不满，每个村民小组选出了两名代表，与政府进行协商。此次上访事件涉及人数较多，但只是个别代表得到了好处，而普通的村民则受益不多。

村民的谋利具有相对性，即在相同的补偿标准条件下，少数人获得了更多的利益。在此并不涉及补偿的标准是否合理的问题，虽然按照国家的标准来说，补偿标准未达到相关的要求；但从地方政府的承受能力来说，补偿标准则处于合理的水平，即具有地方合理性。某些农户的谋利行为之所以能够成功，也与当下的信访治理体制有关。

三　同一事件的不同表述

新闻媒体的监督，有利于约束政府的行为，维护社会的公平和公正。但是不恰当的报道却会使事件偏离正常的轨道，以一种荒谬的面目呈现在人们的面前。尤其是自媒体的出现和运用，大量的信息即时被扩散出去，经过网络的传播和炒作，构成公共性事件。这给地方政府带来极大的压力，也向村民们传达了错误的信息。

该乡镇在建立郑庄园区时，征收了部分土地。由于这些土地的类型不同，所以补偿价格不一。村民们有意见，认为相同的土地面积应给予相同的补偿，征地工作开展得非常困难。为了将工业园区早日建成，工作组对特别难缠的农民做了一定的让步。可是该农户将自己获利的消息散播了出去，在村庄中掀起了轩然大波。其他已经拿到补偿的农户纷纷反悔，要让政府给予更多的补偿，并阻断了通往工业园区的道路，使车辆无法通行，影响了企业的正常生产。

村民们在网上发布信息，其中多有讹传、夸大之处，但有几点需要说明。第一，他们会将工作人员都说成是警察以吸引眼球；第二，他们会将轻微的肢体冲突说成是工作人员对其进行“肆无忌惮的殴打”。所发生的轻微肢体冲突也因为是有村民躺在地上，禁止行人、车辆通过，工作人员前去拉人，发生了撕扯。村民帖在网上的点击率很高，并且有大量的支持性回帖。

政府也在网上发布了相关的消息，认为是处置了一起村民阻断省道的突发情况，维护了当地生产、生活秩序，对事件的描述与村民的认识有所不同。比如，村民堵塞的仅仅是通往工业园区的道路，而不是所谓的省道。政府将矛盾的起因定性为“企业私下协调用地”。政府完全是旁观的秩序维持者，而不是矛盾的介入参与者。

因为乡镇政府与村民不存在对与错的关系，而是在何种程度上达到平衡。地方政府是在运用统一的手段来应对并不统一、分化的村民，总会遇到特殊的要求，并进行特殊的应对。关键是怀揣公平要求的人都在追求特殊，这就让政府处于尴尬的境地。媒体确实发挥着对政府监督的作用，但也有夸大的嫌疑，于事无补。许多村民、媒体也利用了地方政府害怕曝光的心理，进行威胁或者谋利。尽管在征地过程中有激烈的矛盾和冲突，但这不是常态，更多的是政府与村民之间“半推半就”的互动。

第二节　集体的式微与个体的崛起

在农村，一个不争的事实是集体的权力、意识正在衰弱，而个体的意识和利益正在崛起，农民对土地不断产生私有化的想象。这与市场经济的展开、国家政策和法律的变动有关，也与乡土结构的变迁有一定的联系。

一　无法上收的管理权

按照法律的规定，农村的耕地和宅基地均为集体所有，村民使用需要经过集体的同意，必要的时候还要缴纳一定的费用。在集镇范围内，村民如果建房的话，还要经过乡镇政府的征收与出让及缴纳相关的费用。但是在实际的生活中却并没有那么顺利，许多人认为自己耕种的土地是归自己的家庭所有，而不是集体，尤其是宅基地、菜地或宅基地旁边的荒地等。村民黄某属于门前一队，原来的房子坐北朝南，与道路有一定的距离。随着集镇的发展，其周边建造了不少新房屋。所以，他想将自己的房子改成东西朝向的，紧邻道路。可是，在建房的过程中却生出了许多的枝节。

> 这个地方还有点儿复杂。老黄家的人比较勤快，就把自己家旁边的荒地开垦成了旱地，当成了自己的菜园子，还拉起了围墙。按照他们的理解，既然这里是自己的菜园子，那么就是自己的土地了，就可以建造房子了。他们家原来就是几间小平房，后来想盖楼房。生产队的社员不这样想，认为那是生产队的地皮，要想建房子，必须给土地使用费。生产队的干部也不好意思去找，就让一个老光蛋去和黄家去吵，把事情闹大，去找政府。政府这个时候也想参与进来。因为旁边的土地都是几万块卖出去的，要是政府把地征走，也能卖不少钱。就算优先卖给老黄家，也不能就这样让他们不花一

> 分钱盖房子。事情闹出来以后，老黄家不承认那是生产队的地，也不给政府钱，说那本来就是他们家的地。后来，政府就把他拘留了半个月，生产队感觉事情闹大了，也就同意他建房子了。政府也没有强烈坚持，老黄家就这样把房子建成了。[①]

土地管理权的上收并没有那么的简单，总会遇到一定的阻力，或者说相关各方都想在此方面获得收益。若是在偏远的农村这也许不是什么大的事情，但是在集镇范围内，就会引起各方的关注，因为这不仅仅是占用了一块土地，同时还意味着能将这块土地进行非农使用，有极大的增值收益空间。其中，几个规则交织进行。比如，村民黄某认为自己家旁边的荒地就是属于自己的自留地。在农村，村民在自己家的自留地或者荒地上建房子是正常的事情。当集体将这块土地划归某村民使用时，也就等于说集体同意了该村民对土地的长期使用，并且村民可以改变土地的用途，不需要向集体汇报，且也没有汇报的必要。也可以认为这是对荒地的认可原则，在农村，开荒的所有收益都可以归村民所有，不需要上缴，这是对其劳动的承认，若是转变为其他用途，则属于另外一种情况。所以，村民黄某认为自己开的荒，那么就是自己的土地，可以归自己使用、所有。

在村民小组那里，则是所有的土地均属集体，个人不能随便使用。因为其他人认为，如果是在自己的宅基地上建房子，则不存在太大的问题，占用的面积没有变，没有侵占集体的利益。但是，若扩大面积，则属于侵占集体的利益。虽然那里是荒地，但属于集体，而不是个人所有，个人不能随便占用；个人可以在那里开荒，承认他们的劳动所得，但不能认为其归属村民。政府则是另外的国家逻辑，即所有的建设用地都要经过征收、出让之后，才能进行建设。显然，农民在这块土地上建房，违反了相关的规

① 2013 年 7 月 14 日白村实地访谈。访谈对象：赵某，村民，曾任综合厂厂长，82 岁。

定，需要依法处理，但是结果如何呢？只能是在对村民进行处罚后，允许其建房。不过，通过该事件，相关各方表明了立场，为以后的处理提供了依据。村民乱建房的行为得到了遏制，具有一定的警示作用。

该问题的核心在于，为何老黄会认为自留地或者开荒的土地就是自己的，是什么原因让他有了这样的想法。一个很重要的原因就是长期使用，让他形成了习惯，认为这就是自己的土地。在村庄中人们似乎一直认为宅基地属于私有。许多宅基地都是祖上传下来的，在人们的观念中就是私有财产，和集体没有太大的关系，自己祖祖辈辈都住在那里，理应是自己的东西。并且，在宅基地的问题上，也存在私人之间的交易，政府或者集体也承认这种方式的存在与发生。很多地方的宅基地都是自己的荒地，或者从别人手里购买，而没有从集体那里获得，或者集体将土地划分之后，就不再进行干涉。关于土地的用途只是国家的划分，在农民那里并未有如此详细的划分。他们在意的是能否建房子，如果没有过多的干涉就可以进行建设。长期的使用就让人们产生了这种观点，如果政府认为需要征收之后才能建设，出现纠纷也在情理之中。

二　逐渐缩小的大塘

大塘位于竹园村民小组西侧，水面将近20亩，为5个村民小组的土地提供灌溉用水。随着耕地转变为建设用地，渠道被阻塞，大塘失去了灌溉功能。于是，就有人不断将大塘填平，建造房屋。比如，老陈是村民小组长，将大塘填平之后，在上面建起了厂房。将自己房前屋后的大塘填平，放置柴草杂物，本不是太大的事情，这是农村中普遍的现象。因为若集体需要的话，随时可以将这些杂物进行清理。但在大塘上面建设厂房，则属于违章建设。镇城建部门要求将厂房拆除，但无疾而终。也就是说，老陈差不多将这块地变成了自己的私有财产。因为厂房属于自己，自己不使用可以将其出租出去，而对这块空地的占用则不需要缴纳任何费用。

老陈属于有经济基础的人，因为他曾经承包工程，有能力建设厂房。老陈也属于路宽的人，因为他可以与领导搭上关系。不管这个大塘是否会被征用，老陈都能得到不少的好处。若不征用，这块土地归老陈无偿使用；若是被征用，政府要考虑到老陈将大塘垫平所花的费用，必须要给予他补偿，也有可能将此面积计算在老陈的份额之内，承认他对大塘的占用。

有个小老板占了一部分，什么也没有给。他的老丈人和我们是战友，按辈分算，他也是小辈，我们就去找他。他和原来的村主任是一担挑。我们就去找村主任，希望能帮忙做下工作。敲（村主任家的）门不开，打电话不接，楼上的电视机还在响。我们就找到村主任的父母，让他们传个话，去做做工作。我们都是六七十岁的人了，再去搞这个不好意思。人家给你个面子还好，要是直接把你撵出来不是难为情吗？

只要他（指小老板）不搞了，其他人也就不搞了。他还几次扬言，你有本事你去找我。我们都快入土的人了，本不该说这些，属于多嘴。群众老是找我们，说我们没有用，是党员，还当过老干部，这点儿事都办不成。自己心里头也不舒服。有社员说，拉两车土把门子给他堵了。我们说那样不行，闹事，影响社会稳定。还是要通过组织反映，让他们晓得就行了。社员让我们到县里去。那个塘管水也成空话了，我们想让他出点儿钱。占人家东西拨给人家钱，安慰一下就行了。在这个事情上，“叫天天不灵，叫地地不应”。

原来的时候，他也找过我们说：“两个叔叔，你们要是卖塘，就让我量一点儿面积。”我们说，这个事情好说，就叫了生产队长、村民代表，吃了顿饭，每人发了包烟。生产队长量了一下，11 亩，就说 30 万块钱算了。当时，他也没有说什么。后来说，这个贵了，就算了。他丈人死了，这个问题也不好解决了。现在社员也在找。村里报到了乡里，乡里说让水利站的人看一下，看这个塘到底属于谁，看怎么办。[①]

这个就是比较有强力的人。他的岳父原来在大塘边有一座房子，后来进行了拆除重建。在新建时，原来的房子面积太小，他就向镇土地管理部门缴纳了一笔费用，获得了部分土地。在建房子的时候，他就不断向大塘边扩张，不断将其垫平，作为自己房屋周边的空地。他所垫平的空地面积远比自己建筑用地的面积要大，这就构成了对大塘的事实侵占。他不但不听这些老人的劝告，还扬言让老干部去上告，气焰嚣张。按照那些老人的理解，事情不应该这样，而应有解决的渠道。若他岳父还健在，将是一个很好的中间人。他岳父去世以后，原村主任应该是比较合适的人选。因为原村主任和老党员比较熟悉，与小老板也是亲戚关系。可是，他回避了这个矛盾。村民们也知道大塘被占已经成了不争的事实，他们的目的是多要一点补偿费，不能被其他人无偿占有。但是他们只能停留在想法上而已，无法强迫占塘的人拿出那么多的补偿费。这些本来可以在村民小组、村委会范围内解决的问题，相关的人员却不解决，而是要通过镇政府。这也说明乡村结构力量逐渐弱化。在村民的意识中，这些事情应该由党员、干部出面解决，所以村民就将责任推到了他们身上。这些老干部还有些责任意识，认为自己也应该出面。再者，他们认为自己在前期也参与了此事，应该负责到底。可是，事实并非如他们想的那样简单。他们无法让小老板按照既有的方案执行，小老板也不会妥协。

在此事件后，竹园村民小组开会讨论剩下的水塘该怎么办。在这个会议上，大家吵得是一塌糊涂，开了四个小时的会也没有商讨出结果。老陈的意见是按照分田的方式将塘分掉，每家是多少就是多少，等到开发时，卖到了哪个塘就是哪几家人分钱，要

① 2013 年 4 月 14 日白镇的实地访谈。访谈对象：刘某，原白村党支部书记，78 岁。

是卖不到就算了。这个面积确定好之后，就将那些已经被部分村民填平的塘面积去除，或者直接让那部分村民以当前的价格向村民小组购买。不管怎样，他自己都很划算。因为老陈已经填平了一块不小的面积，若是直接从村民小组购买，自己买的面积肯定比别人大；若这块土地被征收的话，他可以卖一个高价钱。即便是按照人口来均分，他肯定要分得已经填平的这一块。分塘和分田有所不同。分田要照顾到公平，进行插花。但是，水塘则无就近、方便的原则，只要面积差不多即可。

在竹园村民小组开会讨论是否分塘时，其他几个村民小组已经联合起来出让了大塘的一部分。他们认为此大塘已经废弃，不再发挥灌溉功能，与其让塘边的村民逐渐占去，还不如直接出让以获得部分出让金。某居民以 9.81 万元的价格获得了 3 亩大塘的使用权。后来，政府又将这部分面积进行了征收、出让，以 30 万元/间的价格转让给了开发商，总计 12 间，360 万元。开发商拿到土地之后，也没有直接进行开发，而是希望与建筑商进行联合开发，即开发商不出资，而是让建筑商进行垫资建设。然后，开发商负责售卖住宅，建筑商负责出售底层的商铺。建筑商认为商铺的行情不是太好，希望双方按照间数进行平分，各占一半。目前，双方还在谈判过程之中。

从上述的材料中可以看出，大塘主要以三种方式被瓜分：一是小老板的强占；二是竹园村民小组的开会商讨；三是其他几个村民小组的联合出让。小老板占塘具有明显的强力性，就是凭借自己的“蛮横”，占了塘而不给村民小组补偿。他在整个过程中也并不是一直表现强硬，而是运用了一个小策略，即通过自己的关系向村民组传达出要购买的意向，并和村民小组商谈此事。在他发出这个意向之时，就开始填土方，当村民小组报出价格时，他又认为太高，不再进行购买，但对大塘的占有已经成了事实。村民小组的反应就是找与其有关系的人去沟通，希望他拿出一定的款项，而当中间人不再发挥作用时，商谈就不再能够进行下去。从中可以看出，所谓的“集体所有”是多么的“虚弱”。它需要一定的体制性力量进行维持，但是这些力量均不发挥作用，反而要求助于乡土性的社会力量。个人的强反而显示出了集体的弱。虽然他们向社区党总支、镇政府反映了多次，但都不了了之。一是组织也缺乏有效的手段来处理此事；二是此事未造成太大的影响，乡村干部缺乏解决的动力。其实，村民小组并不反对小老板的占据，而是认为不应该无偿占有，应该给予一定的补偿。

而竹园村民小组的商谈也是很有意思的事情。与会村民的总体想法是将水塘全部分掉，所不同的是应该怎么分，让自己占据的份额最大。一般来讲，村民小组长应该是维护集体利益的坚定者，而在此案例中老陈却未能很好地发挥这样的作用。他朝最大获益者的方向进展，力主按照目前的状况进行分配。他的支持者老郑也有自己的想法，就是将自己认为属于私塘的门前大塘提前分配给自己。其他的反对者则是因为缺乏相对的优势，所以反对分塘。还有一些人害怕重新划分，认为会减少自己的既得利益，追溯历史问题，所以就要求维持现状。现在的分塘与将来的分钱是同一个道理，都是要分，均是在处理个人与集体的关系。在集体经济瓦解之后，集体的存在方式就成了一个很有意思的话题。集体是一种实在还是一个符号，若是实在该如何体现？当集体丧失其经济功能之后，所获得款项必须尽早地分到农民的手中。因为它已经没有留存的必要了，不可能进行保值、增值，也不会为增进集体的利益而发挥效用，所以就只能提前分掉。从这个案例中可以看出，集体最容易从那些公共的无人维护的地方分裂开来，因为那里的管理效果最差，且最容易被侵占。

那块被出让的土地反而得到了很好的解决，这就意味着大家所关注问题的焦点是价格的高低。只要价格适合，村民小组均会同意出让，固守那块土地已经没有了太大的意义。随着城镇的发展，土地会逐渐被非农化使用，就看速度、方式如何。所谓集体利益与个人利益的背后是公平，某个人不能无偿地获得超过他应得的那部分。

三　被个人卖掉的土地

在集镇范围内以及村庄中，农民个人之间进行土地买卖的行为大量发生，土地买卖已经与政府或集体没有了关系，所获的收益全部归个人所有。这种买卖并不全部是村民个人的行为，有的也得到了政府的许可。王某讲述了自己与村民小组因为土地问题而发生的一个小纠纷：

> 原来在这儿办了一个林场，地是从各个生产队收上来的。后来，林场散了，土地荒了，我就在那里开了5亩的荒，林场的场长和我关系不错，也没有说啥。后来，有个人要买这块地，4500元/亩。生产队的人不愿意，说土地是生产队的，要把钱拿出来分。我不同意，他们就同我打官司。土地是通过土管所卖的，税金我也交了。我说：哪个说是我的土地，土地是集体的，只有解放前的土地才是私人的，这个常识都没有我是个苕啊。我是个苕，你们还跟我打官司。我开了这么多年的荒，你总得给我点儿劳务费吧。我不是卖，我是出租，他给的是租金。你生产队找政府打官司，你政府是干什么的呢。我通过你了，你让我把钱拿出来，你把协议书拿出来，再写个悔过书。
>
> 当初，我也咨询过，问过政府怎么办，我也不承认是自己的。政府打过红线，这件事是通过组织来的，又不是我私下里交易的。把事情搞大了，你能把我怎么样啊，土管所要负责。我说把钱花完了，怎么办呢，你不能到我家去抢东西吧。他们想找我的麻烦，都想多搞点儿钱。土地是“三十年不变，五十年不动”，我出租五十年。谁知道五十年之后是什么情况呢，我又活不了那么大岁数，都是虚的。①

① 2013年6月25日白镇实地访谈。访谈对象：王某，农民，60岁。

后来，王某所在的村民小组因为政府项目而搬迁，该小组的征地补偿原则是“个人卖，个人得”。之所以会形成这种局面，主要是因为他的上述行为在村民小组范围内确定了标准。他能够谋利成功，除了自己狡辩之外，还有两个重要因素。一是该土地已经被作为了公共林场，村民小组要求收回的理由不充分。但村民认为既然林场不再办了，那就应该重新归还给村民小组。这种争议是在不明确的情形下进行的，没有说归还，也没有说不归还。二是土管所的介入让王某找到了某种依靠，将责任进行了推脱，土管所如果想征收此块土地，必须与王某商量。如果说，王某认为应该将土地出让收入进行均分，那么就为村民小组确立了一个均分的原则；他选择了个人所得，那么就为村民小组确定一个个人所得的原则。在利益的模糊地带最易确定原则，也最容易被某些强势的个人进行侵占。

在卖田的过程中，许多人都将责任推到了政府的一方，认为是政府的不当行为才让自己出此下策，自己也是迫不得已而为之。比如，村民林某这样讲述自己的案例：

> 我的屋后有块田，原来是很好种的。但是由于政府的开发，断了原来的水路，田成了废田。我就到政府那里要求解决问题。政府原来说好的，要解决后顾之忧，不能因为开发耽误种田。现在是把土地卖了，什么也不管了。我们也不要求政府做什么，就安一个涵管就行，上游多粗，下游就有多粗，不影响水道就行。政府认为这个太难，不好办，做不到。我就要求政府将这块土地变更为闲散用地，然后转化成建设用地。
>
> 后来，外村的村主任看中了这块地皮，说是要买。他们不承认是买，我也不认为是卖，土地是国家的，怎么能够卖呢。我们就说是出租，我一亩地按 1000 元的租金算，50 年就是 5 万元，三亩地就是 15 万元。政府征收的价格才是 3.4 万元/亩，我这个比他们那个还高，自己也划得来。把土地出租

出去，剩下的事情就与自己不相干了。50 年以后，我就不在了，谁知道会发生什么事情呢。[①]

政府在开发过程中，仅征收、出让靠近道路的田地，而不涉及其他的区域。这就造成了一个很大的问题，就是破坏了田地的灌溉系统，使那些未征收的田地既不能放水也不能排水，无法正常耕种；还有就是居民生活垃圾的倾倒，也影响了农作物的种植。这就让农民处于两难的境地，想种田种不成，条件不方便；不想种田，政府也不征收，土地闲置又于心不忍。于是，他们就找到政府要求解决问题。政府也没有解决的办法，既不会在无用途的情况下征收土地，也不会新建水利系统。能闹的农民就可以获得一点儿好处，不能闹的农民就只能忍气吞声。老郑还算是一个比较能说会道的人，了解许多内情。他的本意也不是种田，而是让政府将此土地变成建设用地，为自己建新房子开绿灯。政府刚开始不同意，他就举自己邻居的例子，政府只能原则上同意他的要求，即批准他在这块土地上建房屋。后来，他的家中有人生病，需要花钱诊治，建房子的计划就搁浅了。不久，有两个希望到集镇上来建房子的人看中了这块地皮，希望买下来。他就很乐意地"流转"了出去。因为这块土地已经不再能种植，对他来说就是废田，也不知道政府会在什么时候征收，征收的价格也不会比现在的价格高。将土地进行流转意味着立即变现，这对他来说是件很划算的事情。他之所以同意流转，是因为自己的家人生病，急需用钱，要不然他不会这么痛快就同意流转。至于这块土地怎么从农用地变为建设用地，则与他无关，由土地流入户解决。

如果单从林某的角度来看，此事合情合理，也不违背政策、法律。他进行了土地流转，只是在期限上偏长而已。但从效果来看，这是否就意味着土地的私有化呢？土地流转的期限为 50 年，意味着这 50 年的租金收益全部归自己所有，与集体无关。在不久

① 2013 年 5 月 22 日的白镇实地访谈。访谈对象：林某，农民，54 岁。

的将来，这里将建造房屋，更是与集体没有关系。这些土地可能会变成国有土地，也可能不会，只是归建房者长期使用的土地而已。如果这些土地在集体范围内流转，不会出现大的问题；即便是改变用途，也保证了内部的使用。如果土地流转给外部人，且用途发生了改变，这意味着什么，就不太好理解了。集体内部的流转以及用途的变化，在全国范围内悄然发生早已成了不争的事实。

原来的时候，这里都是菜园子，没有建造房子。现在老百姓都有钱了，也想着住舒服些。那些在路边有田的人先在自己田里盖，国家是规定不让盖，你找找关系，只要不管不就算了。那些在路边没有田的先是和别人换，面积差不多，关系也不错的就相互调一下。后来，调也不好调了，在里面的田总归不方便，干脆就买、卖，只要双方愿意，出多少钱是他们的事儿。开始的时候，还有人说说，不能在田里建房子，不能卖田，田是生产队的。说了没有人听，也就没有人说了，去得罪那人干啥。年老的人管不了，年轻人又考虑不到这个事情上来。只有50岁左右的人想这些事情，因为他要种田。他也晓得种田不划算，但是家中有粮，心中不慌。这个事情，现在管还来得及，只要中央想管，只能从高头的政策来管，不约束不行，地方干部是搞不好的。

三十年不变，土地不调整了，成终身制了，哪个卖就哪个得，你怎么管。现在老百姓也有意见，你去给哪个讲呢，天高皇帝远。村干部不管，大干部听不到，你有意见你忍着，反正不是你一个人。你的田卖不掉，我的田不也是卖不掉。只有卖田的人快活。现在我有田我也卖，我也不知道能活多大年龄，现在有钱花现在快活。①

① 2013年6月26日白镇实地访谈。访谈对象：吴某，原白村党支部书记，79岁。

占用土地建造新房是必然趋势，在农村呈现阶段性的特征。20 世纪 80 年代农村出现过一股建房高潮，因为实行家庭联产承包责任制以后，农民收入实现了连续增长，再加上市场的放开搞活，唤起了农民积攒已久的建房热情。2005 年以后，中西部地区也出现了一股新的建房潮。这次主要是农村基础设施的改善，刺激了农民的消费需求，旧有的条件与新型的家用电器、交通工具不相适应。农民也在不断改变房屋的空间布局，与城市接轨，与现代同步。原来的村庄多为土路，且巷子狭窄，不利于汽车的通行；庭院的设计也不便于车辆的停放。所以，他们希望建造新的房屋，最好建在新修村村通公路的两旁。道路的两侧，通常是建房的最佳选择。由于建房的时间有差异，农民的家庭条件也不同，所以，在建设新房子之后，旧房子处于闲置状态，村庄整治无法进行，造成了极大的浪费。

在建房过程中，那些在道路两侧有田地的农户先进行建造，没有土地的只能和别人进行调田。起初，村民还同意调田。对那些不建房的农户来说，田地的收入主要来自农业生产，两块田地位置的差异并不影响自己的收入。可是，后来随着土地价格的上升，他们发现土地出让的价格要远远高于种田的收入。那么，再调田就变得不划算，还不如直接卖田。如果说原来是“实物”交换的话，现在则变成了“货币”。这是由于区位的发现，货币交换才有了可能。其中还有一个重要的问题是村民之间可以进行自由的交换、交易，而不会遇到阻拦。村集体丧失了干涉的理由，因为土地的承包期为三十年甚至更长。为了保护农民的承包权，在此期限内，集体不得对其进行干涉。还有就是将耕地变为建设用地，这个审批权与管理权已经进行了上收，归专门的城建部门来管理。而城建部门的能力有限，不可能管理辖区范围内的所有事件。脱离了村委会、村民小组的协助，所谓的执法活动就成了空谈，无法落实。

家庭联产承包责任制的实行本来只是经营方式的变化，而不涉及所有制。但是实行的效果却让农民产生了一定的想象，或者说权利意识逐渐显现。村民小组对土地进行调整成了集体所有的重要表现形式。村民小组根据人口或非农用地使用的情况，对土地进行调整，也不易让人们产生对土地所有的意识。这也成了集体的一项权力。当然，频繁的调整也带来了一定的问题，会对人们的预期产生影响。集体对土地权力的过分集中，也会侵害到农民的利益。这就使保持土地承包权的长期稳定成了很强烈的呼声。

1998 年，进行的“二轮”确权及其后的“长久不变”则让农民的权利意识得到进一步的增强，以至于产生了私有化的想象。[①]随着税费负担的取消、各种补贴的实行，农民更加重视土地。许多外出的农民纷纷回来要地，与先前的抛荒形成了巨大的反差，尤其在城郊区，由于土地的非农使用所产生的巨大增值利益，农民希望获得更多的利益。在前期的征地过程中，政府只需和村民代表商议，然后将征地款在村民之间平均分配，并重新调整土地。在现阶段，政府则要与每个农户谈判。征地款在村民小组内部平均分配已经变得不太可能，更多的是“个人卖，个人得”，集体被架空。如果说，集体还有些许意义的话，那就是可以在征地款中提取一定的份额作为积累。但在大部分地区，征地款是直接分配到个人，集体不再进行提留。

对“三十年不变”基本上有两种理解：一是土地实行家庭联产承包责任制的不变，与集体化时代的统一经营相对应；二是土地的承包关系不变，即“生不增、死不减”，不再调整土地。当村民小组不再调整土地时，就等于承认了农户对某块土地的长期使用权。所以，地方政府在农村进行公共建设就遇到了很大的阻力。政府修建道路、水利设施，要给予村民相应的补偿，不然村民不同意占用自己的土地。农民的这种要求也有一定的道理，为何公共建设非要自己做出贡献，而不是其他人呢？当然，也有部分村民希望趁机获得更多的好处，对自己的土地丝毫不让。这就产生

① 龚启圣、周飞舟：《当代中国农村土地调整制度个案的分析》，《二十一世纪（香港）》1999 年第 55 期。

了“反公地悲剧”。当政府征收土地时，农户希望所有的利益都归自己所有，与政府、集体进行不断的博弈。目前，普遍的方式是“个人卖，个人得”，即征地款按照征收的土地面积补偿给某农户，而不是在集体内部进行平均分配。那么，“长久不变”的又是什么呢？

当这些人将土地卖出去之后，所获收益全部归自己，不再和村民小组的其他人员分享。当然，其他人员也不再给他调整土地。许多村民对此有意见，认为他现在将土地卖了，自己赚钱了。但是在土地承包到期之后该怎么办，是给他土地，还是不给他土地。若是给，则明显是其他人吃亏；若是不给，他要闹，也没有办法，也不能不让他吃饭。村民小组之间也发生类似的状况，由于某个人的侵蚀，公共的大塘变得越来越小，迫使其他村民小组赶紧把大塘卖出去，省得到时候什么也落不下，现在卖一点儿还能得到一点儿。

为何会产生土地买卖？其中一个很重要的原因就是城镇的发展或者农民生活的改善需要土地，而土地不属于土地使用者。土地使用者必须从农民个人或集体的手中获得土地。从个人手里拿土地，那就意味着土地的收益全部归个人；而从集体手里拿土地，则是收益在集体的范围内进行重新分配。虽然最终的结果均是将这些收益分配到个人的手中，但道理有所不同。从个人手里拿土地，是一次分配；而从集体拿土地，则是利益的二次分配，在集体的内部讲求公平。若在土地的分配本身就不合理的情况下，因为土地增值而产生的分配必然是不公平的。所谓的公平该如何来界定呢？在农民的眼中，显然是吃饭公平，而不是付出公平。土地的最大效用是为了让活着的人有口饭吃，而不是讲求多劳多得，让那些曾经付出的人有所回报。也许，坚持土地的集体所有比私有化更有优越性，因为这样做兼顾了短期和长期公平。当某块土地能够出让而其他土地不能出让时，不是因为这个人有什么不同，而是因为这块土地的区位优势。这个区位优势不是个人所造成的，而是出于某个特殊的原因。当某块土地具有区位优势时，那就意味着其他土地具有区位的劣势。为何优势由某个人获得，劣势非要由其他人承担呢？或者说，当下的劣势可能转化为将来的优势。因为土地的价格会不断上升。

> 年轻的卖田积极性更高。女朋友想到街上住，不买房子就不结婚。还有的是到街上陪读，自己买个房子方便，不行再卖了，反正这几年也不会降价。我们国家建的房子太多，闲置的房子也越来越多。有的在农村有房子，还要到街上去买。把土地都占了，这是极大的浪费。我有钱我就买一套，大不了以后再卖了。自己买了房子自己惬意，住着舒服，不用租别人的房子。农村人有钱了就到城市里买房子，家里的房子闲着。这是发展趋势，总得有个过程。原来大部分时间在家种田，现在大部分时间在外挣钱。
>
> 那些拆迁的，一夜之间就有了几十万块。羡慕是有的，但不是主要的，人老地在。他们把田卖光了，有钱了，但是就那么多钱。我们有田，代代能种，有吃的。那些乱七八糟的把田都搞完了怎么办呢。生产队也有这样想的，这一代人搞光了，下一代怎么办呢。这下一代不光是他自己的下一代，眼光太短了，住在这个场子的人都算。①

在这里，村民说出了自己的隐忧、无奈，也提供了一些解释。从侧面反映了为何农村中有大量的房子闲置，而城市中的房价却居高不下，这与中国的工业化进程及城乡二元结构有关。工业化的进程日益加快，意味着有更多的人要脱离农业领域，进入工业领域。而工业多集中在城市，带动了城镇化的进展。在劳动人口中，中老年人不具有竞争优势，只能回到农村种田或者从事一些重体力的工作。而年轻人则具有一定的优势，也希望留在城市。所以，他们要在城镇购买新房，尤其对于那些即将结婚的年轻人

---

① 2013 年 3 月 15 日白镇实地访谈。访谈对象：周某，原白村村委会主任，68 岁。

来说，这成了一个重要的前提条件。这不仅仅是年龄、代际的差别与分工，同时还造成了家庭模式的变化，很难用具体的联合家庭或者核心家庭来描述。再者，由于农村小学的撤并以及优势教育资源的集中，许多家长选择在城镇中购房，进行就近入学或者陪读。这也使他们在两处均有房屋，造成了一定的闲置。对土地与农业的眷恋也是中老年农民普遍具有的心态。他们对土地还有一定的情感，不希望那么快就失去土地。土地对他们来说，有特殊的意义。但是，发展的脚步并不会因此而停歇，我们需要辩证地认识这些问题。

第三节　能人的谋利与老实人吃亏

在调查期间恰逢白镇进行大范围的征地，笔者有机会参与并近距离观察被有些人描绘为“惊心动魄”的过程。在大面积的征地之前，乡镇政府会成立征地项目指挥部，下设若干个工作小组。指挥长一般为主要领导，具体负责的则为乡镇副职。“指挥部”“指挥长”带有军事化色彩。这也说明了政府对此类工作的决心。工作小组由乡镇干部和村干部组成，乡镇干部是工作的主要承担者，村干部则是工作配合者。[①] 指挥部会定期召开调度会，进行信息的交流以及工作的安排。在此类会议上，主要领导均会参加，做出指示，各个小组要汇报自己工作的进展。

---

① 当下的村级组织与乡镇政府的关系大致可以分为三类。一是对抗者，在利益密集型地区发生得比较多。因为乡镇政府与村集体的发展目标不一致，希望村集体服从大局利益。这就意味着村集体要让渡自己业已形成的资产和利益。当村集体不认可这种发展方式时，对抗就可能出现。二是不冷不热的中间者，这主要是边缘性的村庄。这类村庄缺乏发展的空间，不是乡镇政府的工作重点，既无法树立典型，也无法承担发展的任务。同时，村级组织对乡镇政府也没有太多的依赖，只是象征性的配合。三是坚定的合作者。这主要发生在利益密集区，村集体的实力又比较弱的情况下。因为不进行征地、拆迁工作，村集体就没有什么收入。虽然开展工作会遇到各种困难，但村级组织可以获得相应的管理费和补助。这些村级组织、村干部在很大程度上已经不能代表村民的利益，无法获得村民的认可，更多的是政府的助手。

正在征收的这块土地为省级道路的改道工程。目前，该省道从镇区穿过。由于集镇发展迅速，车流、人流量较大，需要将该公路进行外移，作为集镇的外环线。道路设计为 70 米宽，但在征地的过程中，政府在道路的两侧各加了 100 米，即总宽度为 270 米。政府这样做的目的就是进行储备，以便于后续的开发。道路建设完毕之后，这里会成为新的增长点，政府要早做准备，不然会陷入被动。该道路是省道，土地补偿、建设资金应由省级财政拨款。但是，前期的征地款项则由乡镇垫付。同时，乡镇政府提前征收土地进行储备，也需要很大的一笔资金。在制定土地的补偿标准时，乡镇政府考虑到修建公路属于公共建设，不应该给农民那么高的补偿，价格要低一些，所以，就有了两个价格。道路占用的土地价格为 2.7 万元/亩，非道路占用的土地价格为 3.4 万元/亩。但是农民并不那么认为：为何相同的土地会给出不同的价格呢，为何要我做出贡献，而别人得到好处呢。在征地未正式开始之前，关于征地价格的问题就已被广泛讨论开来。

工作组成立之后，要召集村民小组的户代表开会，简单介绍一下有关情况及工作安排。在初次见面会上，各方的博弈与互动就已经展开。

一　矛盾初体现

第一项议程：领导（工作组组长）介绍情况。

有些人也熟悉，我家就是邻村的，1997 年我就在计生办上班了。这个工程是省级重点工程，双向四车道，中间是绿化带。全长 3.87 公里，开发区段是 2.3 公里，我们这边是 1.5 公里。施工是县交通局直接施工，不是镇里施工。3 月 13 号县里下的文件。我们镇也在考虑该怎么发展，向北是开发区，往东没有场子，就只能向西了。对这条路我有个感受，就是江苏那段太好走，我们这边太差，不修是不行。不光是这条路要改道，浙皖路也要改道。我们转了八户，有的家里比较忙，就没有去。涉及咱们这个生产队的面积比较大，大致的范围已经确定，我们这个生产队有90%的土地要被征收，基本要征光了，希望大家理解、支持。工作组会本着公平、公正的原则，共同把这块地拿下来，把工作做好。

领导的话可以分为以下几点。一是介绍自己，与村民拉近距离。二是介绍公路的情况，特意强调这是省级的重点工程，县交通局施工，与镇政府无直接的关系。这是在树立该工程的合法性与权威性，减少工作中的阻力。三是将道路与集镇的发展联系在一起，希望村民能够顾全大局。这也说明集镇的发展对道路和土地的依赖。先修建道路，拉开框架，然后对沿线土地进行开发。这是比较常规的扩展模式，该集镇以往的发展均是如此展开的。从这个角度来讲，土地储备对地方政府越来越重要。四是介绍本村民小组的状况及工作组的原则，希望将此事办好。在开会之前，工作组的成员也在村民中进行了走访，大致了解了相关的情况，与村民谈及了该问题。

第二项议程：选举村民代表。

主持人：这项工作涉及各家各户，要产生三到五名代表，配合工作。带人到户里去，也要把各户的意见都反映上来。代表的作用还在于确认田界，把代表喊过来就行了。我们各家都来人了，你们看怎么办，怎么产生办法。我们建议队长进入，因为他对工作比较熟悉。

村民甲：让我们队长说一下，找几个。(队长保持沉默)

村民乙：队长不说话，我说几句。队长再当老好人，我们就吃亏了。不当那个好人，该怎么样就怎么样。我们不吃亏，也不占别人的便宜。涉及与其他生产队公用的塘、路，我们要坚决维护我们的权益。

村民丙：只要有我们的田，水面就有我们的份儿。有个大塘，一直都是我们管水，和那个生产队不相干。

村民丁：队长不能再沉默了，队长提名，代表通过。给你点左膀右臂，你还不要，你个茬。

村民戊：再加一个候补委员——老陈，他占的田比较多。七个就七个，六个就六个，咱不跟中央常委一样，就那几个人，不能多。

接下来就有村民随便说了几句。

村民丁：我们农民就靠种田。我们不管十万、八万，就几分田，能分多少钱呢。我们60岁以后，打工（人家）不要，连看个大门都不行，那点儿钱一年就盘光了。

村民己：修路也是为我们子孙造福，我们不反对，听说占路和不占路是两样价格，这个不好。

村民甲：土地是国家的，也是村民的，国家可以征用，但是村民有使用权，都是相辅相成的。我们不要钱，你给我搞田。

村民丁：我们老太太、老爷爷不也是没有田么，不照样过吗，共产党不会不管我们的，我们就想多要点儿钱。

主持人：还有个问题，是各卖各的，还是一起卖。

村民乙：当然是各人卖各人的，自己家的田自己当家。

村民庚：我们的田被河水冲走了，你们到时候看着给我拨点儿。

主持人：下午和几个代表集中一下子，和几个代表跑一下子。

所产生的村民代表多为村庄中的精英。他们能讲道理，有影响力，在工作组和普通村民之间发挥桥梁作用。因为工作组对土地、村民的情况不太熟悉，需要他们进行协助。在选举代表的过程中，村民们所讲的话透露出以下信息。一是在涉及与其他村民小组的公用面积时，要坚决维护本生产队的利益，这是集体意识的表现。这部分主要是指沟渠和堰塘。因为有些堰塘属于几个村民小组之间公用的，那么就要进行分摊。还有些堰塘是某个生产队开挖，其他村民小组个别村民也在用水。他们只能用水，但不能参与分摊。还有就是原来属于几个生产队公用的水塘，因为塘面缩小或渠道堵塞，本生产队不再用水，但还拥有分摊的权利。这些解决的都是历史遗留问题。二是要充分照顾到占用田地比较多的村民，这也是为了减少工作中的困难，让意见及时地反馈上来。大家都感觉到了价格制定得不合理，需要考虑到这部分村民的要求。三是村民提出了征地价格太低的问题，并以不卖田为由，让政府为其调田。为以后的生活着想，希望有份保障，也是村民不愿意卖田或者说要价高的原因之一。土地不仅发挥生活保障的作用，而且成为农民的心理保障。尽管土地的收益比较低，但农民却感觉很踏实。在实际的征地过程中，部分村民不反对政府征收土地，也不要钱，就让政府为其调整土地。这完全是一种策略，政府不可能为其找到新的田地，他们的目的是让政府提高价格。四是价格差异的问题，暗含了村民的公平观。村民认为不能因为土地的用途不同，就以不同的价格征收，同样是田地，为何有两种价格呢。所谓的“公共利益”，修建道路，那只是从土地的用途来讲，从政府的角度来理解，与普通村民的关系不是很大。单独的个体没有为公共利益牺牲的必要。这也从侧面说明了，所谓的“为了公共利益可以征收土地，反之则不能”的说法脱离实际。农民更关心的是自己的收益，而不是被征收后的土地的用途是什么。五是村民在卖与不卖上面也有分歧。一方面，他们相信党和政府不会不管他们，支持该项工作的开展；另一方面，村民希望得到更多的补偿，而非是否应该得到补偿。在这一点上，他们的观点非常明确。六是在最后的分配方式上，基本上达成了一致意见。此时，集体就不存在了，土地具有了私有化的意味。全部是个人卖田，个人得，不再均分。七是有村民现在就开始发难，想为自己多谋利，并找出了理由。可惜，这个场合还不太合适。他也只能那么一说，而不会获得太多的支持。

代表选出来之后，就与工作组一起，集中村民的意见，并开始测量田地的面积。此过程是工作组与村民代表熟悉的最佳机会。在量田的过程中，工作组已经开始做村民代表的工作。若他们以前就认识，这次则加深了双方的关系；若是不认识，则建立了新的关系。

在量田结束之后，工作组则要和每家每户进行谈判。刚开始，大部分村民都会拒绝，理由有两个。一是补偿的标准太低，不能接受。工作组会解释说："这个是统一的标准，不好解决，怎么办呢，只能让老百姓自己吃点儿亏。我也知道是这个样子，也向领导反映了多次。我和你无冤无仇，不会照顾哪一个，也不会坑害哪一个。"二是将自己的田地量少了，自己吃亏了。村民们经常会和同组的村民对比，两家有同样多的人口，为何田地面积不同。人口相同是确定的，但土地面积不一定非要相同。因为原来土地分等级，有差田与良田之分，面积上稍有出入是正常的事情，或者是某些田块靠近道路、水塘、沟渠等，稍许的增减也在情理之中。接下来该怎么办。工作组建议重新量田，这不是大问题，只是到田里跑一趟而已。若村民同意量田，则有继续谈下去的可能；若村民不同意重新量田，则继续做工作的可能性不大。

二　越量越多的田地

在量田的时候，一般只有承包户和工作组成员在场，其他村民不参与，这就为每户争取面积提供了可能。重新量田，面积只会增加而不会减少，一般情况下，村民的田地都不会量少。要求重新测量，只不过是村民找一个增加面积的借口罢了。因为价格基本不会变，就只能在面积上做文章。量了之后，面积不会增加，但村民还是认为少了，就要求增加面积。工作组成员一开始不会同意，但经过双方的讨价还价之后，只要面积增加得不是太多，都会同意。比如，某村民小组弟兄两个共耕种了4.8亩田，修路占用了0.7亩。现在这块田地由兄弟两个分开来种。他们认为自己的田量少了，要重新量。在量田时，先测量了弟弟田地的一半，为2.9亩。量完之后，哥哥说不用量了，就以这个为准，每人均为2.9亩。他将自己的0.5亩算在了弟弟的份内。工作组不同意，坚持测量了老大的那块，结果是1.9亩。如此一来，哥哥就有了很大的意见。此时，中间人站了出来，由他来测量。在测量过程中，中间人不断地抖动仪器，量出的结果是5.0亩。在测量时，他不单要沿着田埂走，还要把胳膊伸出来，这与收割时测量的亩数完全不同。那时，若将田埂算进去，农民是要与收割机老板吵架的。由于天色较晚，工作组和兄弟二人要回办公室商量、签订协议。半路上，弟弟开着摩托车回家，向老婆汇报测量结果。到了办公室之后，工作组又让哥哥给弟弟打电话。乡镇干部认为，按照4.8亩的面积，将占路的面积降到0.5亩。这样，兄弟二人就只占了一点儿便宜。他们不同意，认为自己吃了亏。

村民：不能这样搞，要回家和屋里人商量一下。

乡镇干部：这是好大点儿事吗，小事儿一桩，你个大老爷们还当不了这个家？

村民：这事儿对你们来说是小事儿，对我们来说就是大事儿。老婆会说话，你把我接过来，什么都不与我商量，这叫什么事儿呢。不行，我必须回家和老婆商量，要不然回家就得生气。

乡镇干部：这有什么好商量的，你有什么要求尽量提出来啊，回家商量不还是这回事儿吗。

中间人：你有什么事儿就说呀，给领导说。（此为暗示）

村民：要把占路的面积全部减下来。

乡镇干部：这个不可能，占了就是占了，不能一点儿都不占。我和你前日无怨，近日无仇，我不能坑害你，也不能太照顾你。你这样不公平，让其他人有意见。吃不尽的亏，占不尽的便宜。你不能总想着占便宜。

僵持了一会儿，干部将门关了，说：你这样，我们再让一步，就按后来的测量为准，5亩，这样你算一下，比不占田还划算。哪个多，哪个少，你自己不知道啊。这样算，你占了很大的便宜。

他们还是不同意，提出再加 2 分田。按照 5.2 亩计算，占路的面积还是按照 0.7 亩计算。这样就有四种不同的解决方案：

方案一：0.7 ×2.7 +4.1 ×3.4 =15.83

方案二：0.5 ×2.7 +4.3 ×3.4 =15.97

方案三：0.5 ×2.7 +4.5 ×3.4 =16.65

方案四：0.7 ×2.7 +4.5 ×3.4 =17.19

一般的赔偿方案应该是：4.8 ×3.4 =16.32

如果没有道路占用与非道路占用的区别，进行统一的征收，那么该块土地的补偿金额应为 16.32 万元。可是最终的补偿结果是 17.19 万元，超了 8700 元。在商谈过程中，政府不断退让，基本满足了村民的要求，大部分情况下均是如此。这也说明所谓的公共利益的区分没有意义，农民根本不那么认为。政府在做预算时，一般都会做得比较宽裕。因为没有哪个村民只按实际的面积来要求自己的利益，大部分会得到额外的收益。村民拿到这笔钱之后，将其存放到银行里，收益比自己种田还多一些。在此过程中，所谓的正义、公平已经没有了，只有两者在利益上的谈判，就看最后达成一个什么样的结果，大多是政府在不断让利。

在量田的过程中，有个中间人存在，这是比较有趣的事情。若是工作组成员和村民不太熟悉，就会找一个双方都熟悉的人去当中间人。这个中间人要兼顾双方的利益，促成双方协议的达成。集镇上的饭店老板、出租车司机等多担当此类角色。

三　赚两百是两百

量完田之后，面积基本确定，在价格确定的情况下，就可以得出赔偿的金额。但是，赔偿金额还有继续谈判的空间，就看村民自己是否有这个能力和勇气。比如，村民燕某的田地处在征地范围的边缘地带，旁边有条小路。他认为自己的田被量少了，要将路的面积加到自己的田里。

乡镇干部：那路是你的呀，大家不走啊，你不走啊。政府现在还不要那个路，公共的东西不好算到你的头上。路占了以后，其他人怎么走呢。是你的，你原来白白让人走，你愿意啊。

他坚持说自己的田少了，乡镇干部坚持不松口。

村干部：都别争了，我说句公道话，领导让一步，面积上是没法儿动的，在你的青苗补偿上加200块钱，多算两棵树就有了。

乡镇干部：不能说加就加呀，这个是公家的事儿，又不是我个人的事儿。

村民：我来就是为了那200块钱呀？

村干部：那怎么搞，作为村委会，我必须为村民讲话。怎么不能加200块？

乡镇干部：你村委会怎么样，不在党委、政府领导下工作啊？

村民：政府的嘴巴大些，说要就要走了，说不给就不行，老百姓真可怜。

村干部：别那样讲，你还相信我不，还相信村里不？我现在就在这儿写个字据，到时候不给你钱，我个人拨。

村民：我相信村里，但事儿不能这样搞。我不是为了那200块钱，我那地少了不少，有几分地。

村干部：别的先不讲，这200块钱不管怎样都是给你的。等查树的时候，我再去，绝对不让你吃亏。

乡镇干部：查树不能出入太大，我到时候不好给上面交代。（边说边伸出两根手指头，并不停地眨眼，意思是说就给200块，多了不给）

村干部：都不说了，就这么定了。剩下的以后再论，不能让老百姓吃亏。

村民（支支吾吾）：那也不能就这么定，我回去再和屋里人商量一下。

此类村民就有些“无赖”性质，不管自己的要求是否合理，该不该去要钱，反正就是去要。不管数额有多少，能要到就是本事，能多要也就多要。对于此类人，基层干部也没有太多的办法，也就只能应付。这其实反映的是村庄规则、是非的丧失，也道出了乡村干部的无奈，他们缺乏对此类村民进行治理的能力。此类村民是为了自己多赚钱，而将路的面积加到自己的田上。也有人希望政府扩大征地的面积，将自己的田地也征了去，这类人以丧失劳动能力的老年人居多。因为土地流转的租金非常低，有时还不能收取租金，若政府对土地进行了征收，那么就可以立即变现。

四　感情征地

除了给予一些小恩小惠，干部们也会考虑农户的具体困难，进行适当的照顾，以获得他们对自己工作的支持。比如，某农户被占了1.5亩土地，全部为修路面积。该农户的男主人，在前年建房子时，摔断了脊椎，丧失了行走能力，只能坐在轮椅上。当时正在上中学的儿子便辍学外出打工，妻子则在附近的工厂上班，一边工作，一边照顾家庭。该农户在本村也算是个困难户。在测量时，考虑到这种情况，工作组就多加了一点儿。此外，村干部还为该农户争取了一个8000元的困难救助指标，算是补偿。

对于这些特殊的情况，乡村干部也要进行适当的考虑，不能只想着自己的工作，而忽略村民的需求。干部认为：

> 做老百姓的工作很简单，把良心放在中间，不患寡而患不均。不能害别人，现在征地不能强制征地，只能是感情、关系征地。我是在这里长大的，有很多亲戚、同学，也可以再通过同学去做其他人的工作。同学之间有两三年的关系，他认为你没有害他，就支持你的工作。大部分人还是支持的，很多人认为胳膊拧不过大腿，抗拒不了你，就做个顺水人情。其他人也是通过了解他的关系网，实在找不到就直接建立。第一次见面陌生，第二次就慢慢地熟了。做工作就是这样，

> 给他分析形势，也可以讲一点儿大道理。大部分人都认为自己的田量少了，说别人的田量的多了。不是自己实际上量的少了，而是自己占的少了。所以，就必须不断地做工作，再量；大部分人还是愿意卖田的，但是都想卖个高价钱，多卖一点儿。三万多块钱按一分利，一年有3000—4000元，比自己种田划算多了。政府成立了开发公司，对老百姓的后期有一个保证。

感情征地的核心是信任，即村民信任干部，认为没有让他的个人利益受损。村民们也知道自己的田地能产生多大的收益，大致都有个底，他们所担心的是别人比自己得到的多。愿意与不愿意产生于比较之间。所谓的信任，一方面是对政府公权力的信任；另一方面则是对工作人员的个人信任。很多情况下，相比于支持地方政府的工作，村民更愿意支持工作人员个人的工作。要将“公”转化为“私”，所以，征地是嵌入乡土结构之中。在征地过程中，工作人员需要动用很多的关系，动用很多的资源，“拐个弯儿”将工作拿下来。对很多异地任职、社会资源不丰富的干部来说，做群众工作是个严峻的考验。所以，领导们在每次开会的时候，都要强调“要有信心，统一思想，没有回头路，要深入，深入，再深入，想尽办法，外围关系很重要”。

即便地方政府拥有多种手段和关系，有时候也会失效，尤其是在媒体比较发达，村民对政策及其他地区的征地比较了解的情况下。比如，严某，55岁，常年在外打工，从事建筑业，对法律及相关政策比较熟悉。他对政府的工作人员说，自己不缺钱，土地是否征收对自己的影响不是很大；自己也不要求重新量田增加面积，就只有一条，希望政府按照国家的赔偿标准进行，以平均亩产的30倍为赔偿额。这可给工作人员出了一道很大的难题。因为该乡镇现在执行的标准是平均亩产的23倍，突然将补偿额提高近1/3，这是无论如何也办不到的。以国家的法律规定为标准是许多见多识广的村民共同的特征。这让地方政府感到束手无策。还有一部分“钉子户”是遇到了某些困难，希望政府进行调解，而非真正地阻挠田地的征收。这类事件主要是生活中的小事。比如，朱某和居住在同排的邻居有矛盾。他住在里面，邻居为了不让他们家从自己的门前通过，经常制造一定的麻烦。于是，他就想让政府人员做工作，让邻居承认错误，并给自己道歉。工作组的人员每次到他家里去，他总是很气愤，讲述两家的矛盾史。此类的事件在征地过程中很普遍，大部分会不了了之。

土地的征用虽然主要涉及的是利益问题，但在其实现过程中，并不是单纯的讨价还价，而是关系、资源和面子的总调动。在这种情况下，社会资源丰富、能言善辩甚至能够耍赖的人可以获得更多的好处，而那些社会资源贫乏的老实人则不会得到更多的好处。乡村治理不是简单的市场交易，要复杂得多。其中既有抽象的国家、地方政府和农民之间的关系，也有具体的人与人之间的关系。所有的抽象都要转化为具体。双方在表面上坚持自己立场的同时，私下里却也对对方的处境有所同情。乡村干部经常说：老百姓也不容易，地卖了，什么都没有了，征地价格也确实有点儿低。但是工作的需要也不容许他们有太多让步的空间。农民也认为地方政府的补偿太低，但考虑到地方政府缺乏资金，并非故意为之。这种矛盾是不会消失的，会随着政府补偿标准、方式的改变而缓解，但也有加剧的可能。

本章对城镇化实践机制的内在张力进行了描述，可以按照剧烈程度分为三类。一是乡镇政府与农民的博弈，主要表现在政府与个体之间。农民个体对政府的征迁补偿标准表示不满，而政府无力提高标准，还必须对土地进行征收，发生冲突和矛盾在所难免。二是在农民中普遍发生的侵占、转让和出让土地的行为。此类事件主要发生在村民小组内部，涉及的是集体与个体的关系：这些涨价的收益是归村民小组集体所有，还是归个人所有，是否与村社内部的公平相悖。由于集体的式微，其对这些事件不能有效制止；不断强调承包权的土地制度设计，也使农民个体可以将自己承包的土地进行变现。三是能人谋利与老实人吃亏。在此过程中，农民中的能人希望自己能够获得更多的补偿，寻找多种理由和手段增加土地面积和金额；而那些老实人因缺乏相应的关系和资源，只能获得正常的收益，造成了相对吃亏的后果。我们很难对其是非对错进行判断，各有存在的理由。虽然上述问题产生的根源并不在于土地的征收，但与征地有一定的关系，征地成了这些问题的直接诱因。这似乎也成了在城镇发展过程中不可避免的矛盾。

第七章　结论

在第一章中，本书提出了所要研究的问题。在第二章至第六章中，本书对以地为媒的城镇化实践机制及存在的矛盾进行了经验上的呈现。本章则要进行总结、提升和进一步的讨论，从而回应导论中所提出的问题。本书的结论主要有以下几方面。一是土地在城镇发展过程中发挥着重要的媒介作用，为城镇化的快速发展提供了重要保障。将土地作为资金的筹措手段并非中国所独有，但在中国运用得更加有效。土地不仅是资金的筹措手段，而且内含共享方式，二者共同构成了城镇化的衡平机制。二是在此过程中所发生的某些矛盾和冲突具有鲜明的特点。它涉及个体、集体和国家关系的不断调适，这是自土地改革以来就一直存在的矛盾。三是尽管在城镇化的过程中出现了一定的问题，但不应对基本的土地制度进行否定，可以进行不断的修正和完善，以促进城镇化的和谐、平稳推进，实现新型城镇化。

第一节　土地制度与城镇化道路

影响城镇发展的因素有很多，实现城镇化也有多种路径，但不管什么样的城镇化总绕不开资金的筹措问题。从某种程度上说，城镇化意味着人类创造一个适合从事多样活动的新空间。该空间需要运用资金进行建设，这是城镇化所要面对的核心问题之一。各国的条件不同，进行资金筹措的方式也不同。在中国，城镇化发展似乎与土地的关系更为紧密，呈现了一种与西方略有差异的城镇化道路。也许正是中国特殊的土地制度，才形塑了这样的城镇化道路。白镇的发展历程清晰地呈现了这些特征。

白镇各个时期的建设在方式上存在很大的差异。在集体时期，主要是公路的修建及供销社、综合厂的建设。公路的修建集中了全乡乃至全县的劳动力，而供销社、综合厂则是在刮“共产风”的形势下完成的。物资、资金和劳动力的调拨保证了这些公共设施的建设。这些公共设施的建设主要是服务于当地农民的生产、生活，集镇只是发展的意外结果。那几年的建设可以用“突飞猛进”来形容，比前后的建设要快很多。在当时的条件下，土地基本上是无偿、无限期使用。这就使基础设施的建设成本大大降低，只需考虑物资来源和劳动力的使用即可，土地成本则可以忽略不计。物资、资金也是通过控制城市的消费和提取农村的剩余来获得的。在此情况下，集镇建设的成本比较低，并且土地、物资和劳动力分属几个不同的部分，保持了相对的独立性。土地在集镇建设中的作用仅仅是降低了成本而已，在其他方面的作用还未显现出来。这种方式是依靠集体的内部积累完成的。

改革开放后，在小城镇的发展过程中，呈现集资建城的特点。围绕土地所发生的关系主要有三类。一是购买宅基地的居民与作为土地所有者的村民小组。在建设初期，村民小组作为土地的出让主体，获得了全部的补偿。不过，这些补偿也只是作为农用地在未来若干年的收益，没有太多增值的部分。二是依靠积蓄建设房屋的居民与集镇。他们所建造的房屋与农村没有太多的差异，只是所处的位置不同而已。这些房屋构成了集镇的主体部分。三是提供公共设施建设的政府与居民、农民。乡镇政府的建设资金主要来自四个方面：上级的拨款、居民的集资、农民的税费和乡镇企业的利润。上级的拨款主要是通过财政的渠道获得，是以财政为基础的公共投入。居民的集资是随着公共设施的建设，不断向集镇的居民收取基础设施配套费。居民在购买宅基地时，仅向所占用土地的村民小组补偿了农业损失，而未支付公共设施建设的资金。政府的规划意识不强，也不知会在何时建设某项工程，所以，只能随着工程的建设而不断向居民收取。居民是这些工程的直接受益者，理应承担该部分费用。农民的税费负担可以认为是集体时代的延续。在人民公社体制下，多数的建设依靠集体内部的积累来完成。虽然人民公社改成了乡镇政府，但它还保留了集体思维，认为可以继续依靠农民的积累来完成某些公共事务。在起初的阶段，农民也认可了这种方式。乡镇企业的利润投向集镇的公共建设，则属于集体积累内部的再分配。兴办乡镇企业的土地、资金均是由乡镇政府借助集体的资源来协调与筹措。另外，乡镇企业的职工也是集体的成员，也会通过压低他们的工资来完成集体的积累。同时，对于某些由计划向市场过渡的制度性安排所获得的利润也构成了公共收入的重要组成部分。综上所述，土地作为集资的特征已经有所显现，有两部分的资金来源与城镇的土地有关：一是向居民的集资，标准是其所占用面积的大小；二是企业因低价、无偿所占用土地而被集中的利润，这个并不那么明显，但确实存在。这是资金筹措方式逐渐发生转变的过程。在该阶段，既有原来依靠内部积累的延续，也有新的资金筹措方式——以地生财的显现。

随着土地管理权的上收，乡镇政府逐渐成了土地征收、出让的主体，也对城镇建设资金的筹措进行了合并，比如，将土地的青苗补偿和基础设施配套费进行了合并。政府所收取的土地出让金基本包括两部分：一是将要转移给失地村民小组的补偿；二是基础设施建设的相关费用。土地管理权上收之后，乡镇政府向居民集资的次数减少，方式也发生了变化。可以理解为将多次集资转变为一次性解决，即在土地出让时全部收齐。从农民所获得补偿来看，增长不是很明显，只是补偿的年限在增加而已。他们失去的也就是从事农业的机会成本，若粮食价格没有大幅度提高的话，他们的补偿也不会有太大的增加。与此同时，政府出让土地的价格却逐渐提高，让农民产生了严重的相对剥夺感。出让价格的提高具有一定的道理：一方面是土地管理日趋严格，造成了指标的紧张，形成了资源的紧缺；另一方面则是由于公共建设已经投入和将要投入的增加，抬高了这个价格。

集体企业的改制，让乡镇政府失去了一份很重要的收入。随之进行的税费改革，也极大地削减了乡镇的收入，倒逼了乡镇政府的改革。[①] 撤乡并镇、精简机构已经不可避免。所以，在税费收入取消、政府合并之后，许多的原乡镇驻地只能成为一般的居住地，附属于所在的行政村，发展非常缓慢。而那些具有发展潜力的乡镇政府驻地则呈现另外一番景象。它承担起了整个区域的发展任务。在农业税费、乡镇企业的利润消失之后，乡镇政府要寻找新的税源。招商引资，兴办工业园区成了大部分乡镇最佳的选择。招商引资是典型的先投入后收益，前期的工作需要乡镇政府来做。并且，工业园区的建设是全新的建设，不再是原来的小打小闹、小修小补。如果说原来的乡镇企业发展、集镇建设对贷款具有一定依赖的话，那么，工业园区的建设也需要乡镇政府依靠贷款来完成。对于农业型乡镇来说，最丰富的资源、最有效的抵押物就是土地。工业园区建设的资金来源已经指向了土地。

城镇建设的资金来源也同样要指向土地。因为向农民集资不再可行，在工业税收不足的情况下，要完成城镇的建设就必须由城镇的居民来完成。即便是由城镇的居民来完成，原来的挨家挨户收取基础设施配套费的办法也已经不再合适。只能将其加总在土地上，通过国有土地的出让来完成资金的筹措。所以，房地产的开发就成了促进城镇发展的重要工具。土地出让金的很大一部分要回馈到基础设施建设上来，这在新兴的乡镇表现得尤为明显。这部分国有土地的出让收入，不单要完成镇区的基础设施建设，还要扶持工业园区的基础设施建设。或者，可以将收入和支出各归结为以下两个部分。支出是用于镇区和工业园区的基础设施建设，资金的来源也主要是国有土地出让和银行贷款，而银行贷款最终需要政府的税收收入来偿付。所以，可以看出土地在其中所

① 李芝兰、吴理财：《“倒逼”还是“反倒逼”——农村税费改革前后中央与地方之间的互动》，《社会学研究》2005 年第 4 期，第 44—63 页。

发挥的中介作用，一头是城镇的建设，另一头则是资金。若工业园区建设取得了成效，则可以保证资金链条的完整性，保持经济的平稳发展；若开发失败，则会带来比较严重的后果。所以，土地在其中只是发挥媒介作用，仅是工具和手段。

2008 年金融危机爆发后，随着地方融资平台的建设，土地作为资金融通手段所发挥的作用更加明显。地方融资平台的建设，加速了资金的流动，扩大了地方的投资，推动了城镇化的发展，但也制造了一批空城，积累了一定的金融风险。这些地方融资平台普遍存在资金来源渠道单一和评估价值过高等问题。资金的回笼要以所抵押的土地能够顺利出让以及经济的发展能够获得税收为前提。但是，有的地方投资超前、过快，影响了资金的回笼，形成呆账和坏账，影响经济的正常运行。从地方发展的模式中可以看出，改革开放以来的发展呈现以地方政府为主体、以土地为载体、预支未来的特点。正是对地方政府的放权让利或者考核压力，激发了其发展的积极性，成了相互竞争的主体，推动了经济的发展。土地的公有制，也为地方政府调动资源创造了各种便利的条件。在集资发展的阶段，虽然也有银行贷款，但所占的比例不是很大，更多的是以居民积蓄、农民的收入和企业的利润为主。这相当于是积累过去，在未来获得净收益。这种投资方式可能会造成设施建设的超前，而不会形成大量的负债。当时许多认为建设超前的基础设施，经过若干年的发展，会显示出其落伍的一面。而现在的融资或者负债经营模式，则是以未来的收益为担保，对未来形成压力。若将来的发展势头良好，能够偿还相关的债务，则不会出现太大的问题；若经济形势下滑，不能获得预想的利润，则会引发金融问题。所以，要将融资的规模控制在合理的范围之内，恰当地运用土地这个融资的手段，而不是越大越好、越多越好，要与当地的经济发展水平相适应。

将土地作为资金筹措方式，也是中国城市化发展的必然。在 20 世纪 80 年代以前实行的城乡二元体制中，城、镇单独存在，与周边的农村不构成管辖关系，对农村管理的则是乡或者人民公社。

在此情况下，城镇与集镇的建设属于两种不同的形式。城镇的建设主要依靠国家的调拨来完成，发展工业化才是目的，城镇化只是发挥辅助性作用。乡或者人民公社的集镇则是由集体成员的内部积累所完成。集镇是为服务周边的农村而存在的，是区域性的商业和政治中心。它不会作为工业的中心而独立存在，在此情况下，其发展的空间就非常有限。再者，依靠集体成员的内部积累完成一个城镇的建设也基本上不可能。因为集镇缺乏工业，农民也没有到集镇居住的必要，其与农村地区没有太大的差异。还有就是集体成员的劳动积累有限。改革开放后，随着乡镇行政体制改革的进行，以及乡镇企业的发展，情况发生了改变。镇管村体制的实行将城镇与农村联系在了一起，为城镇的扩展扫清了管理体制上的障碍。乡镇企业的发展，也为城镇或集镇的发展带来了新的资金来源。但是，此阶段的城镇或集镇发展非常有限。因为乡镇企业的人员主要是由集体成员组成，他们居住在乡镇附近，城镇化的倾向并不是很强烈。依靠集体内部积累进行发展的方式依然有效。

随着市场经济的推进，大量的农村剩余人口流入城市，意味着城镇发展方式需要转变。这些企业不再属于村镇集体，不再能够无偿或者低价使用集体的土地。这些外来人口不属于村镇集体的成员，无法对其劳动剩余进行积累，这就需要寻找新的方式筹措城镇建设的资金。最为便捷、有效的方式就是通过土地：一是外来人口进入城市需要居住；二是他们所就业的工商业领域要发展，就需要占用更多的土地。所以，这一阶段城镇发展将资金筹措的方式转向土地并不意外，而是最佳的方式。当然，这种转变也带来了一定的问题，比如房价居高、腐败滋生、财富的分配不公等。但这些均是次生性问题，不是矛盾的主要方面，需要进行辩证的认识。并且，这些问题可以通过相应的措施进行改善和解决。

土地作为媒介的作用由两个重要的部分组成。一是以地生财，即土地是资金筹措的手段，通过上述的分析已经说明了这种方式产生的必要性。但是仅仅有财富的聚集还不够，还需要看到这些资金的用途。二是地利共享，即将这些集聚的财富进行公共基础设施的投入，并将部分资金作为土地征收补偿费用支付给被征地农民。只有这两部分结合起来，才能促进城镇的发展。两者共同构成了中国城镇化的衡平机制。

土地作为城市化的资金筹措手段，也并非中国所独有，而是所有后发国家的共同特征，但在中国运用得最为有效。相对来说，美国也是后发国家，土地在其城市化过程中发挥了基础性作用。美国的三大交通设施、驿道主要由私人建设，靠收取费用回收成本；运河的开凿则是以州政府的信用为抵押，向欧洲国家发行债券，联邦政府则是拨付土地；铁路基本上是依靠土地拨款，即联邦政府向铁路公司拨付一定的土地用于铁路建设。这些土地不仅要满足路基的需要，而且要预留一部分作为开发之用。1850—1871年，联邦、州政府共拨出土地 4888 万英亩（2.9672 亿亩）。[①] 铁路公司拿到土地后，进行投机，高价出售给私人，或者成立城镇开发公司，自行设计或创建城镇。[②] 所以，在美国的铁路沿线分布着众多的别具一格的铁路城镇。同时，这批土地投资者缴纳地产税，为处于草创时期的城镇和社区进行原始的资本积累，促进公共收入的增长以及社区民众基本服务的提供。在某些地区，地产税曾占到了全部税收的 90% 以上。[③]

韩国在 20 世纪 50 年代确立资本主义土地所有制，保障私有权。60 年代，韩国更加重视土地对经济增长的作用，而忽视土地所有的本质性问题。1980 年，韩国颁布《宅地开发促进法》，让公营机构凭借公共权力全面收购和开发所需要的土地。土地“公概

---

① 韩启明：《建设美国：美国工业革命时期经济社会变迁及其启示》，中国经济出版社 2004 年版，第 23 页。

② 王旭：《美国城市化的历史解读》，岳麓书社 2003 年版，第 88 页。

③ 洪朝辉：《土地投机与 19 世纪美国西部城市化——兼论 20 世纪下半期中国的城市化》，载王旭、黄柯可主编《城市社会的变迁》，中国社会科学出版社 1998 年版，第 103 页。

念”逐渐增强，私人占有的比例则不断减少。[①] 日本也是不断利用产业政策、国土规划政策和财政政策等手段，通过基础设施建设和促进地方经济发展来应对城市化过程中出现的人口、交通和环境等问题。[②] 相比而言，印度在发展方面比较落后，也与土地政策有关。在20世纪90年代以前，印度拥有亚洲地区最发达的铁路网，但一直没有新的增长。一是土地征用的手续烦琐、审批时间长；二是农民对土地有根深蒂固的依靠观念，在征地过程中不断地与地方当局发生暴力冲突。[③] 这阻碍了其工业化、城市化的进程。拉美国家出现的“城市病”，则是因为土地过于集中，政府对投机行为不加干涉，让城市的房价过高，民众无法购买，只得挤在贫民窟中度日。再者，政府的财政能力有限，无法提供完善的基础设施，解决交通、饮水等问题。即便是发展起来的英、法、德等国，也要在土地或房产上征收高额税收，以保证社会的公平分配。

什么样的土地制度决定了什么样的城镇化道路。如果城镇化是不可避免的趋势，那么对于中国这个超大型国家来说，选择一条平稳的道路至关重要。在此方面，没有成熟的模式可直接套用，西方的经验只是提供参考而已。改革开放四十年来，中国的城镇化取得了长足的进步，应该总结中国取得成就的原因何在，也应该反思城镇化是在什么样的背景、基础上展开的，还应该分析前四十年的建设为后续的发展提供了何种便利，而不应该进行全盘的否定和舍弃。矛盾固然存在，但仅靠一项改革将所有的矛盾进行化解也属于异想天开。

也许，正是中国的土地制度才为快速的城镇化提供了诸多的

① 李恩平：《韩国城市化的路径选择与发展绩效——一个后发经济体成败案例的考察》，中国商务出版社2006年版，第65页。

② 〔日〕本间正明、丁颖等：《第二次世界大战后日本经济发展及城市化进程中经济政策及其特征》，载林双林等主编《公共财政与城市化》，中国财政经济出版社2011年版，第45页。

③ 徐和平编《经济发展中的大国城市化模式比较研究》，人民出版社2011年版，第141页。

便利。土地制度主要包括两个方面：一是农用地的集体所有；二是建设用地的国有，即国家对土地一级市场的垄断。在农用地集体所有的情况下，可以减少土地征用谈判成本，大大提高工作的效率；也保证了分配的相对公平，不会因为土地的征收造成贫富分化。建设用地的国有可以保证政府获得土地的出让收入，用于基础设施建设，并完成相关的规划，促进经济的发展。虽然西方国家实行的是土地的私人所有制，个人可以获得很高的收益，但是它们又通过税收的手段将增值收益变成了公共收入。两者之间并无本质的区别。通过税收的途径反而显得更加烦琐，既缺乏效率，又有可能造成新的贫富分化，产生新的食利阶层。

在城镇化的进程中，始终要处理一个问题，即基础设施建设的资金或者说工业化的积累从哪里来。在计划经济时期，来源比较明确。市场经济条件下，发展的模式转变了，但是这部分的资金还需要筹措。当下，更多的是从土地着手。在发达国家，更多地依靠税收，而不是土地。在税负比较高和容易征收的情况下，可以这样进行。可是在中国，通过税收的方式也许不太合适。税收方式需要比较成熟、确定的规范，显然中国还未完全建立起来。通过税收方式完成建设资金的筹措和再分配是未来发展的方向，但还有很长的路要走。因为这涉及对房产、地产的评估和征税标准的设定。对地产进行征税，更多的是建立在私有产权的基础上。这在房产上比较容易解决，可是在地方上则面临很大的困难。因为这要涉及对农村土地所有权的认定。若继续推进私有化，则会发生天翻地覆的变化。

如此看来，城市基础设施的资金来自土地有其必然性，这是由中国发展的模式和阶段决定的。作为后发国家，无法进行海外殖民来完成原始积累，只能依靠自身的努力来完成城镇建设。土地是进行资源积累和调配的重要工具。将土地作为资金筹措的手段并非中国所独有，但是在此过程中所处理的关系却具有鲜明的中国特色。

第二节　个体、集体与国家关系的调适

在征地过程中出现的各种矛盾、纠纷涉及如何对增值收益进行分配的问题。而对增值收益如何分配则与国家、集体和农民的关系调整有紧密的联系。中国的国家与农民个体之间属于什么样的关系，历来是个复杂问题。

集体是介于国家与农民个体之间的共有或公有的一个重要组成部分。集体的内核是共同体，而外在形式和管理方式上却带有强烈的国家色彩。集体所有制的形成需要从土地改革开始说起。中华人民共和国成立前，全国绝大多数地区实行的是地主阶级封建剥削的土地所有制。1950 年颁布实施的《中华人民共和国土地改革法》规定：废除地主阶级封建剥削的土地所有制，实行农民的土地所有制。土地改革完成后，由人民政府发给土地所有证，并承认一切土地所有者自由经营、买卖及出租其土地的权利。[①] 该法律的颁布确定了土地属于农民所有这种私有的性质。土改后，许多地方根据自愿两利原则，因地制宜发展了农村中的劳动互助与合作供销事业。[②] 发展劳动互助是因为刚刚分到田地的贫雇农缺乏必要的劳动力和生产资料，无法进行有效的生产。《中共中央关于农业生产互助合作的决议（草案）》提出保护农民已取得的土地所有权。[③] 国家对土地的自由经营、买卖和出租不进行干涉。在随后的文件中，国家有继续扩大合作的意向，逐渐扩大范围、提高层次，也有了关于集体所有制的讨论。从解决供求矛盾出发，就要解决所有制与生产力的矛盾问题，即是个体所有制，还是集体所有制；是资本主义所有制。还是社会主义所有制？个体所有制必须过渡到集体所有制，过渡到社会主义。合作社有低的，土地

---

① 《中华人民共和国土地改革法》（1950 年 6 月 28 日中央人民政府委员会第八次会议通过，1950 年 6 月 30 日公布施行）。

② 《华东局关于颁布〈发展农业生产十大政策〉的请示》。

③ 《中共中央关于农业生产互助合作的决议（草案）》（1951 年 12 月 15 日）。

入股；有高的，土地归公，归合作社之公。[①]

在互助合作阶段，土地是实行农民的私人所有。而初级合作社是在私有的基础上，实行土地入股、统一经营，将土地折合成股份，作为分配的依据。初级社实行的是所有权和使用权的分离，土地所有权归各农户所有，使用权转让给初级社。[②] 初级社与互助组的不同在于，初级社虽然还承认农民对土地所有，但打破了农民的私有制，具有部分公有的性质。农民逐渐脱离了与土地的具体联系，产生了按照劳动和土地分配报酬的方式。而初级社与高级社则有本质上的不同。“初级社与高级社的区别就在于生产资料公有的程度，高级社已经公有化了。”[③] “初级合作社是在私有的基础上，实行土地入股的，统一经营的。高级社实行主要生产资料的完全集体所有制。这是初级合作社同高级社的根本区别。”[④] 高级社标志着集体所有制的完成。

1958 年，合作化的运动将公有制推向了更高的程度。嵖岈山人民公社公布的章程中出现了如此表述：各级农业合作社合并为公社，根据共产主义大协作精神，应该将一切公有财产交给公社。社员转入公社，应该交出全部自留地，并且将私有的房基、牲畜、林木等生产资料转为公社公有。[⑤] 新建立的公社，不再只是农业的生产单位，而是有了政社合一的迹象，承担了全部的职能。土地不再仅属于高级社，而是属于人民公社。这套体制本意是为了促进生产的发展，为工业化提供必要的基础，而实际上所发挥的效用及带来的影响远远超过了预期。这套体制的建立，从根本上改变了土地所有制，即土地从农民所有变成了集体所有，从私有变成了公有，这不能不说发生了质的飞跃。

---

① 《关于农业互助合作的两次谈话》（1953 年 10 月 11 日）。

② 张乐天：《告别理想：人民公社制度研究》，上海人民出版社 1998 年版，第 58 页。

③ 《农业生产合作社示范章程草案》（1955 年 11 月 9 日）。

④ 《关于〈高级农业生产合作社示范章程（草案）〉的说明》（1956 年 6 月 15 日）。

⑤ 《嵖岈山卫星人民公社试行简章（草稿）》（1958 年 8 月 7 日）。

上述虽然表面上是土地所有制及其范围的变化，实际上处理的却是农民个体与国家的关系。个体不是与国家直接发生联系，而是通过集体这个环节。一般情况下，集体的规模越大，其正式性越强，国家的色彩越浓厚。反之，则是农民个体可以获得更大的自由度。个体、集体与国家的关系构成了社会主义中国的基本关系。毛泽东在《论十大关系》中指出："国家和工厂、合作社的关系，工厂、合作社和生产者个人的关系，这两种关系都要处理好。"[①] 他在《关于正确处理人民内部矛盾的问题》中也强调，必须兼顾国家利益、集体利益和个人利益，处理好国家税收、合作社积累和农民个人收入之间的关系。[②] 国家与集体关系的处理主要在于征收粮食和税收的程度，多少能够给集体留下自由的空间。所以，中央在具体的征收比例上经常进行具体的讨论，并下发文件。集体与个体关系的处理主要涉及积累的程度以及生产规模的组织。

国家、集体和个体的关系一直处于不断的调适过程中，很难确定统一的标准。虽然土地由农民所有制走向了集体所有制，建立了人民公社体制，土地的集体属性一直没有变，但是生产、分配方式却不断发生变化。1958 年"大跃进"时期，我国实行"一大二公""一平二调"的平均主义分配政策。三年困难时期过后，我国又确立了土地"三级所有，队为基础"的所有权制度，加强了生产队的作用。改革开放后，我国又实行包产到组、包产到户、大包干等，不断进行新探索。随后，中央还对土地的承包权、经营权和流转等问题进行了探讨。这些均可以认为是围绕农用地或者农业而进行的国家、集体和个体关系的调整。

在工业领域，类似的情况也同样发生。在 1958 年 3 月的成都会议上，中央通过了《关于发展地方工业问题的意见》，要求各地的干部"既要学会办社，又要学会办厂"，办一些以自产自用为主

---

① 毛泽东：《毛泽东选集（第 5 卷）》，人民出版社 1977 年版，第 272 页。

② 毛泽东：《毛泽东选集（第 5 卷）》，人民出版社 1977 年版，第 380 页。

的小型工业。公社本来就是工农商学兵合一的组织，办公社的目的之一也就是要工农业并举，消灭三大差别，为向共产主义过渡做好相应的准备。兴办工业是公社的题中应有之义。当时，按照“有啥办啥，要啥办啥，要多少有多少”的思路，农村兴办了一批“小土群”工业。1959 年，中央就对此进行了整改。因为各地办起来的各种小工业形成了与城市工业争夺原料的态势，不利于城市工业的发展。这些小工厂占用了材料，但是效益非常低，造成了极大的浪费。1961 年之后，中央认为农村的优先任务是保证粮食的生产，而不是发展工业，要求工业的劳动力不能超过总劳动力的 2%。[①] 这与前段时期发生的“大跃进”及形成的三年困难时期有关。乡村工业在发展的过程中具有一定的被动性，受到国家的影响和指导。

70 年代，乡村工业迎来了发展的第二波。但是，实现机械化的成本不是国家承担，而是公社自己负责。所以，各地又办起了“五小”工业，为机械化积累资金。同时，由于各种原因，大城市的工业处于停滞状态，这就为社队企业的发展提供了一定的空间，双方不构成竞争关系。随着城市生产秩序的恢复，大工业又需要小工业的服务和配套。这就促进了乡镇企业的蓬勃发展，中间有国家与集体关系的互动和调整。

在对乡镇企业发展的原因进行理解时，“市场维护性联邦主义”是一个比较具有解释力的框架。它的主要支持性经验数据来自中国，所以也可以称为“中国特色联邦主义”，强调财政分权是促进经济发展的关键条件，肯定地方在发展经济中所发挥的作用。[②] 主要的代表性人物有戴慕珍[③]、魏昂德[④]和彭玉生[⑤]等人。

---

① 罗平汉：《农村人民公社史》，福建人民出版社 2003 年版。

② 张军：《分权与增长：中国的故事》，《经济学（季刊）》2007 年第 1 期，第 24 页。

③ Oi, J. C. “Fiscal Reform and the Economic Foundations of Local State Corporatism in China.” *World Politics* 45 (1992): 99 – 126.

④ Walder, A. G. “Local Governments As Industrial Firms.” *American Journal of Sociology* 101 (1995): 263 – 301.

⑤ 彭玉生：《中国村镇工业公司：所有权公司治理与市场监督》，载《清华社会学评论（2002 卷）》，社会科学文献出版社 2003 年版。

周黎安对“中国特色联邦主义”的相关解释产生了怀疑，认为行政和财政分权只有在高度稳定性的条件下才能发挥作用。而中国并非实际的联邦制国家，被中央下放的权力随时可以收回。在这样的情况下，原来的激励措施可能会无效。并且，中央和地方的权力处于不断的调整中，但并没有影响地方发展经济的热情。这必然存在超越行政和财政分权的激励因素。他认为存在一种晋升锦标赛模式，[①] 即政府官员为了晋升而不断去完成上级所派遣的工作，当上级将经济发展确定为主要的考核指标之后，地方会争先恐后地向此方面努力，并且会不断将效果放大。周黎安等人将上述的观点凝练为一句响亮的口号：为增长而竞争。[②] 他们强调了中央政府在政治上集权、导向上“以经济建设为中心”对激励地方政府发展经济的重要性。

上述的解释主要是在中央与地方的框架下进行的，展示了二者的互动，但忽视了地方与集体的重合。因为乡镇企业发展的外在表现是地方，但资源、人口的实质却是农村集体。此时的地方也可以理解为国家，地方政府即为国家的代表。有人认为，苏南模式是由“苏、锡、常地区的广大干部群众率先实践的，以集体经济为主体，乡村工业为主导，中心城市为依托，市场调节为主要手段，县、乡政府直接领导的农村经济社会发展模式”。[③] 该定义中明确地指出了集体与政府的关系。集体经济是主体，而县乡政府是领导，二者统一于这种模式之中。宋林飞认为集体经济实行的是乡（镇）、村两级社区共有制。[④] 这种共有制主要与集体经济发展所依赖的土地有关，并以此为基础决定了它的社区性。

“集体土地制是计划体制和重工业导向战略的制度基础，建立

---

① 周黎安：《中国地方官员的晋升锦标赛模式研究》，《经济研究》2007 年第 7 期，第 36—49 页。

② 周黎安：《转型中的地方政府：官员激励与治理》，格致出版社 2008 年版，第 32 页。

③ 朱通华：《苏南模式》，江苏人民出版社 1987 年版，第 1 页。

④ 宋林飞：《“苏南模式”的重大理论与实践问题》，《江海学刊》2001 年第 3 期，第 6 页。

它的目的是把农业剩余尽可能多和快地转化为重工业投资。”[①] 它起源于农业合作化时期，但作为一种制度，却成形于人民公社化时期，也是集体工业产生和发展的制度根源。正是依靠这套制度，才完成了国家的工业化积累，也奠定了地方工业化的基础。乡镇企业的发展不仅体现在对集体土地的无偿使用上，还表现在对集体成员劳动的转化方面。所以，温铁军认为乡镇企业资产的主要来源是劳动和土地“替代资本投入”。在原始积累阶段有四个来源：土地资本转移收益、农民福利和社会保障的转化、负利率和税收减免，以及企业家的风险收益和管理者的劳动剩余。[②] 正是由于这些因素的存在，才决定了乡镇企业所具有的社区性特征。

这种社区性在乡镇企业的发展目标、资源获取、管理，[③] 经营者意识、与地方政府的关系和企业文化等方面都有所体现。[④] 即便是企业家的人力资本也并不是一个独立的经济要素，它还具有合作性、留根性和嵌入性等特征。[⑤] 正是有了这种社区性，所以企业的发展可以得到企业和政府的双重支持，才有了其迅速的发展。当社区给予集体经济如此大力的支持时，集体经济也向社区提供了相应的回报。农民对集体经济的信任和合作以及对互惠回报的期待，主要体现为提供非农职业、保障就业和提高社区福利等方面。[⑥]

---

① 〔瑞典〕裴小林：《集体土地制：中国乡村工业发展和渐进转轨的根源》，《经济研究》1999 年第 6 期，第 45—46 页。

② 温铁军：《乡镇企业资产的来源及其改制中的相关原则》，《浙江社会科学》1998 年第 3 期，第 38 页。

③ 周冰、谭庆刚：《社区性组织与过渡性制度安排——中国乡镇企业的制度属性探讨》，《南开经济研究》2006 年第 6 期，第 60—63 页。

④ 朱华晟：《论乡镇企业的社区性及其影响》，《学术研究》2001 年第 6 期，第 46—47 页。

⑤ 折晓叶、陈婴婴：《资本怎样运作——对“改制”中资本能动性的社会学分析》，《中国社会科学》2004 年第 4 期，第 147 页。

⑥ 折晓叶，陈婴婴：《产权怎样界定：一份集体产权私化的社会文本》，《社会学研究》2005 年第 4 期，第 1—43 页。

虽然在乡镇企业的发展中，乡村组织为其提供了诸多便利，[①]比如提供土地和创业资本，[②] 为企业做信用担保，[③] 应付市场风险，[④] 安排就业，[⑤] 获得原材料。[⑥] 但并不意味着集体与地方之间就没有什么区别。该观点笼统地将政府与集体称为"乡村组织"，而没有进行细分。但是，提供土地的责任以集体为主，因为集体是土地的所有者；提供创业资本和信用担保以及应付市场风险的责任只能由政府来承担。集体与政府可以联合起来发挥作用，但还是存在很大的差异。集体的所有权对同一行政等级的集体或成员具有排他性，对行政体制的上级单位不具有完全的排他性，这就造成了集体占有与国家治理两种逻辑间的矛盾。[⑦] 集体具有明确的界限，而国家的治理之间却没有。当集体与治理单位重合时，不会发生太大的问题，可是分开之后，就会出现矛盾。国家的治理是建立在公有制的基础之上，而集体资源却具有共有的特征。公有制的权利结构是以全体占有为基础，以所有人的平等权利及其保护机制为优先原则。而共有制则强调共同体成员的概念，目的是谋求组织成员平均收益的最大化，以成员身份为基准来贯彻分有性的占有概念。[⑧] 集体产权的维系和保护在相当程度上仰赖集

---

① 谭秋成：《转型时期乡村组织行为与乡镇企业发展》，《中国社会科学》2003 年第 2 期，第 72—73 页。

② 〔美〕威廉·伯德、朱宁：《市场影响工业结构》，载林青松、威廉·伯德编《中国农村工业：结构、发展与改革》，经济科学出版社 1989 年版，第 103—141 页。

③ 周其仁、邱继成：《乡镇企业"信用"的制度基础》，载林青松、杜鹰编《中国工业改革与效率》，云南人民出版社 1997 年版，第 437—460 页。

④ David, L. D. "A Theory of Ambiguous Property Rights: The Case of the Chinese Nonstate Sector". *Journal of Comparative Economics* 23 (1996): 1 - 19.

⑤ 孟昕：《农村劳动力市场与乡镇企业发展》，载林青松、威廉·伯德编《中国农村工业：结构、发展与改革》，经济科学出版社 1989 年版，第 356—384 页。

⑥ 陈剑波：《乡镇企业的产权结构及其对资源配置效率的影响》，《经济研究》1995 年第 9 期。

⑦ 张静：《土地使用规则的不确定：一个解释框架》，《中国社会科学》2003 年第 1 期，第 113—124 页。

⑧ 渠敬东：《占有、经营与治理：乡镇企业的三重分析概念（上）——重返经典社会科学研究的一项尝试》，《社会》2013 年第 1 期，第 1—37 页。

体代理人的行事能力和道德公信力。[①] 集体产权的维护，既需要集体产权代理人与集体成员的博弈，也需要与地方政府之间进行协调。[②] 协调还是一种比较委婉的说法，有时可能会发生激烈的冲突和矛盾。后来，由于各种原因，乡镇企业纷纷改制，转向了民营企业。政府也就退出了乡镇企业的经营活动，这也就意味着人民公社时期制度化的那种由地方政府操纵的集体所有制度的破产。[③] 从上述分析可以看出，集体与地方在乡镇企业中由重合走向了分离。其实，这种变化在城镇化的过程中、在土地的征收与占用中同样存在。在土地上的表现不仅是集体和地方的重合与分离，也包含集体自身的式微和解体。

乡镇企业的发展可以理解为是中央政府对地方政府的激励，使其不断地完成上级的任务或为自身获得更大的发展空间。在将集体与地方稍微进行区分后，则可以认为是国家与集体关系的调整，给予其一定的自由度，让渡了发展的权利和利益。但当发展的环境发生变化时，国家与集体的关系又需要进行新的调整。此时，集体的发展权利被剥夺，国家或地方政府成了发展的主导者，二者之间出现一定的矛盾也在所难免。

首先，土地管理权的上收，强化了政府的权力，缩小了集体的活动空间。80 年代以前，政府对土地的非农使用管理有限，自主权基本上由农村集体掌握。此处的集体可以分为生产队、大队和人民公社，乡镇体制改革以后，就由村民小组、村委会或者乡镇政府管理。在这个阶段，土地出让的主体是集体，并且集体出让的价格基本上为土地作为农业用地的机会成本。在此情况下，所有的收益基本均由集体获得。这也与当时的城镇建设方式有

① 折晓叶、陈婴婴：《产权制度选择中的“结构－主体”关系》，《社会学研究》2000 年第 5 期，第 64—81 页。

② 曹正汉：《土地集体所有制：均平易、济困难——一个特殊村庄案例的一般意义》，《社会学研究》2007 年第 3 期，第 18—38 页。

③ 邱泽奇：《乡镇企业改制与地方威权主义的终结》，《社会学研究》1999 年第 3 期，第 82 页。

关。在城镇建设方面，主要通过集资完成，费用还未加总在土地出让金之中。在农民看来，土地的征收符合自己的利益。一则可以减少农业负担，二则可以直接变现，三是没有产生相对剥夺感。政府在土地出让中扮演的是组织者的角色，而不是直接的参与者。当土地的管理权上收之后，政府的角色就有了很大的不同。政府垄断了土地的一级市场，成了土地市场上的供给方，而不再由集体直接出让。集体所获得的依然是土地作为农用地的机会成本，但是政府在土地的出让金中加总了各种费用。这就让集体产生了相对剥夺感，认为增值的收益来源于土地，应该直接归集体所有。这就让集体与政府之间在此问题的认识上出现了分歧。在土地的管理权上收之后，集体在土地的出让方面基本上处于被动状态，必须在规划许可的情况下，由政府征收才能将农用地转化为非农用地。

其次，城市建设资金筹措方式发生的变化，让集体的力量逐渐缩小。原来，城市建设资金主要是依靠集资的方式完成，在此情况下，城市建设的资金来源与土地无关。小城镇建设的资金主要由以下几个部分构成：居民集资、农民缴纳的税费、乡镇企业的利润和地方财政。在此情况下，集体与政府无利益的冲突。可是，随着城镇建设的发展，所积累的潜在性矛盾越来越大，或者说集体与公共的差距逐渐拉大。因为城镇建设是公共投入的结果，所形成的是公共财富，与政府管辖范围内的所有人员有关。在此方面，集体所做的贡献非常的有限，这就意味着土地增值的效益很大部分不再来自集体，集体也不能全部占有这些财富。集体的存量未变，而公共的增量却增长迅速，两者的差距越来越大。

再次，发展方式的变动，使集体发挥作用的空间被压缩。这种变动是市场经济不断深化的结果。在发展集体经济时期，企业的资源、资金和员工都来自集体内部，工人的工资也维持在比较低的水平。当然，这些都转化为了集体的福利和保障，符合公平的原则。可是在乡镇企业改制以后，利润要归属所有者，而不再构成集体的积累。同时，工人的工资要显著提高，也不能为集体所用。同时，这些企业缴纳的税收构成地方财政收入的重要部分，而不再是集体的收益。这就让两者产生了严重的分离。两者分离之后，就产生了两个问题：一是集体不再为地方的发展做贡献；二是地方政府的发展成果也不再能够让集体分享。第一个问题就涉及了征地问题，即农民为何反对，或者说反对在何种情况下成立。征地补偿的标准一直在不断提高，但核心原则并没有变，即失地农民的原有生活水平不受影响。这在很大的程度上构成了最高原则，所以土地的补偿只是农地的机会成本。这在集体的语境中可以理解，个人为集体做出了贡献、牺牲，集体负责对成员的福利供给。可是，政府的征地基本上是一次性交易，自此之后断绝了土地与农民的关系。

最后，合乡并镇的实行和大量外来人口的导入也打破了集体的边界，对集体收益的管理和分配方式提出了挑战。集体具有明确的边界和固定的人员，外人不可能轻易加入。并且，集体财富是全体成员长期积累的结果。在 80 年代，虽然由人民公社改成了乡镇政府，但是集体的边界和人员未发生太大的变化。乡镇政府承担着对最高集体资产的管理职责。可是，在合乡并镇之后，不同集体之间的关系就变得复杂起来。因为原来集体的资产怎么能够被其他人分享，分享的规则是什么，这些问题似乎被忽略了。因为在政府的观念中，这不是太大的问题，可以很顺畅地处理。但是，不同的集体之间却不是很好处理。同时，大量外来人口的导入也让集体投资基础设施建设的责任大大降低。因为这些外来人员未曾参与集体财富的创造，也不应该分享集体的成果。这部分责任应该由政府的公共财政承担。政府在此方面也的确承担了相应的责任。

集体作用的失效还表现在其对个体约束能力的下降。这可以从两个方面来理解：一是征地补偿的分配方式以个人为主，不再是集体成员间的平均分配；二是农民对土地有了私有化的想象，土地呈现个人本位的特征。征地款以个人为单位进行分配，则与政府的工作方式有一定的关系。因为政府为了尽快获得土地，对农民进行各个击破，满足其个体提出的要求。个体本位的产生则与承包期的不断延长有关。

有人认为征地往往意味着补偿过低、农民流离失所，官员和开发商中饱私囊以及国家规定的耕地红线受到威胁。[①] 出现此类状况是土地制度产权残缺的表现，应该赋予农民更多的权利。[②] 该观点受新制度主义经济学的影响较大。1960 年，科斯提出了“权利的界定和权力的安排在经济交易中的重要性”，即产权界定减少交易成本。他用简洁的语言指出了界定清晰的产权所具有的意义。随后，阿尔钦提出，产权是一个社会所强制实施的选择一种经济品的使用的权利。个人使用资源的权利叫“产权”，而产权系统是“分配权力的方法，该方法涉及如何向特定个体分配从特定物品种种合法用途中进行任意选择的权利”。[③] 他对产权的认识更加清晰，将其与权力、权利和经济品联系起来。

诺思认为“产权是个人对他们拥有的劳动物品和服务占有的权利”，“占有是法律规则、组织形式、实施行为及行为规范的函数”。[④] 诺思指出了产权的核心内容，占有是其他权利的基础。德姆塞茨将财产看作一束权利，包括控制权、收入权和转让权。柯武刚和史漫飞认为产权是禁止他人使用一项资产的权利以及使用、出租或出售该资产的权利。[⑤] 如此一来，产权的内容就更加清晰了。张五常将其通俗地表达为，产权则是指法律赋予某个主体的排他性占有、使用、获取收益或处置财产的权利。它包括属于本

---

① 张千帆等：《城市化进程中的农民土地权利保障》，中国民主法制出版社 2013 年版，第 1 页。

② 郑风田：《我国现行土地制度的产权残缺与新型农地制度构想》，《管理世界》1995 年第 4 期，第 138—142 页。

③ 申静、王汉生：《集体产权在中国乡村生活中的实践逻辑——社会学视角下的产权建构过程》，《社会学研究》2005 年第 1 期，第 114 页。

④ 〔美〕道格拉斯 · C. 诺思：《经济史上的结构和变迁》，厉以平译，商务印书馆 1992 年版，第 40 页；〔美〕道格拉斯 · C. 诺思：《制度、制度变迁与经济绩效》，刘守英译，生活 · 读书 · 新知三联书店 1994 年版，第 32 页。

⑤ 〔德〕柯武刚、〔德〕史漫飞：《制度经济学：社会秩序与公共政策》，韩朝华译，商务印书馆 2002 年版，第 92 页。

人的财产（拥有所有权）和不属于本人（不拥有所有权）但归本人支配和控制的财产权利。产权含有占有、使用、收益、处分四项权能。土地产权的主体包括个人、小组、集体、企业、社区、国家等，客体则是土地财产关系本身。[①]

上述的认识为私有化的支持者提供了强大的理论支持。他们认为，农民的权益受到侵害，受益权不能得到有效的保护，就是因为未能给予其完全的所有权。所以，要实行私有化，这是解决一切问题的灵丹妙药。茅于轼认为，“三农”问题长期未解决的原因就在于没有抓住根本，核心问题是农民对土地的所有权。[②] 于建嵘、陈志武也主张“要把地权还给农民”，这样农民就会变得更加富有，还能极大地化解社会矛盾。[③] 还有人进一步认为，土地私有制与市场经济之间是一种高度融洽的关系，是无法抗拒的经济规律。它不仅会使现在相对贫穷的农民变得更富，还会推动整个农村产业化和劳动力的转移。[④] 周其仁则试图用中国的经验来证实产权理论的有效性，并对未来的发展进行了预测。[⑤] 这也成了他研究的基石，在随后的讨论中，基本上未脱离这个分析框架。[⑥] 他们认为中国的产权不清晰，农民的产权残缺，要将农民的产权清晰化，这是解决问题的治本之策。

---

① 张五常：《经济解释》，商务印书馆 2003 年版，第 83 页。

② 茅于轼：《恢复农民对土地财产的所有权》，《建设市场报》2009 年 2 月 16 日。

③ 于建嵘、陈志武：《把地权还给农民——于建嵘对话陈志武》，《东南学术》2008 年第 2 期，第 12—18 页。

④ 文贯中：《农地私有化势在必行》，《财经日报》2005 年 10 月 10 日；文贯中：《现行土地制度使现代化成本大大增加》，《经济观察报》2008 年 4 月 7 日；杨小凯、江濡平：《中国改革面临的深层问题——关于土地制度改革》，《战略与管理》2002 年第 5 期，第 28 页。

⑤ 周其仁：《中国农村改革：国家和所有权关系的变化（上）——一个经济制度变迁史的回顾》，《管理世界》1995 年第 3 期，第 178—189 页；周其仁：《中国农村改革：国家和所有权关系的变化（下）——一个经济制度变迁史的回顾》，《管理世界》1995 年第 4 期，第 147—155 页。

⑥ 周其仁：《农地产权与征地制度——中国城市化面临的重大选择》，《经济学（季刊）》2004 年第 1 期，第 193—210 页；周其仁：《还权赋能——成都土地制度改革探索的调查研究》，《国际经济评论》2010 年第 2 期，第 54—92 页。

在产权理论视角下，进行土地的私有化似乎就成了包治百病的良药。这种观点看到了存在的问题，希望得到解决。但其提供的方案似乎有过于简单之嫌，忽视了社会的复杂性，也缺乏历史性的考察，未看到国家、集体与个体关系的不断变动。中国的农民与国家之间并非尖锐的对立关系，而是可以通过集体进行缓冲和调节。它们之间的关系也处于不断的调适过程中。

第三节　集体的可能与限度

农民和农村集体在土地上进行了投入和积累，应该得到尊重。但土地非农使用的增值部分还有公共财政的投入，以及全国范围的土地指标控制，与农民和农村集体并非完全对应关系。因为集体将土地交出时，仅是一块农用土地，而没有太多的投资。它之所以会增长，是因为在城市的范围内发挥了不同的作用，或者说城市对其进行了更多的投资。将这部分增长只让近郊的农民分享，显然不合适，因为与他们没有直接关系。这部分增长应该由城市人，或者所有的人来分享。这部分增长是因城市人或公共投资所产生。如果说存在某种侵害的话，也是城市对农村，或者国有对集体，只在两者的临界点上发生。在征收土地时，政府向农民支付了较低的补偿。农民的剥夺感是相对来讲的，认为该块土地在城市中以高价进行了出让。那么城市的高价是怎么来的呢，是城市长期积累的结果。这是两个不同的概念。当土地还作为农用地时，集体不断地对其进行投入和积累；而当土地被转为非农用地时，土地就成了城市积累的一部分。

从这个角度来说，集体的要求也有一定合理性，需要对其进行照顾，但要取决于城镇的发展任务和阶段。若城镇尚处于起步阶段，面临资金难题，则不应过早地给予集体太多的补偿。若城镇的发展已经趋向成熟，资金压力不大，则可以选择向集体让利。不过，当城镇发展成熟时也就意味着土地扩张的速度和规模减小，集体所获得的利益也非常小。这需要一个转变过程。其实，是否允许集体获得太大部分的土地增值的依据还在于要分析土地增值的原因以及集体在其中做出了什么样的贡献。

在集体与政府之间还涉及发展权的问题。在土地资源日益紧张，且人口高速流动的情况下，为了保证土地的合理、节约利用，以及社会的公平。发展权应该归属政府所有，毕竟政府的规划要优先于集体的利益。当然，在发展的过程中，政府可以向集体让渡部分的利益。这个让渡是有一定限制的，而不是全部。集体的发展也不能干扰政府的整体规划。在发展的初期，政府很少向集体让渡发展的利益。因为发展初期属于投资的阶段，政府希望通过土地来筹措资金，而不会将增值比较快的土地让渡给集体。

当前，关于集体经营性建设用地直接入市的讨论很多，希望以此方式增加集体和农民的收入。这种设计的初衷很好，但能否达到预期的效果则需要时间的检验。因为乡镇企业改制以后，集体经济的规模大大缩小，发展方式也发生了改变。许多集体已经退出了实体经济的经营，大多依靠土地、厂房的出租维持，并且对集体经济进行了股份合作制改造，即将集体的资产量化到人，年底将出租的收入进行分红。在此情况下，即便对集体的补偿再高，其最后也要被分到个人的手中，而不是用来壮大集体经济。这与将补偿直接分发到个人没有太大的区别。另外，土地的归属是三级所有，即有三个层次的集体，这些集体之间如何分配也是一个很重要的问题。集体获得了这些收益之后，能不分配给个人吗？可能性似乎不大，个人对集体也有一定的不信任，也会成为矛盾的焦点。

允许集体经营性建设用地直接入市可能会削弱地方政府统筹发展的能力。这对于中西部地区的城镇来说尤其如此。因为它们原来以农业为主，工业不发达，没有太多的收入。而要发展工业、进行招商引资，必须先行投资，这笔资金从哪里来？只能通过土地来进行筹措。即便实行了集体土地的直接入市，工业、公共服务用地的价格比较低，那些被占用土地的农民会同意吗？他们只会以商住用地的价格向用地方收取费用，所有的土地都以这样的价格来进行交易是不可能的。所以，政府需要进行统一的征用，将征地的价格维持在相对平均的水平。

当然，主张集体土地入市的人，也有为集体收入考虑的因素。因为在土地被征收之后，他们只获得了土地补偿，而少了出租的收入。这样，集体资产会不断减少，发展壮大集体经济就成了一句空话。再者，他们认为，土地是集体的，那么升值的收益就应该为本集体的成员所享有。政府征收之后，土地就变成了国有，收入就成了公共财政收入，与自己就不再发生关系。在大面积的土地征收之后，要进行撤村撤队，集体就不存在了。这就意味着，不再需要村委会或村民小组的公共开支，可以将全部的款项都分到个人。而基础设施的建设则由公共财政负担。这里面包含集体与政府的冲突，或者说本籍人口与外籍人口的矛盾。

在某些地区存在的集体资产股份制改革提供了一个化解矛盾的方案。该方案确定集体对资产的所有权，而个体所拥有的则是清晰的股份。集体的资产主要是指土地和某些固定资产。在产权归属集体的情况下，可以保证这些资产的最有效使用，而不必被分散得七零八落，影响效用的发挥。同时，在征收过程中，也避免了钉子户的产生，减少了社会矛盾。按照统一的规则进行确定的个体的股份也保证了内部的公平。这种方案使集体在市场化的背景下发挥了新的作用，需要进一步探索。

不管是什么样的集体经济组织，要面临的问题均是如何处理与个体的关系。若集体的规则能够获得认同则问题不大，关键是在集体资产管理混乱的地区容易发生纠纷。在此情况下，需要重新梳理个体与集体的关系。并且，在当下的村庄治理中，村干部不能获得村民的信任，“内卷化”现象不在少数。并且，当下的治理环境也形塑了村民的机会主义行为。这也是对集体的一个重大考验。所以，需要寻找合理的方式对国家、集体和个人的关系进行稳妥的处理，既保护各方的利益，又对过分的主张进行限制。

当前，农村土地的权利化、权益化的倾向日益明显，城乡之间的界限也日渐模糊。也许，不久的将来，房产税的征收力度会加大，也有可能会扩展为更具普遍性的财产税。因为随着城镇化进入新的阶段，城市的建设与维护资金需要得到保障。在共享的时代，“一夜暴富”需要极力避免。所有的财富都是依靠奋斗得来的，没有那么多无缘无故的财富。幸福生活不是轻轻松松就能实现的，除非有其他人承担了更多的不幸。

参考文献

著作类

鲍海君：《政策供给与制度安排：征地管制制度变迁的田野调查——以浙江为例》，经济管理出版社 2012 年版。

包伟民主编《江南市镇及其近代命运（1840—1949）》，知识出版社 1998 年版。

包宗华：《中国城市化道路与城市建设》，中国城市出版社 1995 年版。

蔡乐渭：《土地征收中的公共利益问题研究》，首都师范大学出版社 2011 年版。

陈定模：《我与龙港——中国第一座农民城》，载周荣光主编《跨越第三步：一个温州乡镇领导干部在农村小城镇城市化实践中的思考》，新华出版社 2001 年版。

陈向明：《质的研究方法与社会科学研究》，教育科学出版社 2000 年版。

邓伟根：《城市化革命：中国小城镇建设的国情报告》，中国社会科学出版社 2004 年版。

丁元竹：《社区研究的理论与方法》，北京大学出版社 1995 年版。

费孝通：《小城镇大问题》，江苏人民出版社 1984 年版。

费孝通：《从小城镇到开发区》，江苏人民出版社 1999 年版。

费孝通：《费孝通论小城镇建设》，群言出版社 2000 年版。

费孝通：《江村经济》，上海人民出版社 2006 年版。

费孝通：《中国绅士》，中国社会科学出版社2006年版。

费孝通：《社会调查自白》，上海人民出版社2009年版。

顾朝林：《中国城市地理》，商务印书馆2004年版。

顾朝林：《中国城市化：格局·过程·机理》，科学出版社2008年版。

辜胜阻：《非农化与城镇化研究》，浙江人民出版社1991年版。

郭亮：《地根政治：江镇地权纠纷研究（1998—2010）》，社会科学文献出版社2013年版。

韩启明：《建设美国：美国工业革命时期经济社会变迁及其启示》，中国经济出版社2004年版。

贺雪峰：《乡村治理的社会基础——转型期乡村社会性质研究》，中国社会科学出版社2003年版。

洪朝辉：《土地投机与19世纪美国西部城市化——兼论20世纪下半期中国的城市化》，载王旭、黄柯可主编《城市社会的变迁》，中国社会科学出版社1998年版。

胡鞍钢：《中国崛起之路》，北京大学出版社2007年版。

胡彬：《区域城市化的演进机制与组织模式》，上海财经大学出版社2008年版。

胡序威、周一星、顾朝林编著《中国沿海城镇密集地区空间集聚与扩散研究》，科学出版社2000年版。

黄小晶：《城市化进程中的政府行为》，中国财政经济出版社2006年版。

黄宗智：《中国研究的范式问题讨论》，社会科学文献出版社2003年版。

简新华：《中国城镇化与特色城镇化道路》，山东人民出版社2010年版。

蒋省三、韩俊主编《土地资本化与农村工业化——南海发展模式与制度创新》，山西经济出版社2005年版。

李恩平：《韩国城市化的路径选择与发展绩效——一个后发经

济体成败案例的考察》，中国商务出版社 2006 年版。

李连江、欧博文：《当代中国农民的依法抗争》，载吴毅主编《乡村中国评论（第 3 辑）》，山东人民出版社 1997 年版。

李龙浩：《土地问题的制度分析：以政府行为为研究视角》，地质出版社 2007 年版。

林坚：《土地城市化与价格机制研究》，商务印书馆 2009 年版。

刘传江：《中国城市化的制度安排与创新》，武汉大学出版社 1999 年版。

陆兴龙、耿忠平：《城市建设变迁》，上海社会科学院出版社 1999 年版。

罗平汉：《农村人民公社史》，福建人民出版社 2003 年版。

马戎等：《中国乡镇组织调查》，华夏出版社 2000 年版。

马戎等：《中国乡镇组织变迁研究》，华夏出版社 2000 年版。

毛泽东：《毛泽东选集（第 5 卷）》，人民出版社 1977 年版。

孟昕：《农村劳动力市场与乡镇企业发展》，载林青松、威廉·伯德编《中国农村工业：结构、发展与改革》，经济科学出版社 1989 年版。

彭玉生：《中国村镇工业公司：所有权公司治理与市场监督》，《清华社会学评论（2002 卷）》，社会科学文献出版社 2003 年版。

曲福田、陈江龙、陈会广：《经济发展与中国土地非农化》，商务印书馆 2007 年版。

荣敬本等：《从压力型体制向民主合作体制的转变：县乡两级政治体制改革》，中央编译出版社 1998 年版。

桑静山：《上海乡镇企业发展研究》，上海财经大学出版社 1997 年版。

苏力：《法治及其本土资源》，中国政法大学出版社 2004 年版。

孙秋云：《核心与边缘——18 世纪汉苗文明的传播与碰撞》，人民出版社 2007 年版。

孙中山研究会编《孙中山文集》，团结出版社 1997 年版。

唐在富：《中国土地制度创新与土地财税体制重构》，经济科学出版社 2008 年版。

田先红：《治理基层中国：桥镇信访博弈的叙事（1995—2009）》，社会科学文献出版社 2012 年版。

王铭铭：《社会人类学》，台北：五南图书出版股份有限公司 2000 年版。

王旭：《美国城市化的历史解读》，岳麓书社 2003 年版。

徐和平编《经济发展中的大国城市化模式比较研究》，人民出版社 2011 年版。

叶裕民：《中国城市化之路——经济支持与制度创新》，商务印书馆 2001 年版。

叶维钧等主编《中国城市化道路初探——兼论我国城市基础设施的建设》，中国展望出版社 1988 年版。

张荐华、林珏：《乡镇企业的崛起与发展模式》，湖北教育出版社 1995 年版。

张乐天：《告别理想：人民公社制度研究》，上海人民出版社 1998 年版。

张千帆等：《城市化进程中的农民土地权利保障》，中国民主法制出版社 2013 年版。

张五常：《经济解释》，商务印书馆 2003 年版。

赵晓峰：《公私定律：村庄视域中的国家政权建设》，社会科学文献出版社 2013 年版。

赵阳：《共有与私用——中国农地产权制度的经济学分析》，生活·读书·新知三联书店 2007 年版。

周诚：《土地经济学原理》，商务印书馆 2007 年版。

周黎安：《转型中的地方政府：官员激励与治理》，格致出版社 2008 年版。

周其仁、邱继成：《乡镇企业“信用”的制度基础》，载林青松、杜鹰编《中国工业改革与效率》，云南人民出版社 1997 年版。

周雪光：《组织社会学十讲》，社会科学文献出版社 2003 年版。

朱康对：《来自底层的变革——龙港城市化个案研究》，浙江人民出版社2003年版。

朱秋霞：《中国土地财政制度改革研究》，立信会计出版社2007年版。

朱通华：《苏南模式》，江苏人民出版社1987年版。

朱晓阳：《小村故事：罪过与惩罚（1931—1997）》，法律出版社2011年版。

《上海公租界史稿》，上海人民出版社1980年版。

〔法〕列斐伏尔：《空间：社会产物与使用价值》，载夏铸九、王志弘编译《空间的文化形式与社会理论读本》，台北：明文书局2002年版。

〔加〕塞缪尔·何保山、顾纪瑞等：《江苏农村非农化发展研究》，上海人民出版社1991年版。

〔美〕道格拉斯·诺思：《经济史上的结构和变迁》，厉以平译，商务印书馆1992年版。

〔美〕道格拉斯·诺思：《制度、制度变迁与经济绩效》，刘守英译，生活·读书·新知三联书店1994年版。

〔美〕查尔斯·蒂利：《强制、资本和欧洲国家（公元990—1992年）》，魏洪钟译，上海人民出版社2007年版。

〔美〕杜赞奇：《文化、权力与国家：1900—1942年的华北农村》，王福明译，江苏人民出版社2006年版。

〔德〕柯武刚、〔德〕史漫飞：《制度经济学：社会秩序与公共政策》，韩朝华译，商务印书馆2002年版。

〔美〕亨利·乔治：《进步与贫困》，吴良健、王翼龙译，商务印书馆1995年版。

〔美〕威廉·伯德、朱宁：《市场影响工业结构》，载林青松、威廉·伯德编《中国农村工业：结构、发展与改革》，经济科学出版社1989年版。

〔美〕施坚雅：《中国农村的市场和社会结构》，史建云、徐秀春译，中国社会科学出版社1998年版。

〔日〕本间正明、丁颖：《第二次世界大战后日本经济发展及城市化进程中经济政策及其特征》，载林双林等主编《公共财政与城市化》，中国财政经济出版社 2011 年版。

〔英〕莫里斯·弗里德曼：《中国东南的宗族组织》，刘晓春译，上海人民出版社 2000 年版。

〔英〕约翰·穆勒：《政治经济学原理（下）》，金镝、金熠译，华夏出版社 2009 年版。

论文类

巴曙松：《地方政府投融资平台的发展及其风险评估》，《西南金融》2009 年第 9 期。

北京天则经济研究所中国土地问题课题组：《城市化背景下土地产权的实施和保护》，《管理世界》2007 年第 12 期。

曹飞：《土地财政：本质、形成机理与转型之路》，《社会科学》2013 年第 1 期。

曹正汉：《土地集体所有制：均平易、济困难——一个特殊村庄案例的一般意义》，《社会学研究》2007 年第 3 期。

曹正汉：《产权的社会建构逻辑——从博弈论的观点评中国社会学家的产权研究》，《社会学研究》2008 年第 1 期。

曹正汉、史晋川：《中国地方政府应对市场化改革的策略：抓住经济发展的主动权》，《社会学研究》2009 年第 4 期。

曹正汉等：《为增长而控制——中国的地区竞争与地方政府对土地的控制行为》，《学术研究》2011 年第 8 期。

陈柏峰：《土地发展权的理论与制度前景》，《法学研究》2012 年第 4 期。

陈凤桂等：《我国人口城镇化与土地城镇化协调发展研究》，《人文地理》2010 年第 5 期。

陈浩、陈雪春：《城镇化进程中失地农民就业分化及特征分析——基于长三角 858 户调研数据》，《调研世界》2013 年第 7 期。

陈剑波：《乡镇企业的产权结构及其对资源配置效率的影响》，《经济研究》1995 年第 9 期。

陈利根、陈会广：《土地征用制度改革与创新：一个经济学分析框架》，《中国农村观察》2003 年第 6 期。

陈小君：《我国〈土地管理法〉修订：历史、原则与制度》，《政治与法律》2012 年第 5 期。

陈元：《开发性金融与中国城市化发展》，《经济研究》2010 年第 7 期。

邓大才：《新型农村城镇化的发展类型与发展趋势》，《中州学刊》2013 年第 2 期。

狄金华：《中国农村田野研究单位的选择——兼论中国农村研究的分析范式》，《中国农村观察》2009 年第 6 期。

范进、赵定涛：《土地城镇化与人口城镇化协调性测定及其影响因素》，《经济学家》2012 年第 5 期。

丰雷、李莉、黄晓宇：《土地金融对中国宏观经济的影响》，《中国土地科学》2010 年第 12 期。

冯晓平、江立华：《阶层分化下的失地农民风险研究》，《中州学刊》2011 年第 5 期。

高坚：《关于地方经济发展的融资机制问题》，《中国金融》2010 年第 12 期。

龚启圣、周飞舟：《当代中国农村土地调整制度个案的分析》，《二十一世纪（香港）》1999 年第 55 期。

辜胜阻：《新型城镇化的难点是人的城镇化》，《重庆与世界》2013 年第 3 期。

郭克莎：《工业化与城市化关系的经济学分析》，《中国社会科学》2002 年第 2 期。

国家发改委宏观经济研究院课题组：《地方政府融资研究》，《宏观经济研究》2010 年第 6 期。

韩洪今、马秋：《论中国农村土地集体所有权制度改革》，《哈尔滨工业大学学报》（社会科学版）2005 年第 6 期。

韩俊：《如何解决失地农民问题：失地农民问题的根源是土地征用制度存在重大缺陷》，《科学决策》2005 年第 7 期。

何英彬等：《区域耕地非农化与粮食产量关系空间特征研究：以东北三省为例》，《自然资源学报》2009 年第 3 期。

贺雪峰：《论土地性质与土地征收》，《南京农业大学学报》(社会科学版) 2012 年第 3 期。

胡宝荣：《论户籍制度与人的城镇化》，《福建论坛》(人文社会科学版) 2013 年第 12 期。

黄小虎：《我国土地制度与土地政策的走向——从土地财政和土地金融说起》，《中国税务》2012 年第 4 期。

黄小虎：《我国土地制度与土地政策的走向——从土地财政和土地金融说起》，《中州学刊》2012 年第 2 期。

黄亚平、林小如：《欠发达山区县城新型城镇化动力机制探讨——以湖北省为例》，《城市规划学刊》2012 年第 4 期。

黄宗智：《连接经验与理论：建立中国的现代学术》，《开放时代》2007 年第 4 期。

黄宗智：《认识中国——走向从实践出发的社会科学》，《中国社会科学》2005 年第 1 期。

贾康、孙洁：《城镇化进程中的投融资与公私合作》，《中国金融》2011 年第 19 期。

贾康、刘薇：《市民化为核心的新型城镇化》，《中国金融》2013 年第 4 期。

简新华等：《中国城镇化的质量问题和健康发展》，《当代财经》2013 年第 9 期。

蒋省三、刘守英：《土地资本化与农村工业化——广东佛山市南海经济发展调查》，《管理世界》2003 年第 11 期。

蒋省三、刘守英、李青：《土地制度改革与国民经济成长》，《管理世界》2007 年第 9 期。

蒋震、邢军：《地方政府“土地财政”是如何产生的》，《宏观经济研究》2011 年第 1 期。

靳相木、杨学成：《作为制度的村庄和村庄里的制度——中国人口城市化问题的一个解释框架》，《管理世界》2004 年第 5 期。

孔凡文：《中国城镇化发展速度与质量问题研究》，《中国农业科学院博士后研究工作报告》2006 年 11 月。

雷艳红、游宇：《央地关系视角的土地财政：一个制度层面的梳理》，《中国行政管理》2012 年第 10 期。

李昌平：《扩大农民地权及其制度建设》，《中国图书评论》2009 年第 1 期。

李克强：《关于调整经济结构 促进持续发展的几个问题》，《求是》2010 年第 11 期。

李克强：《开启中欧城镇化战略合作新进程》，《人民日报》2012 年 5 月 4 日。

李克强：《协调推进城镇化是实现现代化的重大战略选择》，《新华文摘》2013 年第 1 期。

李强：《主动城镇化与被动城镇化》，《西北师大学报》（社会科学版）2013 年第 6 期。

李强、陈宇琳、刘精明：《中国城镇化“推进模式”研究》，《中国社会科学》2012 年第 7 期。

李培林：《城市化与我国新成长阶段——我国城市化发展战略研究》，《江苏社会科学》2012 年第 5 期。

李圣军：《城镇化模式的国际比较及其对应发展阶段》，《改革》2013 年第 3 期。

李昕、文婧、林坚：《土地城镇化及相关问题研究综述》，《地理科学进展》2012 年第 8 期。

李秀彬：《中国近 20 年来耕地面积的变化及其政策启示》，《自然资源学报》1999 年第 4 期。

李永友、徐楠：《个体特征、制度性因素与失地农民市民化——基于浙江省富阳等地调查数据的实证考察》，《管理世界》2011 年第 1 期。

李玉柱：《“中国城市化的反思与创新”研讨会综述》，《中国人口科学》2012 年第 3 期。

李元珍、杜园园：《新集体主义：土地增值收益分配的新机制——以成都市大英村调查为基础》，《贵州社会科学》2013 年第 4 期。

李芝兰、吴理财：《“倒逼”还是“反倒逼”——农村税费改革前后中央与地方之间的互动》，《社会学研究》2005 年第 4 期。

李子联：《人口城镇化滞后于土地城镇化之谜——来自中国省际面板数据的解释》，《中国人口·资源与环境》2013 年第 11 期。

刘传江：《论中国城市化的制度安排与创新》，《理论与改革》2001 年第 5 期。

刘红：《城市增长、土地增值与城市政策》，《中央财经大学学报》2006 年第 8 期。

刘红星：《温州市城镇化特点分析与水平预测》，《城市规划》1987 年第 2 期。

刘国臻：《论我国地方土地权力配置体制创新——以土地发展权配置为视角》，《学术研究》2011 年第 9 期。

刘尚希：《我国城镇化对财政体制的“五大挑战”及对策思路》，《地方财政研究》2012 年第 4 期。

刘守英：《集体土地资本化与农村城市化——北京市郑各庄村调查》，《北京大学学报》（哲学社会科学版）2008 年第 6 期。

刘守英：《政府垄断土地一级市场真的一本万利吗》，《中国改革》2005 年第 7 期。

刘守英、蒋省三：《土地融资与财政和金融风险——来自东部一个发达地区的个案》，《中国土地科学》2005 年第 5 期。

卢洪友、袁光平：《土地财政根源：“竞争冲动”还是“无奈之举”？——来自中国地市的经验数据》，《经济社会体制比较》2011 年第 1 期。

卢晖临、李雪：《如何走出个案》，《中国社会科学》2007 年第 1 期。

鲁德银：《论中国特色的土地城镇化道路》，《农村经济》2010 年第 8 期。

陆成林：《促进我国城镇化科学发展的财政政策选择》，《地方财政研究》2012 年第 4 期。

陆大道等：《基于我国国情的城镇化过程综合分析》，《经济地理》2007 年第 6 期。

陆成林：《促进我国城镇化科学发展的财政政策选择》，《地方财政研究》2012 年第 4 期。

吕萍等：《土地城市化及其度量指标体系的构建与应用》，《中国土地科学》2008 年第 8 期。

茅于轼：《恢复农民对土地财产的所有权》，《建设市场报》2009 年 2 月 16 日。

宁越敏：《新城市化进程——90 年代中国城市化动力机制和特点探讨》，《地理学报》1998 年第 5 期。

潘维：《农地"流转集中"到谁手里》，《天涯》2009 年第 1 期。

齐康、夏宗玕：《城镇化与城镇体系》，《建筑学报》1985 年第 1 期。

钱忠好：《中国农地保护：理论与政策分析》，《管理世界》2003 年第 10 期。

丘海雄、徐建牛：《市场转型过程中地方政府角色研究述评》，《社会学研究》2004 年第 4 期。

邱泽奇：《乡镇企业改制与地方威权主义的终结》，《社会学研究》1999 年第 3 期。

渠敬东：《占有、经营与治理：乡镇企业的三重分析概念（上）——重返经典社会科学研究的一项尝试》，《社会》2013 年第 1 期。

任浩、郝晋珉：《剪刀差对农地价格的影响》，《中国土地科学》2003 年第 3 期。

任新建：《地方政府投融资平台机制创新》，《科学发展》2012 年第 4 期。

上海国有资本运营研究院课题组：《上海地方政府投融资平台投融资机制创新研究》，《上海行政学院学报》2012 年第 3 期。

申静、王汉生：《集体产权在中国乡村生活中的实践逻辑——社会学视角下的产权建构过程》，《社会学研究》2005 年第 1 期。

宋林飞：《“苏南模式”的重大理论与实践问题》，《江海学刊》2001 年第 3 期。

孙立平：《实践社会学与市场转型分析》，《中国社会科学》2002 年第 5 期。

孙秀林、周飞舟：《土地财政与分税制：一个实证解释》，《中国社会科学》2013 年第 4 期。

谭秋成：《转型时期乡村组织行为与乡镇企业发展》，《中国社会科学》2003 年第 2 期。

谭术魁、宋海朋：《我国土地城市化与人口城市化的匹配状况》，《城市问题》2013 年第 11 期。

谭永忠等：《“耕地总量动态平衡”政策驱动下中国的耕地变化及其生态环境效应》，《自然资源学报》2005 年第 5 期。

唐在富：《中国政府土地相关收入的财政学属性分析——兼论土地出让收入与房产税并存的理论依据》，《发展研究》2013 年第 11 期。

田莉：《我国城镇化进程中喜忧参半的土地城市化》，《城市规划》2011 年第 2 期。

汪晖：《城乡结合部的土地利用》，《中国农村经济》2002 年第 2 期。

王昉、熊金武：《从“涨价归公”思想到土地增值税制度——兼论近代社会转型时期经济思想与经济制度的关系》，《财经研究》2010 年第 1 期。

王国刚：《关于“地方政府融资平台债务”的冷思考》，《财贸经济》2012 年第 9 期。

王华华、陈国治：《我国城市化中土地征收引发的群体性事件防控研究》，《求实》2011 年第 10 期。

王梦奎：《通过“三化”促进“三农”问题的解决》，《中国经济时报》2003 年 9 月 18 日。

王曙光：《村庄信任、关系共同体与农村民间金融演进——兼评胡必亮等著〈农村金融与村庄发展〉》，《中国农村观察》2007年第4期。

王维洛：《1982年的一场无声无息的土地“革命”——中国的私有土地是如何国有化的?》，《当代中国研究》2007年第4期。

王佑辉、艾建国：《农地转用地价体系与增值收益分配》，《华中师范大学学报》（人文社会科学版）2009年第4期。

温铁军：《乡镇企业资产的来源及其改制中的相关原则》，《浙江社会科学》1998年第3期。

温铁军：《农村城镇化进程中的陷阱》，《战略与管理》1998年第6期。

温铁军、朱守银：《土地资本的增值收益及其分配——县以下地方政府资本原始积累与农村小城镇建设中的土地问题》，《中国土地》1996年第4期。

温铁军、朱守银：《政府资本原始积累与土地“农转非”》，《管理世界》1996年第5期。

温铁军：《征地与农村治理问题》，《华中科技大学学报》（社会科学版）2009年第1期。

温铁军：《中国城镇化道路与相关制度分析》，《开放导报》2000年第5期。

文贯中：《农地私有化势在必行》，《财经日报》2005年10月10日。

文贯中：《现行土地制度使现代化成本大大增加》，《经济观察报》2008年4月7日。

吴良镛、吴唯佳、武廷海：《从世界城市化大趋势看中国城市化发展》，《科学新闻》2003年第17期。

谢勇：《土地征用、就业冲击与就业分化——基于江苏省南京市失地农民的实地研究》，《中国人口科学》2010年第2期。

许安拓：《地方融资平台风险：总量可控　局地凸显》，《中央财经大学学报》2011年第10期。

许烺光，2001，《祖荫下·中国乡村的亲属、人格与社会流动》：王芃、徐隆德译；台北：南天书局。

薛凤旋、杨春：《外资影响下的城市化——以珠江三角洲为例》，《城市规划》1995年第6期。

杨风山：《关于“人民城市人民建”来龙去脉》，新华网山东频道，http://www.sd.xinhuanet.com/news/2006-06/28/content_7380542.htm。

杨小凯、江濡平：《中国改革面临的深层问题——关于土地制度改革》，《战略与管理》2002年第5期。

杨晓东：《我国新型城镇化发展道路探讨——以陕西省榆林市新型城镇化发展为例》，《中国市场》2010年第42期。

杨治、杜朝晖：《经济结构的进化与城市化》，《中国人民大学学报》2000年第6期。

姚士谋等：《应防止“土地城镇化”冒进》，《社会观察》2013年第3期。

尹宏玲、徐腾：《我国城市人口城镇化与土地城镇化失调特征及差异研究》，《城市规划学刊》2013年第2期。

应星：《评村民自治研究的新取向——以〈选举事件与村庄政治〉为例》，《社会学研究》2005年第1期。

于建嵘：《当前农民维权活动的一个解释框架》，《社会学研究》2004年第2期。

于建嵘：《土地问题已成为农民维权抗争的焦点——关于当前我国农村社会形势的一项专题调研》，《调研世界》2005年第3期。

于建嵘、陈志武：《把地权还给农民——于建嵘对话陈志武》，《东南学术》2008年第2期。

余益中：《城镇化建设与农村教育改革》，《教育研究》2002年第6期。

张静：《土地使用规则的不确定：一个解释框架》，《中国社会科学》2003年第1期。

张传玖：《守望大地20年——〈土地管理法〉成长备忘录》，

《中国土地》2006年第6期。

张德远：《适应我国农业劳动力转移的土地制度改革》，《上海财经大学学报》2002年第1期。

张广辉、魏建：《土地产权、政府行为与土地增值收益分配》，《广东社会科学》2013年第1期。

张宏斌、贾生华：《土地非农化调控机制分析》，《经济研究》2001年第12期。

张军：《分权与增长：中国的故事》，《经济学（季刊）》2007年第1期。

张庭伟：《对城市化发展动力的探讨》，《城市规划》1983年第5期。

张文雄：《城镇化重在提高质量》，《求是》2013年第12期。

张小军：《象征地权与文化经济——福建阳村的历史地权个案研究》，《中国社会科学》2004年第3期。

张占斌：《新型城镇化的战略意义和改革难题》，《国家行政学院学报》2013年第1期。

张占仓：《河南省新型城镇化战略研究》，《经济地理》2010年第9期。

赵海：《人口城镇化的现实困境与路径选择——基于江西省南昌县的调查》，《宏观经济研究》2013年第10期。

赵燕菁：《关于土地财政的几个说明》，《北京规划建设》2011年第1期。

赵燕菁：《土地财政：历史、逻辑与抉择》，《城市发展研究》2014年第1期。

赵燕菁：《正确评价土地财政的功过》，《北京规划建设》2013年第3期。

折晓叶、陈婴婴：《产权制度选择中的"结构－主体"关系》，《社会学研究》2000年第5期。

折晓叶、陈婴婴：《资本怎样运作——对"改制"中资本能动性的社会学分析》，《中国社会科学》2004年第4期。

折晓叶、陈婴婴：《产权怎样界定：一份集体产权私化的社会文本》，《社会学研究》2005 年第 4 期。

郑风田：《我国现行土地制度的产权残缺与新型农地制度构想》，《管理世界》1995 年第 4 期。

郑振源：《征地制度需要改革》，《上地管理》2000 年第 10 期。

张平、刘霞辉：《城市化、财政扩张与经济增长》，《经济研究》2011 年第 11 期。

中国金融 40 人论坛课题组：《加快推进新型城镇化：对若干重大体制改革问题的认识与政策建议》，《中国社会科学》2013 年第 7 期。

周冰、谭庆刚：《社区性组织与过渡性制度安排——中国乡镇企业的制度属性探讨》，《南开经济研究》2006 年第 6 期。

周诚：《农地征用中的公正补偿》，《中国土地》2004 年第 C1 期。

周飞舟：《大兴上木：土地财政与地方政府行为》，《经济社会体制比较》2010 年第 3 期。

周飞舟：《分税制十年：制度及其影响》，《中国社会科学》2006 年第 6 期。

周飞舟：《生财有道：土地开发和转让中的政府和农民》，《社会学研究》2007 年第 1 期。

周飞舟：《锦标赛体制》，《社会学研究》2009 年第 3 期。

周怀龙：《乘风破浪正当时——新中国 60 年土地市场发展回眸》，《中国国土资源报》2009 年 11 月 2 日。

周黎安：《中国地方官员的晋升锦标赛模式研究》，《经济研究》2007 年第 7 期。

周其仁：《农地产权与征地制度——中国城市化面临的重大选择》，《经济学（季刊）》2004 年第 1 期。

周其仁：《中国农村改革：国家和所有权关系的变化（上）——一个经济制度变迁史的回顾》，《管理世界》1995 年第 3 期。

周其仁：《中国农村改革：国家和所有权关系的变化（下）——一个经济制度变迁史的回顾》，《管理世界》1995年第4期。

周其仁：《纵论我国征地制度改革》，《北京大学中国经济研究中心2004年中国征地制度改革国际研讨会简报》，http://www.ccer.edu.cn/cn/readnews。

周其仁：《还权赋能——成都土地制度改革探索的调查研究》，《国际经济评论》2010年第2期。

周天勇：《中国土地制度的困境及改革的框架性安排》，《学习月刊》2003年第12期。

周小川：《在"清华金融高端讲坛"的演讲》，2011年4月18日。

周雪光：《"关系产权"：产权制度的一个社会学解释》，《社会学研究》2005年第2期。

周毅：《城市化理论的发展与演变》，《城市问题》2009年第11期。

朱华晟：《论乡镇企业的社区性及其影响》，《学术研究》2001年第6期。

朱启臻、袁明宝：《"被城市化"的农民生存透视》，《人民论坛》2011年第23期。

诸培新、唐鹏：《农地征收与供应中的土地增值收益分配机制创新——基于江苏省的实证分析》，《南京农业大学学报》（社会科学版）2013年第1期。

耿羽：《征迁政治——基层治理视阈中的白沙区土地开发（1990—2013）》，华中科技大学博士学位论文，2013。

郭亮：《地根政治——制度转轨期的S镇农村地权研究（1998—2009）》，华中科技大学博士学位论文，2010。

梁爽：《土地非农化及其收益分配与制度创新》，中国科学院博士学位论文，2006。

朱静辉：《地权增值收益分配的社会机制——官镇征地研究（2000—2010）》，华东理工大学博士学位论文，2011。

〔瑞典〕裴小林：《集体土地制：中国乡村工业发展和渐进转轨的根源》，《经济研究》1999 年第 6 期。

David, L. D. "A Theory of Ambiguous Property Rights: The Case of the Chinese Nonstate Sector." *Journal of Comparative Economics* 23 (1996).

Oi, J. C. "Fiscal Reform and the Economic Foundations of Local State Corporatism in China." *World Politics* 45 (1992).

Walder, A. G. "Local Governments As Industrial Firms." *American Journal of Sociology* 101 (1995).

后　记

本书是在我的博士论文基础上修改完成的。谈及博士论文，感慨颇多。它解决了我的一些困惑：通过写这篇论文，我知道了一个镇是如何发展起来的，知道了土地在其中的作用，知道了土地制度的含义。但是博士论文只是一个起点，一个训练的结果，还有广阔的未知领域等待我去探索。

借此机会，我也想回忆一下大学以来的生活。进入大学不久，我就参加了河南大学三农发展研究会。在那里，我认识了一帮志同道合的朋友。怀着共同的理想和信念，我们一起读书、学习、思考，一起唱着歌走向田野。在那里，我们彼此关心、帮助，共同成长；也有争吵、生气，最后都化成了浓浓的情意。在这个大家庭里，袁庆濮老师是我们的长辈，希望他退休后的生活更加多彩而富有意义。2006 年夏天，我无意中见到了曹锦清教授，从他身上感受到了一股浩然正气。当时，我也没有想到自己有幸会跟随他学习。

2008 年的春天，我到了一个“森林校园”——华中科技大学，见到了贺雪峰教授、董磊明教授。我之所以到华中科技大学读书，与赵晓峰师兄有关。那时，他已经跟着贺老师学习了两年，读了很多书，收获很多。他建议我们到那里读书，也向贺老师推荐了我们。邢成举被保送到了那里，贾林州和我则是考过去的。在那里，我遇到了桂华、林辉煌、李祖佩、袁明宝、余练、王君磊、许名臣和朱兴家等人，我们组成了新的小团队。在那的三年，我们践行贺老师提出的“两经一专”“两不要一要”“顶天立地、长期坚持”等理念，度过了充实的研究生生活。在那的三年，我们一起读书，一起爬山，一起交流思想，一起畅谈人生。图书馆里度春秋，喻家山上望江流，纵横驰骋两万里，古往今来眼底收。读书的效果如何很难下定论，三年的时光没有浪费，感觉内心充实，这便是我最大的收获和安慰。

滋养我成长的，不只是我们的小团队，还有我们的大团队。我们的大团队中有罗兴佐教授、王习明教授，还有众多的师兄、师姐、师弟和师妹。有时候，很难说我们的团队是中国乡村治理研究中心，还是有人所说的华中乡土派。这个团队似乎没有固定的边界，只要大家有着同样的关怀、目标和兴趣，都可以在一起讨论和学习。在这个团队中，贺老师无疑是付出最多的，他关心团队中的每个人。不管我们最后是否从事研究工作、是否留在团队中，只要来过，他都会不求回报地给予关心、帮助。

在贺老师的帮助下，我考到了华东理工大学攻读博士学位，跟随曹锦清老师继续学习。在曹老师对我的教导中，印象比较深刻的有两点。第一点可以总结为“莫做笨蛋蠢驴严禁胡掰，要多读书思考感知社会”，再加上“求知为国”。第二点是曹老师常说的一句话，即“社会科学工作者的最高使命就是要理解身处其内的社会，用思想守护这个民族。当一个人对家人有责任、对朋友有关爱、对国家有关怀、对社会有贡献时，就可以快乐地死去了”。曹老师经常说的这几句话，让我常常提醒自己，努力做一个对社会、对国家有益的人。

熊万胜教授是我的大师兄，他为人宽厚，颇有古风，在生活、学习以及为人处世上都给了我很多帮助和指导。冷凤彩老师是我们的大师姐，关心我们每一个人，让这个大家庭更加温暖。当然，还有朱静辉、陈辉、李宗克、陈荣武、戴纯青、王阳、杨君、袁中华、华羽雯、董凌芳、王欣、刘春林、阿沙、余旭娇、刘俊、张贯磊、朱灵艳、张建雷、刘炳辉、马流辉和张彬等同门，以及曹东勃、叶敏两位同人，大家都属于华东理工大学中国城乡发展研究中心，曹老师希望我们形成紧密的共同体。

不管是河南大学的社团、华中科技大学的团队，还是华东理工大学的共同体，它们都代表我一直过着“团体”生活。这里，有我的意义、归宿和寄托。我从来不感到孤独，因为总有人在关心、关注、鼓励和支持我。我很享受这种快乐。就拿博士论文来说，与其说是我的，不如说是大家的。从选题的确定、调查的进行、框架的确定、文字的修改，大家都给予了我许多指导和帮助。

我还要感谢白镇的各位领导和接受我访谈、给予我帮助的乡亲们。他们向我打开了一个新的世界，让我学到了许多新知识。在调查期间，房东时叔叔悉心照料我的生活，他的善良和淳朴让我难以忘怀。

我所在部门的领导和老师在工作上给予了我很大的指导和帮助，感谢他们提供的宽松环境和良好氛围。同时，还要感谢社会科学文献出版社的副总编辑童根兴和责任编辑任晓霞，他们认真负责的态度令我十分感动，也正是他们的辛勤付出，才使得本书得以顺利出版。

同时，还要感谢我的室友黄良军先生给予我的关心和照顾。他阅历丰富、兴趣广泛、乐于倾听、善于启发，让我学到了很多，也给我增添了许多快乐。

最后，感谢我的家人。在外求学这么多年，家人给了我莫大的信任和支持。他们从不问我在外学的是什么，将来能干什么，只要我愿意继续，他们就不反对。父亲说：“你自己管好自己的事儿，你想怎么办就怎么办吧。”母亲经常说：“要吃饱，别饿着；盖厚点儿，别冻着；该买件儿衣裳，别不舍得花。”虽然他们说的只是短短的几句话，可每次都会让我非常感动。在我眼中，妻子是文化人、知识分子、有智慧的人。我们共同经历风雨，也共同见证彩虹。也许，最深厚的感情只需最简单的表达。走好自己的路就是对他们最好的报答！

图书在版编目(CIP)数据

以地为媒：城镇化的实践机制研究 / 李宽著. --
北京：社会科学文献出版社，2019.12
（城乡融合发展丛书．镇域研究系列）
ISBN 978-7-5201-5408-6

Ⅰ.①以… Ⅱ.①李… Ⅲ.①城市化-研究-中国
Ⅳ.①F299.21

中国版本图书馆 CIP 数据核字(2019)第 180188 号

城乡融合发展丛书 · 镇域研究系列
以地为媒：城镇化的实践机制研究

著　　者 / 李　宽

出 版 人 / 谢寿光
责任编辑 / 仟晓霞
文稿编辑 / 马甜甜

出　　版 / 社会科学文献出版社 · 群学出版分社（010）59366453
地址：北京市北三环中路甲 29 号院华龙大厦　邮编：100029
网址：www.ssap.com.cn
发　　行 / 市场营销中心（010）59367081　59367083
印　　装 / 三河市尚艺印装有限公司

规　　格 / 开　本：787mm × 1092mm　1/16
印　张：18.5　字　数：255 千字
版　　次 / 2019 年 12 月第 1 版　2019 年 12 月第 1 次印刷
书　　号 / ISBN 978-7-5201-5408-6
定　　价 / 99.00 元

本书如有印装质量问题，请与读者服务中心（010-59367028）联系